KB106041

독자의 1초를
아껴주는 정성을
만나보세요!

세상이 아무리 바쁘게 돌아가더라도 책까지 아무렇게나 빨리 만들 수는 없습니다.
인스턴트 식품 같은 책보다 오래 익힌 술이나 장맛이 밴 책을 만들고 싶습니다.
땀 흘리며 일하는 당신을 위해 한 권 한 권 마음을 다해 만들겠습니다.
마지막 페이지에서 만날 새로운 당신을 위해 더 나은 길을 준비하겠습니다.

FUTATABI NO KAKURITSU TOKEI[1] KAKURITSU HEN by Hiroyuki Nagano

Copyright © Hiroyuki Nagano, 2019

All rights reserved.

Original Japanese edition published by Subarusya Corporation

Korean translation copyright © 2020 by Gilbut Publishing co.

This Korean edition published by arrangement with Subarusya Linkage, Tokyo,

through HonnoKizuna, Inc., Tokyo, and Botong Agency

이 책의 한국어판 저작권은 Botong Agency를 통한 저작권자와의 독점 계약으로 (주)도서출판 길벗이 소유합니다.

신 저작권법에 의하여 한국 내에서 보호를 받는 저작물이므로 무단전재와 무단복제를 금합니다.

다시 확률 통계

Try, again! propability and statisitcs

초판 발행 · 2020년 7월 3일

지은이 · 나가노 히로유키

옮긴이 · 장진희

발행인 · 이종원

발행처 · (주)도서출판 길벗

출판사 등록일 · 1990년 12월 24일

주소 · 서울시 마포구 월드컵로 10길 56(서교동)

대표전화 · 02)332-0931 | **팩스** · 02)323-0586

홈페이지 · www.gilbut.co.kr | **이메일** · gilbut@gilbut.co.kr

기획 및 책임편집 · 이다빈(dabinlee@gilbut.co.kr) | **디자인** · 박상희 | **제작** · 이준호, 손일순, 이진혁

영업마케팅 · 임태호, 전선하, 지운집, 박성용, 차명환 | **영업관리** · 김명자 | **독자지원** · 송혜란, 홍혜진

전산편집 · 김정하 | **출력 및 인쇄** · 예림 인쇄 | **제본** · 예림바인딩

- 잘못 만든 책은 구입한 서점에서 바꿔 드립니다
- 이 책은 저작권법에 따라 보호받는 저작물이므로 무단전재와 무단복제를 금합니다. 이 책의 전부 또는 일부를 이용
  하려면 반드시 사전에 저작권자와 (주)도서출판 길벗의 서면 동의를 받아야 합니다.
- 이 도서의 국립중앙도서관 출판예정도서목록(CIP)은 서지정보유통지원시스템(http://seoji.nl.go.kr)과 국가자료
  종합목록구축시스템(http://kolis-net.nl.go.kr)에서 이용하실 수 있습니다.(CIP제어번호: CIP2020024729)

ISBN 979-11-6521-206-3 93000

(길벗 도서번호 080224)

정가 18,000원

독자의 1초를 아껴주는 정성 길벗출판사

길벗 | IT실용, IT/일반 수험서, IT전문서, 경제실용서, 취미실용서, 건강실용서, 자녀교육서

더퀘스트 | 인문교양서, 비즈니스서

길벗이지톡 | 어학단행본, 어학수험서

길벗스쿨 | 국어학습서, 수학학습서, 유아학습서, 어학학습서, 어린이교양서, 교과서

페이스북 · www.facebook.com/gbitbook

TRY AGAIN,
PROPBABILITY
AND
STATISTICS

다시
확률 통계
확률편

나가노 히로유키 지음
장진희 옮김

길벗

"세상에는 세 종류의 거짓말이 있다. 일반적인 거짓말과 새빨간 거짓말, 그리고 통계다."

이 말은 〈톰 소여의 모험〉(시공주니어, 2004)의 저자인 마크 트웨인(Mark Twain, 1835-1910)이 자서전에 쓴 말로 유명합니다[1]. 100년도 더 지난 지금도 많이 인용되는 말입니다.

통계는 수학과 그래프를 이용해 전달하기 때문에 설득력이 있습니다. 실제로 '통계적으로 ~입니다'라고 말하면 왠지 이길 수 없을 것처럼 느끼는 분들도 많을 것입니다.

하지만 **통계가 언제나 옳지는 않습니다.**

데이터가 편향되거나 부적절하게 처리되고, 더 심한 경우 데이터 자체가 날조됐을 때도 있습니다. 신빙성이 매우 낮은 통계일지라도 영향력 있는 사람이 인용하며 소리 높여 주장하면 잘못된 통계가 도태되지 않고 오히려 강한 영향력을 갖고 퍼져나가기 때문에 통계가 무서운 것입니다.

2018년에는 일본의 후생노동성[2]에서 통계 부정 문제가 발각되어 큰 문제가 됐습니다. 같은 해 많은 학술 논문이 '통계적 유의성'을 잘못 사용해서 과학에 심각한 손실을 끼치고 있다는 논문이 800명을 넘는 과학자의 서명과 함께 영국 과학 논문지 〈Nature〉에 게재됐습니다. 우연히도 2019년쯤에 트웨인의 말을 뒷받침하는 사건이 연속해서 일어났습니다.

하지만 **그런데도 우리는 통계를 버릴 수 없습니다.** 오히려 머신 러닝이나 AI(인공지능)와 같은 기술이 장족의 발전을 하고 통계적으로 도출된 값이 판단과 예

---

1 마크 트웨인은 자신이 한 말이 아니라 19세기 영국 수상 벤저민 디즈레일리(Benjamin Disraeli, 1804-1881)의 말이라고 소개했지만, 디즈레일리의 저서에서는 등장하지 않기 때문에 원출처는 분명하지 않습니다.

2 역주 후생노동성은 일본의 행정기관으로 대한민국의 보건복지부, 여성가족부, 고용노동부에 해당합니다(출처: 위키백과).

측의 중심이 되는 세상으로 급속하게 변하고 있습니다. 마찬가지로 가치관이 다양해지고 민주화가 진행되며 개인의 의견이 어느 때보다 중요해졌습니다. 자신의 주장을 관철하려면 evidence[3]를 숫자로 표현하여 설명하는 힘이 중요하다는 인식이 높아지고 있습니다.

그렇다면 우리에게 남은 길은 하나밖에 없습니다. 바로 통계를 모두 부정하는 게 아니라 좋은 통계와 나쁜(이상한) 통계를 구분할 수 있는 눈을 키워 데이터를 기반으로 논의하는 힘을 기르는 것입니다. 말하자면 과거를 통틀어 '통계 리터러시'[4]가 지금만큼 필요한 시대는 없다고 해도 좋습니다.

이번에 출판하는 〈다시 확률 통계〉는 〈다시 미분 적분〉(길벗, 2019), 〈다시 고등 수학〉(길벗, 출간 예정)을 잇는 '다시~' 시리즈의 3탄으로 기획됐습니다. 하지만 고등학교 시절에 통계를 배운 기억이 없는 분이 많을 것입니다. 따라서 통계는 처음이라고 느끼는 분도 적지 않으리라 생각합니다.

〈다시 확률 통계〉는 총 2권으로 구성됩니다. 처음에는 한 권으로 정리할 생각이었지만, 확률을 자주 오해하거나 잘못 사용하는 분, 통계가 처음 배우는 것처럼 느껴지는 분이 많을 것이라 생각해 '행간을 착실하게 메우자'는 '다시~' 시리즈의 콘셉트에 따라 집필하는 바람에 이렇게 양이 늘어났습니다.

'총 2권이라면 지금 필요한 건 통계니까 확률은 필요 없지 않나?'라고 생각할 수도 있겠죠. 확실히 기술 통계만 필요하다면 반드시 확률을 배울 필요는 없습니다. 하지만 이 책에서는 새로운 학습 지도 요령 내용을 반영하고 기본적인 추측 통계 내용도 어느 정도 설명합니다. 추측 통계란 일부 표본에서 모집단과 미래를 'OO%의 확률로 ~이다'라고 추측하는 방법이므로 확률과 그 기반이 되는 '경우의 수'를 제대로 설명해야 한다고 판단했습니다.

---

3 evidence: 증거, 근거
4 literacy: 원래 뜻은 '읽고 쓰는 능력'. 파생하여 주어진 재료에서 필요한 정보를 도출하고 활용하는 능력

또한, '확률편'인 이 책은 뒤쪽에 **연습 문제**가 있는 것도 큰 특징입니다. 각 절과 관련된 연습 문제를 교과서 수준의 기본 단계부터 수능 실전 단계까지 총 36문제를 준비했습니다.

경우의 수와 확률은 수학 중에서도 특히 문제를 풀며 연습하는 것이 중요한 분야입니다. 우선 ★(교과서 기본)과 ★★(교과서 응용)이 붙은 문제를 풀어 보며 확실하게 실력을 키웁시다.

그렇게 실력이 늘었다고 느낄 때쯤 ★★★(수능 기본)이나 ★★★★(수능 실전)이 붙어 있는 문제에 도전하면 좋습니다. 수준별 문제들이 지적 호기심을 간지럽힐 것입니다. 기대하며 도전했으면 좋겠습니다.

앞에서 이야기했듯이 '다시~' 시리즈는 보통 교과서와 참고서에서는 생략하는 '행간'을 착실하게 메운 것이 특징입니다.

실제로 학생을 가르쳐 보면 확률과 통계를 배우며 고생하는 부분이 정말 다양하다는 것을 알았습니다. 그래서 이 책에서는 많은 사람이 '힘들어 하는 부분'은 물론 정말 소수가 의문을 품는 부분도 가능한 한 정성스럽게 저술했습니다. 이와 비슷한 다른 책은 없다고 자신합니다.

자, 그러면 시작합시다.

'물건의 수를 센다'는 가장 원시적인 수학에서 시작하는 여행은 정보화 사회를 살아가는 데 필요한 힘을 부여할 뿐만 아니라 수학과 수식이 갖는 '언어'로서의 풍부함을 알아가는 장대하고도 재밌는 여행입니다. 여러분을 절대로 방치하지 않고 참여하게 성심성의껏 독려할 것이니 부디 마지막까지 함께 해 주세요.

2019년 6월

나가노 히로유키

고등학교 시절 확률 통계를 공부하며 머리가 아팠던 기억이 납니다. 당시 교과서와 시중에 나와 있던 참고서는 설명만 살짝 다를 뿐 같은 말만 반복하고 있었습니다. 물론 실려 있는 문제도 다 비슷했습니다. 수학을 잘하지 못해 어렴풋이 이해하고 넘어갔던 기억이 있습니다. 그러니 당연하게도 문제를 풀면 틀리기 일쑤였습니다. 훨씬 많은 문제와 상황을 접한 지금에야 교과서와 참고서의 집필자들이 어떤 생각으로 그렇게 설명했는지 이해하지만, 당시에는 정말 왜 똑같은 말만 여러 책에서 반복하는지 이해하기 어려웠습니다.

요즘 교과서와 참고서가 어떤지는 모르지만, 모두가 수학은 쉽다고 하지 않는 걸 보니 상황은 별반 다르지 않아 보입니다. 이 책도 어떤 교과서나 참고서에서도 볼 수 있는 똑같은 확률과 통계 내용을 담고 있습니다. 하지만 〈다시 미분 적분〉(길벗, 2019)을 먼저 읽어본 독자라면 예상할 수 있듯이 이 책의 저자는 정말 자세하게 설명합니다. 계산 과정을 최대한 빼먹지 않고 왜 그런 계산이 필요한지, 어떤 방법을 사용했는지 그리고 같은 내용이든 쉬운 내용이든 반복해서 설명합니다. 계산 과정을 곰곰이 생각하며 따라가다가 막히는 부분이 있을 때마다 항상 거기서 가려운 곳을 긁어주는 저자가 함께하는 걸 느낄 수 있습니다.

이 책의 또 다른 장점은 책 절반을 문제 풀이하는 데 사용했다는 점입니다. 저자도 이야기하듯이 확률 통계 문제는 문제로 만들 수 있는 상황이 그다지 많지 않습니다. 따라서 문제를 풀면서 개념을 이해하고 습득하는 과정이 꼭 필요합니다. 이 책은 다른 교과서나 참고서와는 달리 문제와 답 또는 간단한 풀이만 달랑 실어 놓지 않고, 문제의 접근 방법과 풀이 과정을 상세하게 설명합니다. 이 과정을 통해 어렴풋이 이해했던 개념을 더욱 확실하게 이해하고, 개념을 실제 문제에 적용하는 사고방식을 습득할 수 있을 것입니다.

고등학교 시절 정복할 수 없었던 확률 통계, 이 책으로 도전해서 꼭 정복했으면 좋겠습니다.

장진희

저는 책을 고를 때 글이 잘 읽히는지 그리고 현재 내 수준에 맞는 도서인지를 꼼꼼하게 따져보는 편입니다. 이 도서는 막히는 곳 없이 읽혀 참 좋았으며 기초부터 자세하게 설명해 어렵지 않았습니다. 또한, 확률과 통계를 기초부터 좀 더 깊이 있는 내용까지 풀어나가는 방식이 전반적으로 만족스러웠고 이에 연계되는 문제도 이해한 내용을 다시 한 번 점검하는 데 도움을 많이 주었습니다. 확률과 통계가 베이스가 되는 직군에 종사하는 분에게 추천합니다.

김낙겸_SW개발자

확률은 추상적이고 여러 경우의 수를 생각해야 해서 정답을 구하기까지 꽤 오랜 시간이 걸리며, 쉽게 이해할 수 있는 개념이 아닙니다. 하지만 이 책은 계산 과정을 빠짐없이 세세하게 나열했으며 그림이나 일러스트, 표 등으로 직관적으로 이해할 수 있게 설명해 줍니다. 또한, 글씨가 빽빽하지 않아 읽기에도 수월했고, 연습 문제도 수록되어 있어 확실하게 개념을 숙지할 수 있습니다. 저처럼 수학이 어려워 기초부터 빠르게 훑고 싶은 분에게 많은 도움이 될 것 같습니다.

손예림_대학생

1장 경우의 수 13

01 집합: 우선 여러 기호에 익숙해지자 14

집합과 성분: 속한다(∈) · 속하지 않는다(∉) 14

집합의 두 가지 표현 방법 16

부분집합과 포함 관계: 포함된다(⊂) · 공집합(∅) 19

교집합(∩)과 합집합(∪) 21

전체집합과 여집합: 여집합과 합치면 전체가 된다 23

드 모르간의 법칙: ∩와 ∪이 서로 바뀐다 25

'그리고 · 또는'의 부정: 마찬가지로 서로 바뀐다 27

02 집합의 성분 개수: 기호에 조금 더 익숙해지자 32

합집합의 성분 개수: 중복을 제외한다 33

여집합의 성분 개수: 전체에서 뺀다 36

세 집합의 합집합: 성분 개수 공식을 유도한다 42

03 경우의 수: 아직은 '전채 요리' 47

조약돌과 소: 물건을 센다는 것 47

수형도로 생각한다: 데이트 코스는 몇 가지? 49

합의 법칙: 동시에 일어나지 않을 때 52

곱의 법칙: 동시에 일어날 때 55

04 순열: 드디어 '메인 요리' 59

순열의 개수: $_nP_r$로 표기 61

계승(팩토리얼): n의 계승은 $n!$로 표기 65

중복순열의 개수: $_n\Pi_r$로 표기 69

원순열 74

같은 것을 포함하는 순열 79

05 조합: 순서를 생각하지 않고 뽑는 방법 87

조합의 개수: $_nC_r$로 표현한다 87

같은 것을 포함하는 순열과 조합 93

$_nC_r$의 성질 1: 나머지를 사용해도 된다 95

$_nC_r$의 성질 2: 일부러 $_nC_0$을 고려한다 97

$_nC_r$의 성질 3: 트럼프로 생각해 보자 98

$_nC_r$ 성질의 응용 1: 파스칼의 삼각형 101

$_nC_r$ 성질의 응용 2: 2항정리 104

중복조합의 개수: $_nH_r$로 표기, 이 장의 마지막 난관 109

2장 확률 121

06 사건과 확률: 근처에서 자주 보기에 오해하기 쉽다 122

시행과 사건: 잘 쓰지 않는 단어로 확실하게 정의하자 123

확률의 뜻: '확실한 정도'를 수치화한 값 126

07 확률의 기본 성질: 벤 다이어그램으로 쉽게 이해하자 139

곱사건과 합사건의 확률: 교집합(∩)과 합집합(∪)을 복습하자 139

배반 사건의 확률: 동시에 일어나지 않을 때 144

여사건의 확률: 전체에서 빼자 150

08 독립시행의 확률: 우선 주변부터 공략하자 158

독립시행이란? '독립 = 종속이 아니다'의 의미 158

독립시행의 확률: 곱으로 구한다 160

반복시행: 독립인 시행의 반복 168

09 조건부 확률: 드디어 본진으로 178

조건부 확률이란? $P_A(B)$로 표현한다 178

확률의 곱셈정리: '동시에 발생'과 확실하게 구별하자 183

베이즈 정리: 원인의 확률 187

직관과 다른 확률 1: 몬티 홀 문제 194

직관과 다른 확률 2: 희귀병 검사 결과 199

직관과 다른 확률 3: 카드 뒷면은 무슨 색? 202

3장 연습 문제: 경우의 수 211

A 집합 212

문제 A-1 212

문제 A-2 214

문제 A-3 218

문제 A-4 220

B 집합의 성분 개수 224

문제 B-1 224

문제 B-2 229

문제 B-3 232

문제 B-4 234

C 경우의 수 240

문제 C-1 240

문제 C-2 243

문제 C-3 245

문제 C-4 250

D 순열 253

문제 D-1 253

문제 D-2 254

문제 D-3 257

문제 D-4 261

E 조합 273

문제 E-1 273

문제 E-2 275

문제 E-3 279

문제 E-4 283

4장 연습 문제: 확률 293

F 사건과 확률 294

문제 F-1 294

문제 F-2 297

문제 F-3 299

문제 F-4 302

G 확률의 기본 성질 306

문제 G-1 306

문제 G-2 309

문제 G-3 312

문제 G-4 318

H 독립시행의 확률 321

문제 H-1 321

문제 H-2 323

문제 H-3 327

문제 H-4 332

I 조건부 확률 337

문제 I-1 337

문제 I-2 340

문제 I-3 346

문제 I-4 351

맺음말 356

찾아보기 358

1^장

경우의 수

01

집합:
우선 여러 기호에 익숙해지자

경우의 수를 공부한다면서 '집합'부터 시작하는 게 좀 이상할지도 모릅니다. 하지만 집합부터 시작하는 이유가 있습니다. 앞으로 **기호를 사용할 것이기 때문입니다.** 물론 기호 알레르기가 있는 사람도 있을 수 있고 기호를 사용하지 않아도 경우의 수나 확률, 통계를 이야기할 수 있습니다. 하지만 기호를 사용하지 않고 설명하면 답답하게 에둘러 표현하게 되거나 부정확하며 때로는 더욱 이해하기 어렵습니다.

앞으로 등장하는 여러 기호는 처음에는 어렵겠지만 익숙해지면 매우 편리합니다. 게다가 다른 (본격적인) 확률과 통계 책을 읽기 위해서라도 기호는 꼭 익혀 둬야 합니다.

집합과 성분: 속한다($\in$) · 속하지 않는다($\notin$)

일상에서 집합은 '모여라'라는 의미로 사용될 때가 많은데, 수학에서 집합은 '모여라'가 아니라 '모임'이라는 뉘앙스에 가깝습니다.

그냥 모임이 아닌 '1~10인 정수'나 '가위바위보의 가짓수'와 같이 **어떤 정의를 따르는 모임에 속하는지 속하지 않는지 명확하게 판단할 수 있는 모임만을** 집합(set)이라 합니다.[1] 집합에 포함되어 있는 것 하나하나를 그 집합의 성분(element)이라 하고 x가 집합 A의 성분일 때, x는 집합 A에 속한다고 합니다.

---

[1] '큰 수'나 '아름다운 것'과 같이 범위가 명확하지 않으면 집합이 아닙니다.

예 ❶ 가위바위보의 가짓수

'가위바위보의 가짓수'의 집합을 P라 하면 '가위, 바위, 보'는 P의 성분입니다.

❤ 그림 1–1 가위바위보의 집합 P

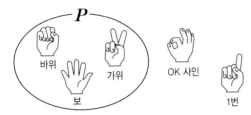

일반적으로 a가 집합 A의 성분임을 $a \in A$라 표기하고 b가 집합 A의 성분이 아님을 $b \notin A$라 표기합니다.[2] 앞 예에서는 **바위** $\in P$이고 **OK 사인** $\notin P$이며 **1 번** $\notin P$입니다.

표유류의 집합

예제 ❶

포유류의 집합을 A라고 할 때, 다음 $\square$에 알맞은 기호 $\in$ 또는 $\notin$을 넣으세요.

(1) 개 $\square A$ (2) 까마귀 $\square A$ (3) 돌고래 $\square A$

해설

개와 돌고래는 포유류이므로 집합 A에 속하지만 까마귀는 조류이므로 집합 A에 속하지 않습니다.

해답

(1) 개 $\in A$ (2) 까마귀 $\notin A$ (3) 돌고래 $\in A$

---

2 $\in$는 element(성분)의 첫 글자에 해당하는 그리스 문자(ε: 입실론)에서 유래했습니다.

집합의 두 가지 표현 방법

집합을 표현하는 방법은 크게 두 가지가 있습니다. 첫 번째는 { } 안에 성분을 나열하는 방법이고, 두 번째는 성분을 대표적으로 n이나 x 등 적당한 문자(좋아하는 문자를 사용하면 됩니다)로 표기하고 **세로줄(|) 오른쪽에** 성분이 만족하는 조건으로 나타내는 방법입니다.

▤ 예 **2** ▤ 성분을 나열하는 방법

(1) '양수인 8의 약수'를 집합 A라 하면

$$A = \{1, 2, 4, 8\}$$

(2) '양수인 30 이하의 짝수'를 집합 B라 하면

$$B = \{2, 4, 6, \cdots\cdots, 30\}$$

(3) '양수인 홀수 전체'를 집합 C라 하면

$$C = \{1, 3, 5, \cdots\cdots\}$$

▤ 예 **3** ▤ 성분이 만족하는 조건으로 나타내는 방법

예2 의 각 집합을 다음과 같이 나타낼 수 있습니다.

$$A = \{x \mid x는 \ 양수인 \ 8의 \ 약수\}$$
$$B = \{2n \mid n은 \ 15 \ 이하인 \ 양의 \ 정수\}[3]$$
$$C = \{2n - 1 \mid n은 \ 양의 \ 정수\}[4]$$

참고로 두 표시 방법 모두 중괄호{ }를 사용합니다.

---

[3] $2n$의 n에 1, 2, 3, ……, 15를 대입한 값이 B의 각 성분입니다.

[4] $2n-1$의 n에 1, 2, 3, ……을 대입한 값이 C의 각 성분입니다.

또한, 예를 들어 0 이상 1 이하인 실수 전체의 집합을 D라고 하면, 이 집합에 속하는 실수는 무수히 많으므로[5] '성분을 나열하는 방법'으로는 전부 다 떠올 수 없지만 '성분이 만족하는 조건으로 나타내는 방법'을 사용하면 다음과 같이 나타낼 수 있습니다.[6]

▐ 예 4 ▐ '~이상 ~이하'인 실수 전체

0 이상 1 이하인 실수 전체를 집합 D라고 하면 다음과 같이 표현할 수 있습니다.

$$D = \{x \mid 0 \leq x \leq 1,\ x\text{는 실수}\}$$

❤ 그림 1-2 0 이상 1 이하인 실수 전체집합 D

n과 x는 어떨 때 사용해요?

엄밀히 정하진 않았지만 연속하는 정수를 대표할 때는 number의 첫 글자인 n을 자주 사용합니다. 다른 조건으로 여러 정수가 있을 때는 알파벳 순서대로 n에 가까운 k, l, m도 자주 사용합니다. 특정한 정수나 실수 등을 대표할 때는 x, y, z 등을 자주 사용합니다.

---

5 예를 들어 0.1이나 0.12, 0.123, …… 등은 모두 집합 D에 속하므로 집합 D에 속하는 성분은 무수히 많습니다. 실수에 관해서는 18쪽을 참조하세요.

6 그림 1-2의 수직선에 있는 ●는 ≤를 의미합니다.

Note≡ **실수란**

앞으로 자주 등장할 **정수**(integer), **자연수**(natural number), **실수**(real number), **유리수** (rational number), **무리수**(irrational number) 단어의 뜻을 확인해 둡시다. 정수는 양의 정수(1, 2, 3, ……)와 0, 그리고 음의 정수(−1, −2, −3, ……)로 이루어진 수를 말합니다.[7] 양의 정수를 자연수라고도 합니다. 다음으로 분모와 분자가 정수인 분수로 나타낼 수 있는 수가 유리수, 분수로 나타낼 수 없는 수가 무리수입니다.

- 자연수: 양의 정수

- 유리수: (분모와 분자가 정수인) 분수로 나타낼 수 있는 수

$$\rightarrow \quad \frac{1}{2}, \quad 5 = \frac{5}{1}, \quad 0.25 = \frac{1}{4}, \quad 0.333\cdots = \frac{1}{3} \ \text{등}^{[8]}$$

- 무리수: (분모와 분자가 정수인) 분수로 나타낼 수 없는 수

$$\rightarrow \quad \sqrt{2} = 1.41421356\cdots, \quad \pi\,(\text{원주율}) = 3.14159265 \ \text{등}$$

❤ 그림 1-3 여러 가지 수의 관계

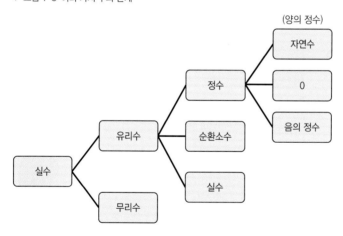

---

7 0은 양수도 음수도 아니므로 주의하세요.

8 정수, 0.25 같은 유한소수(소숫점 아래 몇 자리에서 끝나는 소수), 0.333 …… 같은 순환소수(같은 숫자 나열이 영원히 반복되는 소수)도 유리수입니다.

예제 2

다음 집합의 성분을 나열하세요.

(1) $A = \{x \mid x$는 12의 양의 약수$\}$

(2) $B = \{2^n \mid n$은 양의 정수$\}$

해설

집합 B에 속하는 성분이 무수히 많으므로 '……'을 사용해서 나타냅니다. 또한, 0은 '양의 정수'가 아니므로 주의하세요.

해답

(1) $A = \{1, 2, 3, 4, 6, 12\}$

(2) $B = \{2, 4, 8, 16, 32, \cdots\cdots\}$

부분집합과 포함 관계: 포함된다(⊂)·공집합(∅)

두 집합 A, B가 있을 때 B의 모든 성분이 A의 성분이라면[9] B를 A의 부분집합(subset)이라 하고 B는 A에 포함된다고 합니다.[10] B가 A의 부분집합임을 기호로는 $B \subset A$ 또는 $A \supset B$로 나타냅니다.

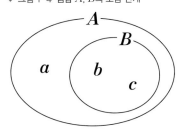

▼ 그림 1-4 집합 A, B의 포함 관계

---

9 그림 1-4에서 B의 성분은 b, c이고 A의 성분은 a, b, c입니다.

10 A는 B를 **포함한다**라고도 합니다.

▦ 예 ⑤ ▦ 다시 보는 가위바위보의 가짓수

$P = \{$가위, 바위, 보$\}$와 $Q = \{$바위, 보$\}$라는 두 집합이 있다고 하면, Q의 모든 성분은 P에 포함되므로 $Q \subset P$입니다.

❤ 그림 1-5 집합 P와 Q

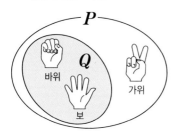

특히 두 집합 A와 B의 성분이 완전히 일치할 때 A와 B는 **같다**고 하고 기호로는 $A = B$로 나타냅니다.[11]

덧붙여 $A = A$이면 $A \subset A$가 성립하므로 **A 자신도 A의 부분집합이 된다**는 것에 주의하세요.

또한, 성분을 하나도 갖지 않은 집합을 공집합(empty set)이라 부르고 **공집합**(기호: $\varnothing$[12])은 **모든 집합의 부분집합이 된다**고 약속합니다.

 ③ ─────────────────────────────── **부분집합, 모두 집합!**

집합 $A = \{a, b, c\}$의 부분집합을 모두 구하세요.

해설

A 자신인 $\{a, b, c\}$와 공집합 $\varnothing$도 포함되므로 주의합니다.

---

11 $A = B$는 '$A \subset B$ 및 $B \subset A$'와 같습니다(동치).

12 φ(파이)와 모양이 비슷하지만 구별해 사용합니다.

해답

$A = \{a, b, c\},\ \{a, b\},\ \{b, c\},\ \{a, c\},\ \{a\},\ \{b\},\ \{c\},\ \varnothing$

교집합(∩)과 합집합(∪)

▼ 그림 1-6 집합 A, B의 교집합과 합집합

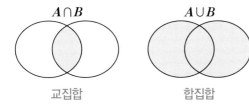

두 집합 A, B가 있을 때 A와 B 둘 다에 속하는 성분 전체의 집합을 교집합 (intersection), A와 B 둘 중 적어도 한쪽에 속하는 성분 전체의 집합을 합집합 (union)이라 하고 각각을 다음과 같이 표기합니다.

$$A와\ B의\ 교집합:\ A \cap B$$
$$A와\ B의\ 합집합:\ A \cup B$$

∩은 우리말로 **그리고**(**교집합**) 영어로는 cap이라 읽습니다. ∪은 우리말로 **또는**(**합집합**) 영어로는 cup입니다.

듣고 보니 ∩은 캡, 모자 ∪은 커피 컵처럼 보이네요.

두 집합 A, B의 교집합과 합집합은 다음과 같이 (멋있게) 나타낼 수 있습니다.

$$A \cap B = \{x \mid x \in A \text{ 그리고 } x \in B\}^{13},$$
$$A \cup B = \{x \mid x \in A \text{ 또는 } x \in B\}^{14}$$

▊▊▊ 예 ⑥ ▊▊▊ 비슷하면서도 다른 ∩과 ∪에 익숙해지자

집합 $A = \{$영어, 수학$\}$, $B = \{$수학, 물리, 화학$\}$을 그림으로 나타내면 다음과 같습니다.

❤ 그림 1-7 그림으로 나타낸 집합 A, B

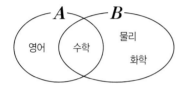

$$A \cap B = \{\text{수학}\}, \ A \cup B = \{\text{영어, 수학, 물리, 화학}\}$$

그림으로 생각해 보자!

예제 4

다음 각 경우에 대해 $A \cap B$와 $A \cup B$를 구하세요.

(1) $A = \{1, 2, 3, 4, 5\}$, $B = \{1, 3, 5, 7, 9\}$

(2) $A = \{x \mid 0 \leq x \leq 2, x\text{는 실수}\}$,

   $B = \{x \mid 1 < x < 3, x\text{는 실수}\}$

---

13   $A \cap B$의 성분은 A의 성분이면서 B의 성분이라는 뜻입니다.

14   $A \cup B$의 성분은 A와 B 중 적어도 한쪽의 성분이라는 뜻입니다.

해설

각각 그림으로 그리면 그림 1–8과 같습니다.

▼ 그림 1–8 그림으로 나타낸 집합 A, B

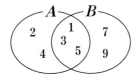 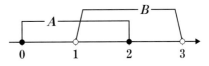

●는 ≤를 나타내고, ○는 <를 나타냅니다.

해답

(1) $A \cap B = \{1, 3, 5\}$, $A \cup B = \{1, 2, 3, 4, 5, 7, 9\}$

(2) $A \cap B = \{x \mid 1 < x \leq 2,\ x는\ 실수\}$,

$A \cup B = \{x \mid 0 \leq x < 3,\ x는\ 실수\}$

전체집합과 여집합: 여집합과 합치면 전체가 된다

▼ 그림 1–9 전체집합 U, 집합 A, 여집합 $\overline{A}$ 사이의 관계도

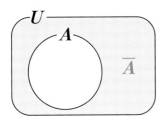

주어진 집합 U에 대해 U의 부분집합만을 고려할 때, 집합 U를 전체집합 (universal set)이라 부릅니다.

또한, 전체집합 U의 부분집합 A에 대해 U에 속하면서 A에 속하지 않는 성분 전체의 집합을 A의 여집합(complement)이라 부르고 $\overline{A}$로 나타냅니다.

충청북도 12개의 시, 군, 즉 {제천시, 단양군, 충주시, 음성군, 진천군, 증평군, 괴산군, 청주시, 청원군, 보은군, 옥천군, 영동군}을 전체집합 U라 하면, U의 부분집합 A = {단양군, 옥천군, 영동군}에 대해 A의 여집합은 다음과 같습니다.

$\overline{A}$ = {제천시, 충주시, 음성군, 진천군, 증평군, 청원군, 보은군, 청주시, 괴산군}

❤ 그림 1-10 충청북도 지도

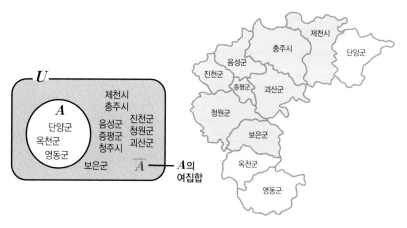

여집합은 다음과 같이 나타낼 수도 있습니다.

$$\overline{A} = \{x \mid x \in U \text{ 그리고 } x \notin A\}^{15}$$

그리고 A와 $\overline{A}$의 관계는 전체집합 U와 공집합 $\varnothing$를 이용해서 다음과 같이 쓸 수 있습니다.

$$A \cup \overline{A} = U, \ A \cap \overline{A} = \varnothing$$

───────────

15 여집합 $\overline{A}$의 성분은 전체집합 U에는 속하지만 집합 A에는 속하지 않는다는 뜻입니다.

집합 A에 $\overline{A}$를 더하면 전체집합이 되므로 $\overline{A}$에 '여집합'[16]이라는 이름이 붙었습니다.

예제 5

$U=\{1,\ 2,\ 3,\ 4,\ 5,\ 6,\ 7,\ 8,\ 9\}$를 전체집합이라 하고 U의 부분집합 A, B를 $A=\{1,\ 2,\ 3,\ 4,\ 5\}$, $B=\{1,\ 3,\ 5,\ 7,\ 9\}$라 했을 때, 다음을 구하세요.

(1) $\overline{A \cup B}$　　　(2) $\overline{A} \cap B$

해설

(1)은 'A 또는 B의 집합' 외의 것, (2)는 'A에는 속하지 않지만 B에는 속하는' 성분의 집합을 의미합니다.

❤ 그림 1-11 예제 5의 집합을 나타낸 그림

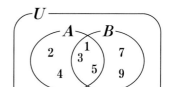

해답

(1) $\overline{A \cup B}=\{6, 8\}$　　(2) $\overline{A} \cap B=\{7, 9\}$

드 모르간의 법칙: ∩와 ∪이 서로 바뀐다

$A \cup B$와 $A \cap B$의 여집합에 대해 다음 드 모르간[17]의 법칙(de Morgan's law)이 성립합니다.

16　[역주] 여집합의 '여'는 여가, 여유의 남을 '여'자를 사용합니다. 전체집합에서 일부분을 떼어내고 '남은' 집합이라는 의미입니다.

17　오거스터스 드 모르간(Augustus de Morgan, 1806~1871)은 인도에서 태어난 영국 수학자입니다.

요점 정리 드 모르간의 법칙

(1) $\overline{A \cup B} = \overline{A} \cap \overline{B}$ (2) $\overline{A \cap B} = \overline{A} \cup \overline{B}$

증명

(1) $\overline{A \cup B} = \overline{A} \cap \overline{B}$ 증명

그림 1-12와 같이 $A \cup B$의 여집합은 A의 여집합 $\overline{A}$(옅은 회색)와 B의 여집합 $\overline{B}$(옅은 회색)의 교집합(짙은 회색)과 같습니다.

♥ 그림 1-12 그림으로 증명한 $\overline{A \cup B} = \overline{A} \cap \overline{B}$

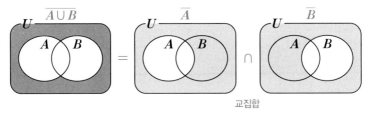

(2) $\overline{A \cap B} = \overline{A} \cup \overline{B}$ 증명

$A \cap B$의 여집합은 $\overline{A}$(옅은 회색)와 $\overline{B}$(옅은 회색)의 합집합(색이 칠해진 부분)과 같습니다.

♥ 그림 1-13 그림으로 증명한 $\overline{A \cap B} = \overline{A} \cup \overline{B}$

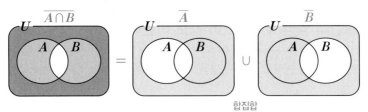

증명 끝

'그리고 · 또는'의 부정: 마찬가지로 서로 바뀐다

전체집합을 U라 하고 조건 p, q를 만족하는 성분의 집합을 각각 P, Q라 하면 'p 그리고 q', 'p 또는 q'를 만족하는 집합은 각각 그림 1-14와 같습니다.

▼ 그림 1-14 'p 그리고 q', 'p 또는 q'의 집합

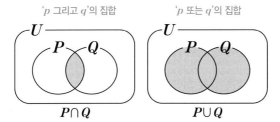

어떤 조건 p에 대해 'p가 **아닌**'이라는 **조건**은 $\overline{p}$로 나타냅니다. 이것도 드 모르간의 법칙으로 다음이 성립합니다.

'그리고'의 부정, '또는'의 부정

$$\overline{p \text{ 그리고 } q} = \overline{p} \text{ 또는 } \overline{q}$$

$$\overline{p \text{ 또는 } q} = \overline{p} \text{ 그리고 } \overline{q}$$

'그리고'의 부정은 '또는'이고, '또는'의 부정은 '그리고'라는 내용은 이제부터 중요해집니다.

▌ 예 **8** ▌ '이상'은 '미만'으로

'자본금 10억 원 이상 그리고 종업원 100명 이상'의 부정은 '자본금 10억 원 미만 또는 종업원 100명 미만'[18]입니다.

'카레를 좋아함 또는 떡볶이를 좋아함'의 부정은 '카레를 싫어함 그리고 떡볶이를 싫어함'입니다.

예제 6 ──────────────── '모두~'와 '적어도 한쪽은~'의 부정

a, b는 정수일 때, 다음 조건의 부정을 구하세요.

(1) a, b는 모두 짝수이다.

(2) a, b 중 적어도 한쪽은 짝수이다.

해설

(1)의 'a, b는 모두'는 'a 그리고 b'라고 바꿀 수 있습니다. 그리고 (2)의 'a, b 중 적어도 한쪽'은 'a 또는 b'로 바꿀 수 있습니다.

---

18 그림으로 표현하면 다음과 같습니다.

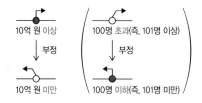

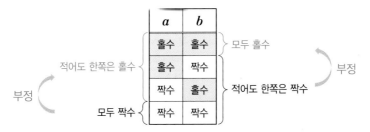

❤ 그림 1-15 '모두~'와 '적어도 한쪽은~'의 부정

해답

(1) a, b 중 적어도 한쪽은 홀수이다(a 또는 b는 홀수이다).

(2) a, b는 모두 홀수이다(a 그리고 b는 홀수이다).

'모두'의 부정은 '적어도 한쪽'이고, '적어도 한쪽'의 부정은 '모두'군요!

▶ 집합은 고전 수학과 현대 수학을 나눈다

1930년대 프랑스의 젊은 수학자 집단이 '니콜라 부르바키'라는 가공의 수학자 이름을 내세워 (펜네임으로 사용하여) 논문과 저서를 발표하기 시작했습니다. 그들의 당초 목적은 현대적인 미분적분학 교과서를 저술하는 것이었지만 점차 현대 수학의 여러 가지 분야를 **집합론** 위에 쌓아 올리는 것으로 변해갔습니다. 그 부르바키의 저서 중에 다음과 같은 말이 있습니다.

오늘날 우리는 이론적으로 말하자면 거의 모든 현대 수학을 하나의 원천으로부터 유도할 수 있음을 알고 있다. 그 원천이란 집합론이다.

실제로 현대 수학과 고전 수학을 나누는 기준은 집합론을 기초로 하는가 그렇지 않은가라고 말합니다.

수학의 역사를 살펴보면 발전한 역사가 곧게 뻗은 길이 아니라 여러 가지 분야가 각자 독자의 목적과 필요성에 따라 탄생하여 따로따로 발전한 것을 알 수 있습니다.

도형의 성질을 논증하는 흥미에서 탄생하여 토목과 항해 기술로 발전한 **기하학**, 수를 세는 데서 시작하여 방정식론으로 발전한 **대수학**, 도형의 부피와 물리 현상을 해명하기 위해 필요했던 **미분적분학**, 그리고 나라를 다스리기 위해 사용된 **통계학**과 도박의 이익 추구에서 탄생한 **확률론** 등이 아무 맥락도 없이 탄생하고 커진 것입니다. 따라서 19세기 말부터 20세기 초반의 수학계는 한동안 혼돈 상태였습니다. 말하자면 수학이라는 이름을 가진 빌딩에 서로가 자기끼리만 살고 있었던 것입니다. 독일의 철학적 수학자였던 **게오르크 칸토어** (Georg Cantor, 1845–1918)가 창시한 집합론도 처음에는 빌딩의 다른 주민들과 마찬가지였습니다.

오래 지나지 않아 자연스럽게 수학계를 재편성하려는 움직임이 일어났습니다. 이는 구체적인 대상은 달라도 '구조'가 닮았다면 '같은' 집합으로 간주해도 되겠다는 생각을 기초로 행해졌습니다. 실제로 집합론을 기초로 하여 도형, 수, 함수, 확률, 통계, 논리 모두의 체계를 만들 수 있습니다. 그중 하나의 대표적인 성과가 앞에서 이야기한 부르바키의 여러 저서이고 이런 생각을 바탕으로 정리된 수학이 현대 수학입니다.

집합론을 배우는 진짜 의의

이런 수학계의 패러다임 변화는 교육에도 당연히 큰 영향을 끼쳤습니다. 결과로 1964년대 이후 갑자기 '집합'[19]이라는 단어가 중고등학교 교과서에도 등장했습니다.

하지만 솔직히 말하면 집합론을 배우는 진짜 의의를 알게 되는 시기는 대학 이후입니다.

대학에서는 집합을 사용하여 **무한**의 크기를 생각합니다. 예를 들어 정수 전체의 집합과 실수 전체의 집합의 성분은 둘 다 무한이지만 그 '개수'는 명백하게 후자가 많습니다. 한편 직선 위의 점 개수와 평면 위의 점 개수는 같은 수준의 무한임이 알려져 있습니다. 이 내용에 위화감을 느낄 수도 있지만 이런 내용을 조금씩 받아들이면서 무한을 좀 더 깊게 이해할 수 있습니다.

또한, 집합론은 일상어를 사용하여 발생하는 모호함과 오류를 피하기 위해 기호를 사용해서 기계적으로 (대수적으로) 추론을 진행하는 **기호 논리학**에도 빠뜨릴 수 없습니다. 집합론은 현대 수학에 필요한 고도의 추론을 지탱하는 '논리의 주춧돌'입니다.

19 　역주 우리나라는 고등학교 1학년 공통수학 '집합과 명제'라는 단원에서 배웁니다.

02 집합의 성분 개수:
기호에 조금 더 익숙해지자

집합에는 성분의 개수가 정해져 있는 집합과 성분의 개수가 무한한 집합이 있습니다. 전자를 유한 집합(finite set), 후자를 무한 집합(infinite set)이라 부릅니다.

개수가 아무리 많아도 정해져 있다면 유한 집합입니다. 예를 들어 이집트 사막의 모래알 집합도 유한 집합이고 우주 전체 입자의 집합도 유한 집합입니다.[1]

우주 전체 입자의 집합까지도 유한 집합이라면 이 세상에 무한 집합은 존재하지 않을 것 같지만 그렇지는 않습니다. 무한 집합 역시 무수히 찾아낼 수 있습니다.

예 9 무한 집합의 예

$\{x \mid x$는 짝수$\}$

$\{x \mid x$는 사각형$\}$

$\{x \mid x$는 색$\}$

$\{x \mid x$는 길이가 1cm인 선분[2] 위의 점$\}$

우주 전체 입자의 집합이 유한 집합인데 불과 1cm 선분 위에 있는 점의 집합은 무한 집합이라니 기분이 이상합니다. '무한'은 초등학생도 사용하는 단어지만 생각할수록 심오한 개념입니다. 무한에 관해서는 이번 절 끝에 수록한 칼럼(45쪽)에서 이야기하겠습니다. 집합 A가 유한 집합일 때, 성분의 개수를 $n(A)$로 나타냅니다.[3]

---

1 우주 전체의 원자 수는 약 10^{80}개 정도라고 합니다.

2 '선분'은 두 점을 잇는 길이가 정해진 선을 가리킵니다.

3 $n(A)$는 number of set A를 줄인 말입니다.

$P = \{$가위, 바위, 보$\}$일 때, $n(P) = 3$

$A = \{2n \,|\, n$은 1자리 자연수$\}$일 때, $n(A) = 9$[4]

참고로 공집합 $\varnothing$은 성분이 하나도 없으므로 $n(\varnothing) = 0$입니다.

합집합의 성분 개수: 중복을 제외한다

전체집합 U의 부분집합 A, B에 대해 합집합 $A \cup B$의 성분 개수를 구해 봅시다.

증명 공식을 유도한다

▼ 그림 2–1 전체집합 U의 부분집합 A, B 사이의 관계

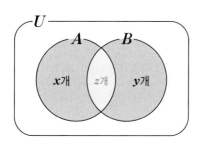
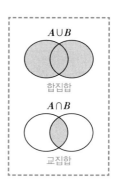

그림 2–1[5]처럼 각 영역의 개수를 정하면 $n(A) = x + z$, $n(B) = y + z$, $n(A \cap B) = z$, $n(A \cup B) = x + y + z$입니다.

따라서

---

4 성분을 전부 나열하면 $A = \{2, 4, 6, 8, 10, 12, 14, 16, 18\}$입니다.

5 벌써 여러 번 사용했지만, 이런 그림을 벤 다이어그램 또는 오일러 다이어그램이라 합니다. 두 이름은 그림을 고안한 영국의 논리학자 존 벤(John Venn, 1834–1923)과 레온하르트 오일러(Leonhard Euler, 1707–1783)에서 왔습니다. 단, 엄밀히는 모든 원(타원)이 서로 만나는 그림만을 벤 다이어그램이라고 부르고 원(타원)이 서로 만나지 않을 때는 벤 다이어그램이라 하지 않으니 주의합시다. 오일러 다이어그램에서는 각 집합을 나타내는 원(타원)이 항상 만날 필요는 없습니다.

$$n(A)+n(B)-n(A \cap B) = (x+z)+(y+z)-z$$
$$=x+z+y+z-z$$
$$=x+y+z$$
$$=n(A \cup B)$$

를 구할 수 있습니다.

증명 끝

즉, 합집합의 성분 개수를 구하는 다음 공식이 성립합니다.

> **공식** **합집합의 성분 개수**
>
> $$n(A \cup B) = n(A) + n(B) - n(A \cap B)$$

A의 성분 개수와 B의 성분 개수를 더하면 교집합을 중복해서 세게 되므로 교집합 개수를 빼는 거구나!

특히 $A \cap B$가 $\varnothing$(공집합)일 때[6]는
$n(A \cap B) = 0$이므로

$$n(A \cup B) = n(A) + n(B)$$

입니다.

❤ 그림 2-2 교집합이 없는 경우

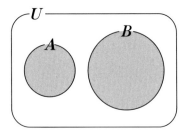

6　A와 B의 교집합이 없을 때

예제 7

1부터 20까지의 정수 중에서 2와 3 중 적어도 한쪽으로 나누어떨어지는 수는 몇 개 있는지 구하세요.

해설

'2와 3 중에 적어도 한쪽으로 나누어떨어지는 수'는 '2로 나누어떨어지는 수'와 '3으로 나누어떨어지는 수' 그리고 '2와 3 둘 다로 나누어떨어지는 수 = 6으로 나누어떨어지는 수'가 포함됩니다.

이 말은 **예제 6** 에서도 봤던 것처럼 '2의 배수 또는 3의 배수'라는 의미입니다.

▼ 그림 2-3 벤 다이어그램으로 설명

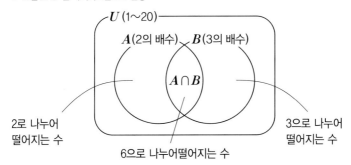

해답

1부터 20까지의 정수 중 2의 배수인 집합을 A, 3의 배수인 집합을 B라고 하면 구하려는 값은 $n(A \cup B)$입니다. **합집합의 성분 개수 공식**을 사용하므로 $n(A)$, $n(B)$, $n(A \cap B)$를 먼저 구합니다.

$$A = \{2 \times 1, \, 2 \times 2, \, 2 \times 3, \, \cdots\cdots, \, 2 \times 9\} \Rightarrow n(A) = 9$$
$$B = \{3 \times 1, \, 3 \times 2, \, 3 \times 3, \, \cdots\cdots, \, 3 \times 6\} \Rightarrow n(B) = 6$$

마지막으로 $A \cap B$는 2와 3의 최소공배수인 6의 배수의 전체집합이므로

$$A \cap B = 6 \times 1,\ 6 \times 2,\ 6 \times 3 \Rightarrow n(A \cap B) = 3$$

으로 구할 수 있습니다.

'2의 배수 또는 3의 배수'의 개수, 즉 $n(A \cup B)$는 **합집합의 성분 개수 공식**에 따라 다음과 같습니다.

$$n(A \cup B) = n(A) + n(B) - n(A \cap B) = 9 + 6 - 3 = 12$$

여집합의 성분 개수: 전체에서 뺀다

▼ 그림 2-4 한 변이 10인 정사각형과 정사각형에 내접하는 원

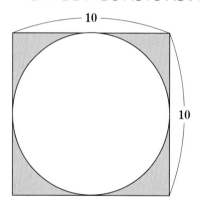

그림 2-4처럼 정사각형 안에 원이 내접하는 도형의 회색 부분 넓이를 구하려면 어떻게 해야 할까요?

회색 부분의 넓이를 직접 구할 수는 없으므로 정사각형 넓이에서 원의 넓이를 빼겠죠? 다시 말해 원주율을 π라 할 때

$$\text{구하려는 넓이} = \text{정사각형} - \text{원} = 10 \times 10 - 5 \times 5 \times \pi = 100 - 25\pi$$

로 구할 수 있습니다[7].

이렇게 **구하려는 부분을 알기 어려울 때, 전체(정사각형)에서 구하려는 부분 외의 나머지(원)를 뺀다**는 생각은 매우 효과적입니다.

여기서 배울 **여집합의 성분 개수**도 구하려는 집합의 성분 개수를 구하기 어려울 때 활용합니다.

▼ 그림 2-5 오일러 다이어그램으로 나타낸 집합 A와 여집합 $\overline{A}$와의 관계

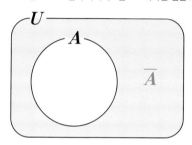

여집합 $\overline{A}$의 성분 개수에 관해 다음 등식이 성립합니다.

공식 **여집합의 성분 개수**

$$n(\overline{A}) = n(U) - n(A)$$
$$n(A) = n(U) - n(\overline{A})$$

---

7   원의 넓이를 구하는 공식은 '반지름 × 반지름 × 원주율'입니다. 그림 2-4에서는 원의 지름이 10이므로 원의 반지름은 5가 됩니다.

전체집합을 U라 할 때 U의 부분집합 A의 여집합 $\overline{A}$를 생각해 보면

$$A \cup \overline{A} = U, \ A \cap \overline{A} = \varnothing$$

이므로(24쪽), 합집합 성분 개수 공식으로 교집합이 공집합일 때의 식(34쪽)을 사용할 수 있습니다.

$$n(A \cup \overline{A}) = n(A) + n(\overline{A})$$

> $A \cap B$가 $\varnothing$(공집합)일 때
> $n(A \cup B) = n(A) + n(B)$

$A \cup \overline{A} = U$이므로

$$n(U) = n(A) + n(\overline{A})$$
$$\Rightarrow \ n(\overline{A}) = n(U) - n(A)$$
$$\Rightarrow \ n(A) = n(U) - n(\overline{A})$$

증명 끝

영어와 수학 모두

 예제 8

학생 수가 40명인 반에서 영어와 수학 시험을 치렀습니다. 영어 점수가 80점 이상인 학생은 20명, 수학 점수가 80점 이상인 학생은 25명, 영어와 수학 모두 80점 이상인 학생은 8명이었습니다. 이때 영어와 수학 모두 80점 미만인 학생은 몇 명인지 구하세요.

해설

기호를 사용하면 쉽게 구할 수 있습니다. 벤 다이어그램을 그려도 좋습니다. 드 모르간의 법칙도 사용해 봅시다.

해답

반 학생 전체의 집합을 전체집합 U라고 하고

영어가 80점 이상인 학생의 집합을 A
수학이 80점 이상인 학생의 집합을 B

라 합시다. 벤 다이어그램을 그리면 그림 2-6이 됩니다.

▼ 그림 2-6 벤 다이어그램으로 나타낸 집합 A, B와 전체집합 U

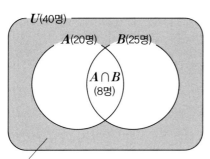

$\overline{A \cup B}$: 영어, 수학 모두 80점 미만

문제에서 알 수 있는 정보를 정리하면

$$n(U) = 40 \quad \cdots\cdots \text{전체}$$
$$n(A) = 20 \quad \cdots\cdots A \text{ 부분}$$
$$n(B) = 25 \quad \cdots\cdots B \text{ 부분}$$
$$n(A \cap B) = 8 \quad \cdots\cdots \text{교집합}$$

입니다.

문제에서 물어보는 내용은 '영어가 80점 미만이면서 수학도 80점 미만'인 학생의 수이므로 기호로 쓰면 $n(\overline{A} \cap \overline{B})$이므로 **드 모르간의 법칙**(25쪽)에 따라 $\overline{A} \cap \overline{B} = \overline{A \cup B}$가 됩니다.

> **드 모르간의 법칙**
> $$\overline{A \cup B} = \overline{A} \cap \overline{B}$$
> $$\overline{A \cap B} = \overline{A} \cup \overline{B}$$

계속해서 **여집합의 성분 개수 공식**에 따라

여집합 성분의 수: $n(\overline{A}) = n(U) - n(A)$

$$n(\overline{A} \cap \overline{B}) = n(\overline{A \cup B}) = n(U) - n(A \cup B) \quad \cdots \text{①}$$

가 됩니다. 이제 **합집합의 성분 개수 공식**(33쪽)을 사용하면 $n(A) = 20$, $n(B) = 25$, $n(A \cap B) = 8$이므로

$$n(A \cup B) = n(A) + n(B) - n(A \cap B) = 20 + 25 - 8 = 37$$

이 됩니다. 이 값과 $n(U) = 40$을 식 ①에 대입하면 다음과 같습니다.

$$n(\overline{A} \cap \overline{B}) = n(\overline{A \cup B}) = 40 - 37 = 3\text{명}$$

일일이 꼭 기호를 써야 하는 건가요?
기호를 안 쓰는 게 더 알기 쉬울 것 같은데 ……

기호가 꺼려지는 건 잘 알겠어요. 하지만 기호를 사용하면 개념이 나타내고 있는 내용을 말보다 훨씬 간단하게 표현할 수 있습니다. 기호에 익숙해지면 매우 편리하고, 계속 공부하기가 훨씬 쉬워집니다. 힘내세요!

Note ☰ **표로 그려서 풀기**

예제 8 은 답만 필요한 상황이라면 다음과 같이 표로 그려서 풀 수도 있습니다.

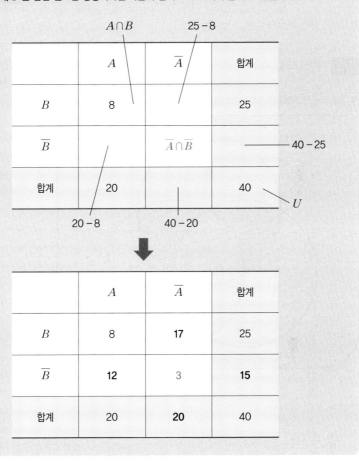

세 집합의 합집합: 성분 개수 공식을 유도한다

마지막으로 전체집합 안에 세 부분집합 A, B, C가 있을 때 합집합의 성분 개수를 생각해 봅시다.

증명 공식 유도

▼ 그림 2-7 전체집합에 속한 부분집합 A, B, C

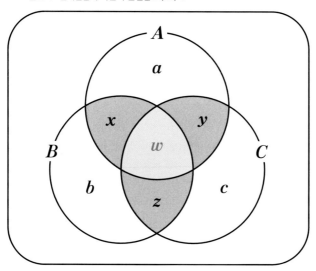

그림 2-7의 알파벳은 각 영역의 성분 개수를 나타냅니다. 즉,

$$n(A)=a+x+y+w, \ n(B)=b+x+z+w, \ n(C)=c+y+z+w$$

가 됩니다. 이제 이 값을 단순히 서로 더하면

$$n(A)+n(B)+n(C)=(a+x+y+w)+(b+x+z+w)+(c+y+z+w)$$
$$=a+b+c+2x+2y+2z+3w \quad \cdots ①$$

가 되어 그림 2-7의 회색 부분은 2회, 노란색 부분은 3회 중복해서 더하는 것을 알 수 있습니다. 따라서 각 집합의 교집합, 즉 $A \cap B$, $B \cap C$, $C \cap A$ 등을 빼 봅시다.

$$n(A \cap B) = x + w, \ n(B \cap C) = z + w, \ n(C \cap A) = y + w$$
$$\Rightarrow \ n(A \cap B) + n(B \cap C) + n(C \cap A) = (x+w) + (z+w) + (y+w)$$
$$= x + y + z + 3w \quad \cdots \ ②$$

이므로 식 ①과 ②에 따라

$$n(A) + n(B) + n(C) - \{n(A \cap B) + n(B \cap C) + n(C \cap A)\}$$
$$= (a + b + c + 2x + 2y + 2z + 3w) - (x + y + z + 3w)$$
$$= a + b + c + x + y + z \quad \cdots \ ③$$

가 됩니다. 한편, A, B, C의 **합집합** $A \cup B \cup C$**의 성분 개수**는

$$n(A \cup B \cup C) = a + b + c + x + y + z + w \quad \cdots \ ④$$

이므로 식 ③은 w만큼 모자랍니다. w는 A, B, C의 **교집합** $A \cap B \cap C$**의 성분 개수**이므로 식 ③에

$$n(A \cap B \cap C) = w$$

을 더하면 식 ④를 구할 수 있습니다. 즉,

$$
\begin{array}{ll}
n(A) + n(B) + n(C) - \{n(A \cap B) + n(B \cap C) + n(C \cap A)\} = a + b + c + x + y + z \\
+) \quad \quad \quad \quad \quad n(A \cap B \cap C) \quad \quad \quad \quad \quad = \quad \quad w \\
\hline
\quad \quad \quad \quad \quad n(A \cup B \cup C) \quad \quad \quad \quad \quad \quad \quad = a + b + c + x + y + z + w
\end{array}
$$

가 됩니다.

이 과정을 통해 다음 공식을 유도할 수 있습니다.

공식 합집합 A∪B∪C의 성분 개수

$$n(A \cup B \cup C)$$
$$= n(A) + n(B) + n(C)$$
$$- \{n(A \cap B) + n(B \cap C) + n(C \cap A)\}$$
$$+ n(A \cap B \cap C)$$

증명 끝

문자하고 기호가 너무 많아서 눈이 핑핑 돌아요.

하하하. 그렇지만 이 '합집합 $A \cup B \cup C$의 성분 개수' 공식을 유도하는 증명을 직접 할 수 있게 되면 집합 기호를 다루는 방법은 다 배운 거예요! 포기하지 말고 힘냅시다!

➤ 무한에도 '종류'가 있다고?

무한을 꺼리고 싫어했던 철학자

인류가 무한에 관해 진지하게 생각하기 시작한 시기는 고대 그리스 시대였습니다. 하지만 피타고라스나 플라톤, 아리스토텔레스와 같이 당시를 대표하는 철학자(수학자)는 이 세상은 유한하므로 논의에 무한을 끌어들이면 혼란만 일으키게 된다며 무한을 꺼리며 싫어했다고 합니다.

실제로 유한한 세상이라는 감각으로 무한을 이해하려고 하면 이상한 현상(불합리하게 느껴지는 것)이 많습니다.

예를 들어 여기에 자연수[8] 집합 A와 제곱수(자연수를 제곱한 수) 집합 B가 있다고 합시다.

$$A = \{1, 2, 3, \cdots\cdots, n, \cdots\cdots\}, B = \{1^2, 2^2, 3^2, \cdots\cdots, n^2, \cdots\cdots\}$$

자, A와 B 중에 어느 것이 성분의 개수가 더 많을까요?

유한한 세상이라는 감각으로 말하자면 물론 A겠죠? 그도 그럴 것이 A 성분은 1, 2, 3 ⋯⋯으로 '빠짐없는' 자연수 나열인데 반해 B의 성분은 1, 4, 9 ⋯⋯처럼 띄엄띄엄한 값이므로 B는 A의 일부일 뿐이라고 생각하는 게 보통입니다.

하지만 이 두 집합의 무한한 성분의 수는 '같다'가 맞습니다. 다음과 같이 두 집합의 성분은 각각 일대일 대응[9]이기 때문입니다.

$$A = \{1, \quad 2, \quad 3, \cdots\cdots, \quad n, \cdots\cdots\}$$
$$\updownarrow \quad \updownarrow \quad \updownarrow \qquad\quad \updownarrow$$
$$B = \{1^2, \quad 2^2, \quad 3^2, \cdots\cdots, \quad n^2, \cdots\cdots\}$$

대수학자도 멀리했던 '무한'

유명한 수학자인 **갈릴레오 갈릴레이**(Galileo Galilei, 1564–1642)는 이 화제를 〈새로운 두 과학〉(사이언스북스, 2016)라는 책에서 이야기하며

> 일부분밖에 없는데 어떤 의미로는 개수가 같다고 하는 게 이상하지만 그게 바로 유한과 무한의 차이이다.

---

8 1 이상인 정수
9 '일대일 대응'에 관해서는 다음 절(47쪽)을 참조하세요.

라고 지적했습니다. 인류가 처음 무한의 본질을 잡아낸 고찰이었다고 합니다. **칼 프리드리히 가우스**(Carl Friedrich Gauss, 1777–1855)도 무한을 수처럼 다루면 (갈릴레오가 지적했던 것처럼) 불합리하므로 무한은 어디까지나 '무한히 크게 만든다'처럼 부사로 사용해야 한다고 말했습니다.

이렇게 대수학자도 꺼리게 만들었던 '무한'을 처음 정면으로 마주한 사람이 집합의 창시자이기도 한 칸토어(30쪽)입니다.

방금 살펴본 집합 B처럼 자연수 집합과 일대일 대응시킬 수 있는 무한 집합[10]을 번호를 붙일 수 있다는 의미로 **가부번 집합** 또는 **가산 집합**이라고 합니다. **칸토어**는 가부번 집합(가산 집합)의 성분 개수가 자연수 집합의 성분 개수와 '같다'는 사실을 '농도가 같다'고 하고 가부번 집합의 농도를 '$\aleph_0$(알레프 제로)'로 이름 붙였습니다[11]. 그리고 (자세한 내용은 생략했지만) 음의 정수도 포함하는 정수 전체나 유리수[12] 집합의 농도도 $\aleph_0$임을 보였습니다.

그다음 칸토어는 무리수[13] 집합의 농도는 $\aleph_0$보다 높음을 보이고 그 농도를 $\aleph_1$(알레프 원)이라 하였습니다.

실은 직선에 포함되는 점의 수, 평면에 포함되는 점의 수, 공간에 포함되는 점의 수 모두 같은 농도인 $\aleph_1$입니다. 이 결과에 도달한 후 매우 놀란 칸토어가 친구에게 '나는 보았으나 믿지 못하겠다'라고 편지에 적은 일은 매우 유명한 일화입니다.

그 '농도'가 어찌 됐든

여기서는 무한에 두 종류의 농도가 있다고 소개했지만, 무한의 농도에는 '무한 가지' 종류가 있습니다[14]. 무한은 '매우 큰 어떤 수' 같은 게 아니라 유한의 척도로는 상상할 수 없는 끝없이 펼쳐진 세상에 존재하는 무수한 '수'의 총칭입니다.

어찌 됐든 인류가 무한을 제대로 이해하게 된 것은 칸토어가 집합이라는 개념을 탄생시키고 여러 가지 무한 집합의 성분을 일대일 대응시켰기 때문이며, 무한은 집합론이 등장하고서야 비로소 과학적인 논의의 대상이 될 수 있었다고 해도 과언이 아닙니다.

---

10 성분 수가 무한인 집합(32쪽)

11 $\aleph$(알레프)는 히브리어 알파벳 첫 문자입니다.

12 분수로 표현할 수 있는 수(18쪽). 정수나 유한 소수, 순환 소수 등

13 분수로 표현할 수 없는 수(18쪽). $\sqrt{2}$나 π 등

14 '무한 가지'라는 말은 무한을 수처럼 느끼게 하므로 그다지 좋은 표현은 아니지만, 여기서는 '무한의 농도에는 수없이 많은 종류가 있다'라는 의미입니다.

03

경우의 수:
아직은 '전채 요리'

그림 3-1처럼 두 집합이 있을 때 한 쪽의 각 성분이 다른 쪽의 각 성분에 하나
씩 대응할 때를 일대일 대응(one-to-one correspondence)이라고 합니다.

▼ 그림 3-1 일대일 대응

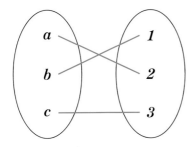

조약돌과 소: 물건을 센다는 것

무언가를 '1, 2, 3 ……'으로 센다는 말은 물건과 숫자를 일대일 대응시키는 작
업입니다. 영어로 '계산법'이나 '미적분법'을 의미하는 'calculus(캘큘러스)'의
어원이 라틴어로 '조약돌'을 의미하는 'calculus'와 같은 이유는 수를 사용하지
않던 시대의 인류가 조약돌과 세고 싶은 물건을 일대일 대응시켰기 때문이라고
합니다.

아주 먼 옛날 우리의 선조는 3 이상의 수를 셀 수 없어서 4, 30, 100 모두를 '많
다'라고 여겼다고 합니다. 하지만 살아가면서 3 이상인 수를 세야 하는 상황이
매우 많습니다.

예를 들어 한 농가에서 소 5마리를 기르고 있다고 합시다. 이 농가의 주인은 '5'라는 수는 사용할 수 없지만 일대일 대응을 사용하여 '수를 세다'라는 의미를 알고 있습니다. 주인의 아침 일과는 조약돌과 방목하기 전의 소를 일대일 대응시키는 일이었습니다. 이렇게 하면 방목시킨 후 조약돌과 소를 다시 한 번 일대일 대응시켜 아직 돌아오지 않은 소가 있는지 판단할 수 있습니다.

❤ 그림 3-2 조약돌과 소의 일대일 대응

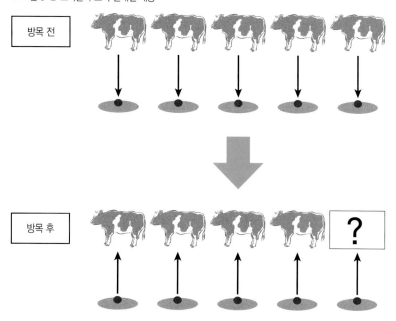

이렇게 물건을 센다는 행위의 기본은 대상과 조약돌(이후에는 숫자)의 일대일 대응에서 시작됐습니다. 바꿔 말하면 모든 상황을 **빠짐없이 중복되지 않게**[1] **센다**입니다. 이처럼 일대일 대응은 수학적 사물 인식의 첫걸음이 되었습니다.

---

1 '빠짐없이 중복되지 않게'는 영어로 'Mutually Exclusive and Collectively Exhaustive'라 합니다. 이는 센다는 행위는 물론 분류(경우 나누기)할 때의 기본이기도 합니다. 영어의 첫 글자를 따서 'MECE'라 축약할 때도 많습니다(145쪽의 각주도 참조).

수형도로 생각한다: 데이트 코스는 몇 가지?

어떤 사건에 대해 그 사건이 일어날 경우를 중복되지 않게 모두 셌을 때 전체 가짓수를 경우의 수(number of cases)라고 합니다.

❤ 그림 3-3 이동할 수 있는 경우의 수를 세어 보자

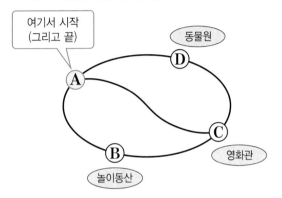

그림 3-3은 A 마을, B 마을, C 마을, D 마을을 잇는 철도 노선도입니다. B 마을에는 놀이동산, C 마을에는 영화관, D 마을에는 동물원이 있습니다.

이제 A 마을에 사는 커플이 몇 개의 마을을 들른 후, A 마을에 돌아오는 데이트 코스를 가능한 한 많이 만들려고 합니다. 모두 몇 가지 데이트 코스를 만들수 있을까요? 단, 마을에서 마을로 이동할 때는 그림 3-3의 노선만을 사용하고 A 마을이 아닌 어떤 마을에도 두 번은 가지 않으며 A 마을에 돌아온 시점에서 데이트는 끝이라고 합시다.

커플이 A 마을을 출발한 후 처음 도착하는 마을은 B 마을, C 마을, D 마을 중하나입니다. 처음에 B 마을로 갔다고 하면 다음에는 A 마을로 돌아오거나 C 마을로 이동할 수밖에 없습니다. A 마을로 돌아오면 데이트가 끝나고 C 마을로 이동했을 때는 데이트가 계속됩니다.

이렇게 만들 수 있는 데이트 코스를 전부 생각해 보면 그림 3-4와 같습니다.

❤ 그림 3-4 데이트 코스

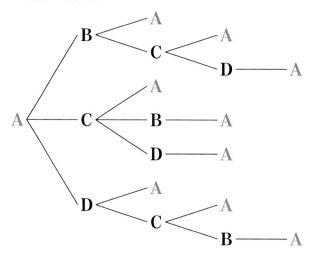

따라서 생각할 수 있는 데이트 코스는 전부 9가지임을 알 수 있습니다.

이렇게 가지가 갈라지는 모양의 그림을 수형도(dendrom)라고 합니다. 수형도는 간단히 알 수 없는(계산으로는 구하기 어려운) 경우의 수를 구할 때 편리한 그림입니다.

예제 9   4명이 선물 교환

A~D 4명이 선물을 교환합니다. 모두 자기가 가져온 선물이 아닌 선물을 받는 경우는 모두 몇 가지인지 구하세요.

해설

A가 가져온 선물을 a, B가 가져온 선물을 b, C가 가져온 선물을 c, D가 가져온 선물을 d라 하고 수형도를 그려 봅니다.

해답

A 아래에는 a가 오지 않게, B 아래에는 b가 오지 않게, C 아래에는 c가 오지 않게, D 아래에는 d가 오지 않게 수형도를 그려 봅시다.

▼ 그림 3-5 수형도로 나타낸 해답

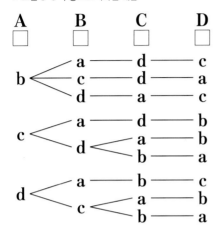

따라서 모두 9가지가 됩니다.

Note≡ **완전순열**

일반적으로 '1, 2, 3, ……, n까지의 수를 일렬로 나열할 때, 모든 수에 대해 $k(1 \leq k \leq n)$번째 수가 k가 아니게 일렬로 나열하는 방법'을 **완전순열** 또는 **교란순열**이라고 합니다.

예 11 $n = 3$일 때 완전순열

$n = 3$일 때 완전순열은 '2, 3, 1'과 '3, 1, 2'

예제 9 는 a, b, c, d를 각각 1, 2, 3, 4라고 생각한다면 $n = 4$일 때 완전순열의 수를 구하는 문제와 같습니다. 또한, n이 커질수록 완전순열의 수를 구하는 문제는 매우 어려워집니다(261쪽 문제 D-4 참조)[2].

합의 법칙: 동시에 일어나지 않을 때

예를 들어 크고 작은 두 개의 주사위를 던질 때 눈의 합이 6의 배수가 되는 상황을 생각해 봅시다.

주사위 두 개를 던지면 눈의 합의 최솟값은 2이고 최댓값은 12이므로 눈의 합이 6의 배수가 되는 경우는 (i) 눈의 합이 6일 때와 (ii) 눈의 합이 12일 때밖에 없습니다. 이제 각 경우로 나눠서 생각합시다.

(i) 눈의 합이 6인 경우

다음 표처럼 **5가지**입니다.

▼ 표 3-1 눈의 합이 6인 경우

큰 주사위	1	2	3	4	5
작은 주사위	5	4	3	2	1

(ii) 눈의 합이 12인 경우

다음 표처럼 **1가지**입니다.

▼ 표 3-2 눈의 합이 12인 경우

큰 주사위	6
작은 주사위	6

---

2 수열의 점화식을 꼭 알아야 합니다. 또한, 무작위로 나열한 n개의 숫자가 완전순열이 될 확률은 n을 한없이 키웠을 때 $\frac{1}{e}$ 에($e = 2.7182$ ……는 자연로그의 밑) 한없이 가까워진다는 신기한 성질도 있습니다. 수열은 다음 절에서 자세히 설명합니다.

이렇게 생각하는 게 매우 자연스러운 방법 같지 않나요?

(i)인 경우와 (ii)인 경우는 동시에 일어나지 않으므로, '눈의 합이 6의 배수가 되는 경우'의 수는 $5+1=6$으로 6가지입니다.

일반적으로 다음 합의 법칙(sum rule)이 성립합니다.

정의 | **합의 법칙**

사건 A, B가 동시에 일어나지 않을 때

A가 일어나는 경우가 a가지, B가 일어나는 경우가 b가지라면 A 또는 B 중 한쪽이 일어나는 경우는 $a+b$가지입니다.

사건 A, B가 일어날 경우 전체를 각각 집합 A, B로 나타내면 합의 법칙은 '합집합의 성분 개수' 공식에서 $A \cap B = \varnothing$일 때 다음 등식이 성립하는 것과 같습니다.

$$n(A \cup B) = n(A) + n(B)$$

> 합집합의 성분 개수 공식 (33쪽)
> $n(A \cup B) = n(A) + n(B) - n(A \cap B)$

합의 법칙은 셋 이상인 사건에 대해서도 마찬가지로 성립합니다.

실제로 49쪽 데이트 코스의 예를 다시 살펴보면 처음에 B 마을로 이동하는 경우와 처음에 C 마을로 이동하는 경우, 처음에 D 마을로 이동하는 경우가 있는데, **각 경우는 중복되지 않으므로** 다음 관계가 성립합니다.

처음에 B 마을		처음에 C 마을		처음에 D 마을		데이트 코스 수
3가지	+	3가지	+	3가지	=	9가지

예제 10

분모에는 4, 5, 6 중 하나를 선택하고 분자에는 1, 2, 3, 4 중 하나를 선택해서 분수를 만들려고 합니다. 이때 약분할 수 없는 분수(기약분수)는 몇 가지 만들 수 있을지 구하세요.

해설

분모가 4일 때, 분모가 5일 때, 분모가 6일 때로 나눠서 실제로 종이에 쓰면서 살펴봅시다. 마지막에는 합의 법칙을 사용합니다.

해답

(i) 분모가 4일 때 만들 수 있는 분수는 $\frac{1}{4}$, $\frac{2}{4}$, $\frac{3}{4}$, $\frac{4}{4}$이며,

이 중 약분할 수 없는 분수는 $\frac{1}{4}$, $\frac{3}{4}$으로 **2가지**입니다.

(ii) 분모가 5일 때 만들 수 있는 분수는 $\frac{1}{5}$, $\frac{2}{5}$, $\frac{3}{5}$, $\frac{4}{5}$이며,

이 중 약분할 수 없는 분수는 $\frac{1}{5}$, $\frac{2}{5}$, $\frac{3}{5}$, $\frac{4}{5}$로 **4가지**입니다.

(iii) 분모가 6일 때 만들 수 있는 분수는 $\frac{1}{6}$, $\frac{2}{6}$, $\frac{3}{6}$, $\frac{4}{6}$이며,

이 중 약분할 수 없는 분수는 $\frac{1}{6}$로 **1가지**입니다.

(i), (ii), (iii)은 각각 동시에 일어나지 않으므로 합의 법칙을 이용해 경우의 수를 구하면

$$2+4+1=7$$

7가지가 됩니다.

동시에 일어나지 않는 사건의 경우의 수를 구할 때는 '합의 법칙'을 사용하면 되는군요! 그런데 동시에 일어나는 사건일 때는 어떻게 하면 될까요?

동시에 일어나는 사건일 때는 다음에 배우는 '곱의 법칙'을 사용합니다.

곱의 법칙: 동시에 일어날 때

어느 디저트 가게의 케이크 세트는 세 종류의 케이크와 두 종류의 음료수 중 각각 한 종류씩 선택할 수 있습니다. 케이크 세트의 종류는 모두 몇 가지일까요?

▼ 그림 3-6 케이크 세트의 수형도

케이크를 선택하는 방법은 세 가지고, 케이크를 하나 선택하면 음료수를 선택하는 방법은 각각 두 가지이므로 케이크 세트의 종류는 모두

$$3 \times 2 = 6$$

6가지입니다.

일반적으로 다음 곱의 법칙(product rule)이 성립합니다.

정의 **곱의 법칙**

사건 A가 일어나는 가짓수는 a가지이고, 각 사건에 대해 사건 B가 일어나는 가짓수는 b가지라고 할 때 A, B가 동시에 일어나는 경우는 $a \times b$가지입니다.

예제 11

그림 3-7에서 A를 출발점으로 하여 한 획으로 그리는 방법은 몇 가지가 있는지 구하세요.

❤ 그림 3-7 한 획으로 그리기

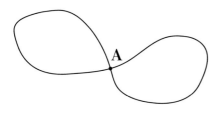

해설

우선 처음에 그리기 시작하는 부분이 오른쪽 고리일 때와 왼쪽 고리일 때를 생각할 수 있습니다. 이와 동시에 각 고리를 도는 방향이 시계 방향인 경우와 반시계 방향인 경우를 생각할 수 있으므로 곱의 법칙을 사용합니다.

해답

그림 3-8과 같이 오른쪽 고리를 ①, 왼쪽 고리를 ②라 하면, ①→②로 그리는 경우와 ②→①로 그리는 경우를 생각할 수 있습니다. 여기에 각 고리를 도는 방향에 시계방향(↻)이나 반시계방향(↺)이 있는 것에 주의하여 생각하면

❤ 그림 3-8 한 획 그리기 방법

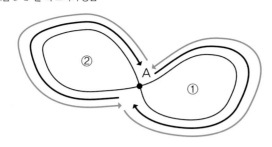

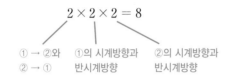

8가지입니다.

❯ 이제 당신도 이과형 인간?

일본을 대표하는 수학자 중 한 명인 아키야마는 저서 〈수학과 사랑하고 싶어지는 이야기〉 (PHP 사이언스 월드 신서, 2010)에서 '이공계 대학 진학에 필요한 능력'으로 다음 네 가지 능력을 들었습니다.

> (1) 자기 신발을 모아서 지정된 자기 신발장에 넣을 수 있다.
>
> (2) 모르는 단어의 뜻을 사전을 펼쳐서 찾을 수 있다.
>
> (3) 카레라이스를 만들 수 있다(레시피를 봐도 좋다).
>
> (4) 가장 가까운 역에서 집까지 가는 지도를 그릴 수 있다.

이 네 가지를 해석해 보면 다음과 같습니다.

(1) 일대일 대응의 개념을 이해한다

자신의 좌우 신발을 대응시킨 후 지정된 자신의 신발장에 대응시킬 수 있다는 말은 일대일 대응의 개념을 이해하고 있다는 증거입니다.

(2) 순서 관계를 이해할 수 있다

예를 들어 'study'라면 s는 알파벳 r 다음이고, 다음 t는 s와 u 사이의 문자이며 ……라는 식으로 26자 알파벳 사이에 순서 관계를 이해하고 있어야 사전에서 찾을 수 있습니다.

(3) 순서를 정리하고 실행&관찰할 수 있다

하나의 요리를 만들려면 재료를 준비하고 작업 순서에 따라 적절히 처리한 후 경과를 관찰하는 힘이 필요합니다.

(4) 추상 능력이 있다

지도를 그리는 작업은 3차원 공간을 2차원 평면에 새기는 작업입니다. 이때는 쓸데없는 정보를 제거하고 길을 따라 필요한 정보만을 추출하여 표현하는 추상 능력이 필요합니다.

일대일 대응을 이해하는 힘을 첫 번째로 든 것에 주목합시다. 수학 세계에서는 복잡한 것을 간단한 것과 일대일 대응시켜서 문제를 해결할 때가 자주 있습니다. 일대일 대응은 수를 센다는 수학의 가장 기초 단계에 등장할 뿐만 아니라 근·현대 수학에서도 빠뜨릴 수 없는 중요한 개념입니다. 좌표축 위의 점과 그 점을 나타내는 좌표가 일대일 대응한다는 점을 이용해서 함수나 방정식 문제를 그래프로 생각하는 방법이 대표적인 예입니다.

04

순열:
드디어 '메인 요리'

자, 이제부터가 이번 장의 메인 요리입니다. 앞 절에서는 합의 법칙과 곱의 법칙을 배웠고 계산을 통해 경우의 수를 구하는 방법을 공부했습니다. 이때 앞에서 예로 들었던 경우의 수는 기껏해야 10가지 정도여서 손가락으로 세도 그렇게 어려운 문제가 아니었습니다.

하지만 개수가 많은 경우에는 효율적으로 세기 위해 규칙을 파악하고 적절한 경우로 나눌 수 있는 '지혜'가 필요합니다. 경우의 수 문제가 입사 시험 등에서 자주 출제되는 이유가 바로 이것 때문입니다.

경우의 수를 생각할 때는 바로 **순서를 생각해야 하는가 그렇지 않은가**와 **중복이 허용되는가 그렇지 않은가**를 기본적으로 확인해야 합니다.

> Note≡
>
> 순서와 중복을 고려하여 경우의 수를 생각하면 다음 네 가지로 생각할 수 있습니다.
>
> 중복을 허용하지 않으면서 순서를 고려할 때 → 순열
> 중복을 허용하지 않으면서 순서를 고려하지 않을 때 → 조합
> 중복을 허용하면서 순서를 고려할 때 → 중복순열
> 중복을 허용하면서 순서를 고려하지 않을 때 → 중복조합
>
> 앞으로 이 네 가지 경우를 모두 배울 것입니다. 이와 함께 다양한 개념이 쏟아져 나오니 헷갈리지 않게 잘 따라와 주세요.

예를 들어 A, B, C 세 문자에서 두 개를 고르는 상황을 생각해 봅시다.

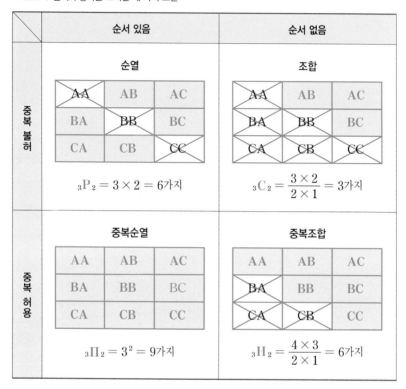

	순서 있음	순서 없음
중복 불허	순열 $_3\mathrm{P}_2 = 3 \times 2 = 6$가지	조합 $_3\mathrm{C}_2 = \dfrac{3 \times 2}{2 \times 1} = 3$가지
중복 허용	중복순열 $_3\Pi_2 = 3^2 = 9$가지	중복조합 $_3\mathrm{H}_2 = \dfrac{4 \times 3}{2 \times 1} = 6$가지

순서와 중복을 기준으로 분류하면 세는 방법에는 전부 네 종류가 있다는 걸 알 수 있죠!

우선 이번 절에서는 순서를 고려하는 '순열'을 자세히 알아보고, 순서를 고려하지 않는 '조합'은 다음 절에서 다루겠습니다[1].

---

1 표 안의 기호(P, C, Π, H)도 순서대로 공부하겠습니다.

순열의 개수: $_nP_r$로 표기

예를 들어 A, B, C 세 팀에서 팀장과 부팀장을 한 사람씩 뽑는 경우의 수를 생각해 봅시다. 단, 먼저 팀장을 뽑고 다음으로 부팀장을 뽑는다고 합니다. 이 상황에서는 **뽑는 순서를 생각해야 하므로**(A → B로 선택하는 경우와 B → A로 선택하는 경우는 팀 분위기가 달라지겠죠) **중복은 허용되지 않습니다.**

▼ 그림 4-1 팀장과 부팀장 뽑기

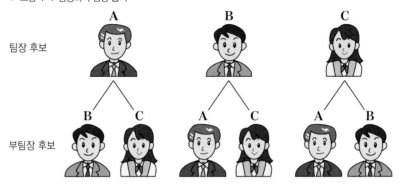

팀장을 뽑는 방법은 3명 중에서 뽑으면 되므로 3가지, 부팀장은 팀장을 뽑고 남은 2명에서 1명을 뽑으므로 2가지, 즉 팀원이 3명인 상황에서 팀장과 부팀장을 1명씩 뽑는 경우의 수는 곱의 법칙[2]에 따라 $3 \times 2 = 6$이므로 **6가지**가 됩니다.

6가지 방식을 팀장, 부팀장 순으로 나열해 봅시다.

---

2 팀장을 한 명 뽑았을 때 각 부팀장을 뽑는 경우를 세로로 '곱의 법칙'을 사용할 수 있습니다.

▼ 표 4-2 팀장과 부팀장을 뽑는 방법

	팀장	부팀장
1	A	B
2	A	C
3	B	A
4	B	C
5	C	A
6	C	B

몇 가지를 순서대로 나열할 때 나열 하나하나를 순열(permutation)이라고 합니다.

앞에서 살펴본 예처럼 서로 다른 3개(사람) 중에서 중복을 허용하지 않고 2개(사람)를 뽑는 순열의 개수는 영어 단어의 첫 글자를 따서 $_3\mathrm{P}_2$로 표기합니다. 즉, $_3\mathrm{P}_2 = 3 \times 2 = 6$입니다.

일반적으로 **서로 다른 n개에서 서로 다른 r개를 뽑아 일렬로 나열하는 순열**을 n개에서 r개를 뽑는 순열이라 하고 그 개수는 $_n\mathrm{P}_r$로 표기합니다. 단, $r \leq n^3$입니다.

▓ 예 **12** ▓ 6개에서 서로 다른 3개 뽑기

A, B, C, D, E, F 6개 문자에서 3개를 뽑아 일렬로 나열하는 순열의 개수는 다음과 같이 생각할 수 있습니다.

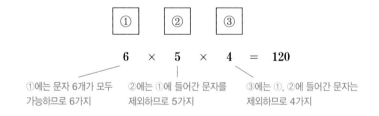

----

3   예를 들어 서로 다른 10개에서 중복을 허용하지 않고 뽑는다면 11개 이상 뽑을 수는 없습니다.

즉, 다음과 같습니다.

$$_6\mathrm{P}_3 = 6 \times 5 \times 4 = 120가지$$

예12 와 같은 방식으로 생각해서 **n개에서 r개를 뽑는 순열**[4]**의 개수** $_n\mathrm{P}_r$ 공식을 유도합시다.

①에는 모두 가능하므로 n가지

②에는 ①에 들어 간 것을 제외하므로 $(n-1)$가지

③에는 ①, ②에 들어간 것을 제외하므로 $(n-2)$가지

ⓡ에는 ①~$(r-1)$에 들어간 것을 제외하므로 $\{n-(r-1)\}$ $=(n-r+1)$가지

ⓡ 상자에 들어가는 수가 왜 $(n-r+1)$가지인지 잘 모르겠어요.

예를 들어 n개에서 10개를 뽑는 순열인 경우, 마지막 ⑨에 들어가는 것은 ①~⑨에 들어간 것을 제외하니까 $(n-9)$가지예요. 이 $n-9$는

$$n-9 = n-(10-1) = n-10+1$$

이라고 생각할 수 있죠? 10을 r로 치환하면 $n-r+1$입니다.

---

4 'n개에서 r개를 뽑는 순열'이라 말할 때 '서로 다른 n개에서 서로 다른 r개를 뽑아서 일렬로 나열하는 순열'이라는 의미이므로 n개와 r개 모두 '중복되지 않는다'고 전제한다는 점에 주의하세요.

공식 **순열의 개수**

$$_n\mathrm{P}_r = \underbrace{n \times (n-1) \times (n-2) \times \cdots\cdots \times (n-r+1)}_{r개의\ 곱}$$

예 ⓭ $_n\mathrm{P}_r$ **계산에 익숙해지자**

수 4 개의 곱

수 2 개의 곱

$$_7\mathrm{P}_4 = \overbrace{7 \times 6 \times 5 \times 4} = 840 \qquad _{10}\mathrm{P}_2 = \overbrace{10 \times 9} = 90$$

$_n\mathrm{P}_r$은 n부터 시작하는 수 r개의 곱이구나!

예제 ⑫ ────────────────────── 5자리에 3명

번호가 붙은 의자 5개에 A, B, C 3명이 앉는 방법은 몇 가지인지 구하세요.

해설

만약 숫자가 반대라면, 즉 '번호가 붙은 의자 3개에 5명을 앉히는' 상황이라면 간단합니다. 1번 의자에는 5명 중 1명, 2번 의자에는 1번 의자에 앉은 사람이 아닌 4명 중에 1명, 3번 의자에는 1번과 2번 의자에 앉은 사람이 아닌 3명 중 1명이라고 생각하여 $_5\mathrm{P}_3 = 5 \times 4 \times 3 = 60$(가지)라고 생각할 수 있습니다. 그러

면 이 문제처럼 의자가 훨씬 더 많은 경우에는 어떻게 해야 할까요? 사실 A, B, C가 한 사람씩 앉을 때 각자에게 남은 선택지를 생각하면 마찬가지로 $_5\mathrm{P}_3$이 됩니다.

해답

A, B, C 3명이 이 순서로 한 사람씩 앉는다고 생각하면, A는 1번~5번 의자 중 하나, B는 A가 앉아 있는 의자를 제외한 의자 4개 중 하나, C는 A, B가 앉아 있는 의자를 제외한 의자 3개 중 하나에 앉습니다. 따라서

$$_5\mathrm{P}_3 = 5 \times 4 \times 3 = 60$$

으로 60가지가 됩니다.

계승(팩토리얼): n의 계승은 $n!$로 표기

예를 들어 $_4\mathrm{P}_4 = 4 \times 3 \times 2 \times 1$에서 알 수 있듯이 앞 공식에서 $r = n$일 때는 다음과 같습니다[5].

$$_n\mathrm{P}_n = n \times (n-1) \times (n-2) \times \cdots\cdots \times 3 \times 2 \times 1$$

이 식 우변의 **1부터 n까지 모든 자연수의 곱** $n \times (n-1) \times n - 2 \times \cdots\cdots \times 3 \times 2 \times 1$을 **$n$의 계승** 또는 n **팩토리얼**(factorial)이라 부르고 $n!$로 표기합니다.

예를 들어 $4! = 4 \times 3 \times 2 \times 1 = 24$입니다. 계승은 계단을 한 칸씩 내려가듯 곱하는 수가 1씩 줄어들어서 이런 이름이 붙었다고 합니다[6].

---

5   $_n\mathrm{P}_n$은 n부터 시작하는 수 n개의 곱입니다.

6   계승 기호에 !를 사용하는 이유는 정확하지 않지만 n이 늘어나면 $n!$이 놀랍도록 빠르게 커지기 때문이라는 설도 있습니다. 실제로 트럼프 52장을 일렬로 나열하는 순열의 개수 $_{52}\mathrm{P}_{52} = 52!$는 약 8×10^{67}가지가 되어서 지구를 구성하는 모든 원자의 개수(약 4×10^{50}개)를 여유롭게 넘습니다. 한편 우주 전체의 모든 원자 개수는 10^{80}개입니다(32쪽 각주). 4×10^{50}개와는 (30자리나) 자릿수가 다릅니다.

❤ 그림 4-2 계승은 계단을 내려가는 것처럼

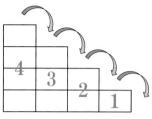

$$4! = 4 \times 3 \times 2 \times 1$$

정의   계승 $n!$

$$n! = n \times (n-1) \times (n-2) \times \cdots\cdots \times 3 \times 2 \times 1$$

또는 $_nP_n = n!$

▌▌ 예 ⑭ ▌▌ 5 팩토리얼은 무기가 된다

$$5! = 5 \times 4 \times 3 \times 2 \times 1 = 120$$
$$6! = 6 \times 5 \times 4 \times 3 \times 2 \times 1 = 720$$

5! = 120을 기억해 두면 6! = 6 × 5! = 6 × 120과 같이 계산할 수 있어서 편리합니다!

계승을 사용해서 **n개에서 r개를 뽑는 순열**[7]의 개수 공식을 다시 써 봅시다.

예를 들어

$$_3\mathrm{P}_2 = 3 \times 2 = \frac{3 \times 2 \times 1}{1} = \frac{3!}{1!} = \frac{3!}{(3-2)!}$$

이 되고

$$_5\mathrm{P}_3 = 5 \times 4 \times 3 = \frac{5 \times 4 \times 3 \times 2 \times 1}{2 \times 1} = \frac{5!}{2!} = \frac{5!}{(5-3)!}$$

$$_{10}\mathrm{P}_4 = 10 \times 9 \times 8 \times 7 = \frac{10 \times 9 \times 8 \times 7 \times 6 \times 5 \times 4 \times 3 \times 2 \times 1}{6 \times 5 \times 4 \times 3 \times 2 \times 1} = \frac{10!}{6!}$$

$$= \frac{10!}{(10-4)!}$$

이 되므로 여기서 다음 공식을 유도할 수 있습니다.

공식   **$_n\mathrm{P}_r$의 팩토리얼을 사용한 공식**

$$_n\mathbf{P}_r = \frac{\boldsymbol{n!}}{(\boldsymbol{n-r})!}$$

이 공식을 사용하면 특히 $r = n$일 때는

$$_n\mathrm{P}_n = \frac{n!}{(n-n)!} = \frac{n!}{0!}$$

$$\begin{aligned}_n\mathrm{P}_n &= n! \\ &= n \times (n-1) \times (n-2) \cdots\cdots \times 3 \times 2 \times 1\end{aligned}$$

---

7 반복하지만 'n개에서 r개를 뽑는 순열'이라고 말할 때는 '서로 다른 n개에서 서로 다른 r개를 뽑아서 일렬로 나열하는 순열'이라는 의미이므로 n개와 r개 모두 '중복되지 않는다'고 전제한다는 점에 주의하세요.

이 되지만, $_nP_n = n!$이므로 $\frac{n!}{0!}$과 $n!$은 같아야 합니다. 즉,

$$\frac{n!}{0!} = n! \quad \Rightarrow \quad 0! = \frac{n!}{n!} = 1$$

이어야 합니다. 따라서 $_nP_r$의 팩토리얼을 사용한 공식을 $_nP_r$일 때도 성립시키기 위해 0 팩토리얼은 $0! = 1$로 약속합니다.

 예제 ⑬ ———————————————————————— 남녀 7명을 줄 세우는 방법

남자 4명과 여자 3명이 교대로 줄 설 수 있는 방법은 몇 가지인지 구하세요.

해설

남자를 먼저 줄 세우고 그 사이에 여자를 줄 세우는 상황을 생각해 봅시다. 남자가 1명 더 많으므로 줄 섰을 때 양끝에 오는 사람은 남자가 되니 주의하세요.

해답

▼ 그림 4-3 줄 서는 방식

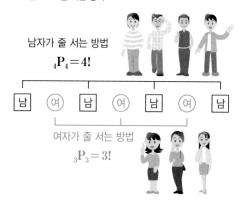

우선 남자와 남자 사이를 띄어서 줄 세웁니다. 남자 4명이 줄 서는 방법은

$$_4\mathrm{P}_4 = 4! = 4 \times 3 \times 2 \times 1 = 24가지$$

남자 사이의 3자리에 여자 3명을 줄 세웁니다. 여자 3명이 줄 서는 방법은

$$_3\mathrm{P}_3 = 3! = 3 \times 2 \times 1 = 6가지$$

입니다. 남자가 줄 서는 각 방법에 대해 여자가 줄 서는 방법을 생각할 수 있으므로 **곱의 법칙**(55쪽)에 따라 24 × 6 = 144가지입니다.

지금까지는 중복을 허용하지 않는 순열이었지만 다음에는 중복을 허용하는 순열을 생각해 봅시다.

중복순열의 개수: $_n\Pi_r$로 표기

A, B, C 3명인 팀 안에서 분실된 지갑과 우산을 발견했습니다. 각 물건의 주인이 될 수 있는 경우의 수는 몇 가지일지 생각해 봅시다.

▼ 그림 4-4 두 분실물

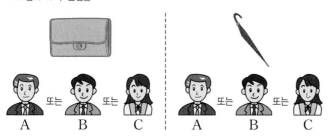

표 4-3에 모든 상황을 정리했습니다.

▼ 표 4-3 분실된 지갑과 우산의 주인

	지갑	우산	
1	A	A	← 중복
2	A	B	
3	A	C	
4	B	A	
5	B	B	← 중복
6	B	C	
7	C	A	
8	C	B	
9	C	C	← 중복

말할 필요도 없지만 AB(지갑 주인은 A, 우산 주인은 B)인 경우와 BA(지갑 주인은 B, 우산 주인은 A)인 경우는 같지 않으므로 **순서를 생각합니다**. 또한, AA(지갑 주인과 우산 주인이 모두 A)인 경우와 같이 주인이 한 사람인 경우도 있을 수 있으므로 **중복도 허용됩니다**.

따라서 $3 \times 3 =$ **9가지**입니다.

중복을 허용하여 나열하는 순열을 중복순열(repeated permutation)이라 부르고 서로 다른 3개(명) 중에서 중복을 허용하여 2개(명)을 뽑아 나열하는 중복순열의 개수를 기호로 $_3\Pi_2$이라 적습니다[8].

---

8 Π(파이)는 π의 대문자로 알파벳 P에 해당하는 그리스 문자입니다.

이 기호를 사용하면 앞에서 한 계산은 다음과 같습니다.

$$_3\Pi_2 = 3 \times 3 = 3^2 \text{가지}$$

일반적으로 서로 다른 n개에서 중복을 허용하여 r개를 뽑아 나열하는 순열을 n개에서 r개를 뽑는 중복순열이라 말하고 개수는 $_n\Pi_r$로 표기합니다. 여기서 (중복을 허용하지 않는 순열과는 다르게) 항상 $r \le n$일 필요는 없습니다. 중복순열일 때는 $r > n$일 경우[9]도 있습니다.

n개에서 r개를 뽑는 중복순열[10]의 개수 $_n\Pi_r$의 공식을 유도합시다.

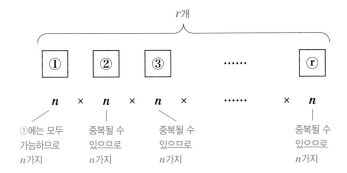

결국 n을 r번 곱하므로 n^r(n의 r제곱)입니다.

공식　**중복순열의 개수 $_n\mathrm{P}_r$**

$$_n\Pi_r = \underbrace{n \times n \times n \times \cdots \times n}_{r\text{개의 곱}} = n^r$$

9　예를 들어 A와 B 중에서 각각 두 개씩(총 4개) 뽑아서 AABB 같은 나열을 만드는 것도 중복순열에서는 허용됩니다.

10　63쪽과 67쪽 각주와 마찬가지로 여기서도 원래 '서로 다른 n개에서'라고 말해야 하지만 '서로 다른'이라는 말이 여기에는 이미 포함돼 있으므로 주의하세요.

📊 예 ⑮ 📊 4명이 가위바위보

A, B, C, D 4명이 가위바위보를 할 때 낼 수 있는 경우의 수는 가위, 바위, 보
3개에서 중복을 허용하여 4개를 뽑아 나열하는 중복순열이 되므로

$$_3\Pi_4 = 3^4 = 81가지$$

가 됩니다.

❤ 그림 4-5 4명이 가위바위보

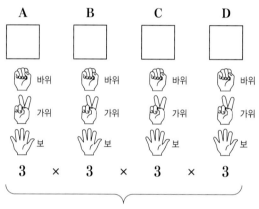

A   B   C   D

가위, 바위, 보 3개에서 중복을 허용하여
4개를 뽑아 나열하는 중복순열

$$_3\Pi_4 = 3^4$$

예제 ⑭   **4자리 수 만들기**

5개 숫자 0, 1, 2, 3, 4를 사용하여 만들 수 있는 4자리 수는 몇 개 있는지 구하
세요. 단, 같은 숫자를 반복해 사용해도 됩니다.

천 단위만 1, 2, 3, 4 중 하나여야 하고 백, 십, 일 단위는 0, 1, 2, 3, 4 중 3개
를 뽑는 중복순열입니다.

해답

▼ 그림 4-6 4자리 수 만들기

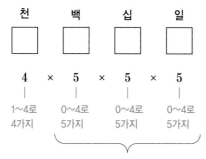

| 천 | 백 | 십 | 일 |

| 4 | × | 5 | × | 5 | × | 5 |

1~4로 4가지 / 0~4로 5가지 / 0~4로 5가지 / 0~4로 5가지

0~4 5개의 숫자 중에서 중복을 허용하여 3개를 뽑아 나열하는 중복순열 $_5\Pi_3 = 5^3$

따라서 계산하면 다음과 같습니다.

$$4 \times {}_5\Pi_3 = 4 \times 5^3 = 4 \times 125 = 500$$

$_n\Pi_r$ 기호는 꼭 사용해야 돼요?

아뇨. 그렇지는 않아요. 그래도 기호를 싫어하진 마세요. 써 보면 생각보다 편해요!

이제부터는 순열을 응용하여 '원순열'과 '같은 것을 포함하는 순열'을 공부합니다. 우선 원순열부터 시작해 볼까요?

원순열

A, B, C 세 문자 전부를 그림 4-7의 1~3 번호가 붙은 □에 넣는 방법의 개수를 생각해 봅시다.

❤ 그림 4-7 번호가 붙은 상자

```
 1      2      3
┌──┐   ┌──┐   ┌──┐
│  │   │  │   │  │
└──┘   └──┘   └──┘
```

이미 공부했듯이 이 문제는 **(서로 다른) 3개에서 (서로 다른) 3개를 뽑는 순열**이므로 다음과 같습니다.

$$_3P_3 = 3! = 3 \times 2 \times 1 = 6가지$$

> n개에서 r개를 뽑는 순열의 개수는 $_nP_r$
>
> $_nP_n = n!$
> $= n \times (n-1) \times (n-2) \cdots \times 3 \times 2 \times 1$

6가지를 모두 적어 봅시다.

❤ 그림 4-8 채워 넣는 6가지 경우

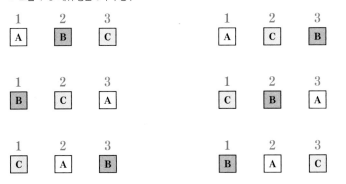

자, 이번에는 그림 4-9와 같이 1~3이 붙은 □에 A, B, C 세 문자를 넣는 방법의 개수를 생각해 봅시다.

▼ 그림 4-9 번호가 붙은 또 다른 상자

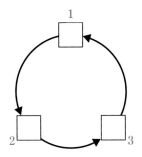

□가 원형으로 배치돼 있어도 각각의 □에 번호가 붙어 있으면 □가 일렬로 나열돼 있는 것과 다르지 않으므로 역시 다음과 같습니다.

$$_3P_3 = 3! = 3 \times 2 \times 1 = 6가지$$

하지만 만약 □에 있는 모든 번호가 없어지면 어떨까요? 단, **회전시키면 일치하는 나열은 같은 나열**이라고 생각합니다.

그림 4-10처럼 □의 번호가 없어지면 위와 아래의 3가지 나열을 구별할 수 없으므로, 결국에는 A, B, C 세 문자를 원형으로 나열하는 방법은 모두 **2가지**밖에 없습니다.

□에 번호가 없어지면 반시계방향으로 1번 □부터 시작하는 A → B → C와 2번 □부터 시작하는 A → B → C, 3번 □부터 시작하는 A → B → C가 같아집니다(구별할 수 없어집니다).

마찬가지로 □에 번호가 없어지면 반시계방향으로 1번 □부터 시작하는 'A → C → B'와 2번 □부터 시작하는 'A → C → B', 3번 □부터 시작하는 'A → C → B'가 같아집니다(구별할 수 없어집니다).

❤ 그림 4-10 구별할 수 없는 두 가지 경우

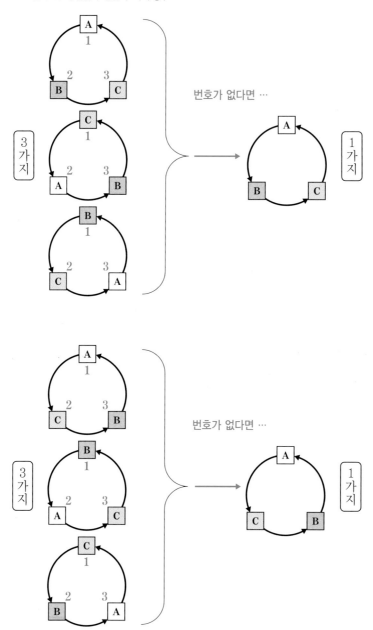

번호가 없다면 …

따라서 세 문자를 원형으로 나열하는 개수는 다음과 같습니다.

$$\frac{_3\mathrm{P}_3}{3} = \frac{3!}{3} = \frac{3 \times 2 \times 1}{3} = 2\text{가지}$$

3가지가 3분의 1인 1가지가 되기 때문에 분모에 3이 옴

만약 A, B, C, D 네 문자를 원형으로 나열된 (번호가 없는) 4개의 □에 나열한다면 이번에는 4개의 □ 중 어디에서 시작해도 마찬가지이므로 나열하는 방법의 개수는 다음과 같이 계산할 수 있습니다.

$$\frac{_4\mathrm{P}_4}{4} = \frac{4!}{4} = \frac{4 \times 3 \times 2 \times 1}{4} = 6\text{가지}$$

A, B, C, D 문자 4개를 일렬로 나열하는 순열의 수는 $_4\mathrm{P}_4 = 4!$과 같음

확 와닿지 않아요 ······

잘 와닿지 않는 사람은 실제로 종이에 써가며 확인해 보면 좋습니다. 번호가 붙은 4개의 □를 원형으로 배열하고 거기에 A, B, C, D를 집어넣는 나열의 개수는 4! ＝ 24가지라는 걸 확인하고 번호를 없애 보세요. 4가지씩 겹치는(중복되는) 것을 확인할 수 있을 거예요.

일반적으로 몇 가지를 원형으로 나열하는 배열을 원순열(circular permutation)이라 부릅니다. 단, 원순열에서는 회전시키면 같아지는 나열을 같은 나열로 취급하므로 주의하세요.

원순열의 개수는 다음 공식이 성립합니다[11].

> **공식** | 서로 다른 n개를 원형으로 나열한 원순열의 개수
>
> $$\frac{{}_nP_n}{n} = \frac{n!}{n} = (n-1)!$$

참고로 $\dfrac{n!}{n}$이 $(n-1)!$이 되는 이유는 다음과 같이 계산할 수 있기 때문입니다.

$$\frac{n!}{n} = \frac{\cancel{n} \times (n-1) \times (n-1) \times \cdots\cdots \times 3 \times 2 \times 1}{\cancel{n}}$$

$$= (n-1) \times (n-2) \times \cdots\cdots \times 3 \times 2 \times 1 = (n-1)!$$

예제 15 ───────────────────────────── 원탁 가족

부모님과 아이 4명이 원탁에 앉을 때 부모님이 서로 마주보고 앉는 방법의 가 짓수를 구하세요.

해설

▼ 그림 4-11 좌우 대칭은 서로 다르다

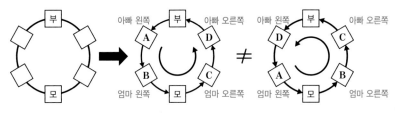

───────────────────

11 n개의 □가 원형으로 배치돼 있다면 n개 중 어느 □에서 시작해도 같은 나열이 되기 때문입니다.

처음에 부모님을 원형(2명만 가지고는 원형 느낌이 들진 않지만)으로 앉힙니다. 이 배치는 $(2-1)! = 1$가지가 됩니다. 다음으로 아이들 4명을 앉히는데, 네 자리는 '아빠 오른쪽', '아빠 왼쪽', '엄마 오른쪽', '엄마 왼쪽'이고 전부 다른 자리입니다.

'어떤 자리부터 시작해도 같다'가 성립하지 않으므로 **아이들 4명은 원순열이 아니라 일반적인 순열이 되는 것**에($_4\mathrm{P}_4 = 4!$가지가 되므로) 주의하세요.

해답

부모님이 앉는 방법은 $(2-1)!$가지, 아이들이 앉는 방법은 $4!$가지가 됩니다. 부모님이 앉는 방법마다 (라고 해도 이번에는 1가지지만) 아이가 앉는 방법을 생각할 수 있으므로 곱의 법칙(55쪽)에 따라 다음과 같이 계산할 수 있습니다.

$$(2-1)! \times 4! = 1 \times 4 \times 3 \times 2 \times 1 = 24$$

같은 것을 포함하는 순열

이번에는 A_1, A_2, A_3, B 문자 4개를 모두 일렬로 나열하는 순열의 개수를 생각해 봅시다.

이 문제도 이미 공부했던 것처럼 **(서로 다른) 4개에서 (서로 다른) 4개를 뽑는 순열**이므로 개수는 다음과 같습니다.

$$_4\mathrm{P}_4 = 4! = 4 \times 3 \times 2 \times 1$$
$$= 24\text{가지}$$

> n개에서 r개를 뽑는 순열의 개수는 $_n P_r$
>
> $_n\mathrm{P}_n = n!$
> $= n \times (n-1) \times (n-2) \cdots\cdots \times 3 \times 2 \times 1$

그럼 다음으로 A_1, A_2, A_3의 첨자(오른쪽 아래 숫자)를 지우고 A, A, A, B 4개 문자의 순열을 생각해 봅시다. 이렇게 문자 4개 중 **같은 문자를 3개 포함한**

순열은 어떻게 될까요?

▼ 그림 4-12 첨자가 없다면

24가지

A_1 A_2 A_3 B A_1 A_2 B A_3 A_1 B A_2 A_3 B A_1 A_2 A_3

A_1 A_3 A_2 B A_1 A_3 B A_2 A_1 B A_3 A_2 B A_1 A_3 A_2

A_2 A_1 A_3 B A_2 A_1 B A_3 A_2 B A_1 A_3 B A_2 A_1 A_3

A_2 A_3 A_1 B A_2 A_3 B A_1 A_2 B A_3 A_1 B A_2 A_3 A_1

A_3 A_1 A_2 B A_3 A_1 B A_2 A_3 B A_1 A_2 B A_3 A_1 A_2

A_3 A_2 A_1 B A_3 A_2 B A_1 A_3 B A_2 A_1 B A_3 A_2 A_1

첨자가 ⬇ 사라지면

A A A B   A A B A   A B A A   B A A A

4가지

그림 4-12에서 알 수 있듯이 24가지가 4가지가 됩니다. 이유는 첨자가 사라지면 A_1, A_2, A_3가 나열하는 수만큼 중복되기 때문입니다.

A_1, A_2, A_3의 나열은 $_3P_3 = 3!$(가지)이므로 A, A, A, B처럼 4개 중에 같은 것 3개를 포함한 순열의 개수는 다음과 같이 구할 수 있습니다.

$$\frac{_4P_4}{3!} = \frac{4!}{3!} = \frac{4 \times 3 \times 2 \times 1}{3 \times 2 \times 1} = 4가지$$

예 16 ▍ A, A, A, B, B, C 문자 6개인 경우

예를 들어 A, A, A, B, B, C 문자 6개 전부를 나열하는 순열의 개수를 구해 봅시다.

우선 같은 문자가 있는 A와 B에 첨자를 붙입니다. 그러면 A_1, A_2, A_3, B_1, B_2, C가 됩니다. 이 문자 6개 전부를 나열하는 순열의 개수는 (서로 다른) 6개에서 (서로 다른) 6개를 뽑는 순열이므로 $_6P_6 = 6!$가지입니다.

하지만 실제로는 첨자가 없으므로 A_1, A_2, A_3의 나열($_3P_3 = 3!$가지)을 구별할 수 없고, B_1, B_2의 나열($_2P_2 = 2!$가지)도 구별할 수 없습니다.

따라서 구하려는 순열의 개수는 다음과 같습니다.

$$\frac{_6P_6}{3! \times 2!} \quad \frac{6!}{3! \times 2!} \quad \frac{6 \times 5 \times 4 \times 3 \times 2 \times 1}{3 \times 2 \times 1 \times 2 \times 1} = \frac{6 \times 5 \times 4}{2 \times 1} = 60$$

즉, 60가지가 됩니다.

> 겹치는 만큼 A_1, A_2, A_3의 나열 각각에 B_1, B_2의 나열이 있으니까 곱의 법칙으로 분모가 $3! \times 2!$가지가 되는 거구나!

같은 방법으로 생각하면 다음 공식이 성립합니다.

공식 **같은 것이 있는 순열의 개수**

n개 중 p개는 같은 것, q개는 다른 종류의 같은 것, r개는 또 다른 종류의 같은 것 ……일 때, 이 n개 전부를 나열하는 순열의 개수는 다음과 같습니다.

$$\frac{_nP_n}{p!\,q!\,r! \cdots} = \frac{n!}{p!\,q!\,r! \cdots}$$

예제 16

어떤 마을에 그림 4-13과 같이 동서로 통하는 길 5개, 남북으로 통하는 길 7개가 있습니다. A 지점에서 B 지점까지 최단 거리로 가는 경로는 몇 가지가 있는지 구하세요.

❤ 그림 4-13 바둑판 위의 점 A, B

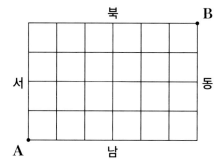

해설

'A 지점에서 B 지점까지 최단 거리 경로'라는 말은 그림 4-14처럼 왼쪽(서)이나 아래쪽(남)으로는 진행하지 않는다는 뜻입니다.

❤ 그림 4-14 왼쪽이나 아래쪽으로는 진행하지 않는다

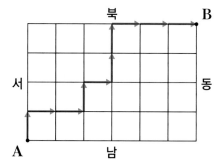

위쪽(북)으로 한 칸 이동하는 것을 ↑, 오른쪽(동)으로 한 칸 이동하는 것을 →로 나타내기로 한다면, 최단 거리 경로는 반드시 4개의 ↑과 6개의 →로 나타내게 됩니다.

예를 들어 그림 4-14의 경로는 ↑→→↑→↑↑→→→입니다.

해답

A 지점에서 B 지점까지의 최단 거리 경로는 4개의 ↑와 6개의 → (↑↑↑↑ →→→→→→)를 나열하는 순열의 개수와 같습니다. 따라서 **같은 것이 있는 순열의 개수** 공식에 따라 계산하면 다음과 같습니다.

$$\frac{{}_{10}P_{10}}{4! \times 6!} = \frac{10!}{4! \times 6!} = \frac{10 \times 9 \times 8 \times 7 \times \cancel{6 \times 5 \times 4 \times 3 \times 2 \times 1}}{4 \times 3 \times 2 \times 1 \times \cancel{6 \times 5 \times 4 \times 3 \times 2 \times 1}}$$

$$= \frac{10 \times 9 \times 8 \times 7}{4 \times 3 \times 2 \times 1} = 210$$

❯ 동물은 수를 알고 있을까?

▼ 그림 4-15 점

갑작스럽지만 그림 4-15를 본 순간 ●의 개수를 알 수 있었나요?

인간이 '1, 2, 3, ……'이라고 세지 않고 순식간에 알아챌 수 있는 수의 개수는 3개나 4개라고 하니, 아마도 손가락을 접어가며 세지 않았다면 대부분 독자는 알아채기 어려웠을 것입니다. 1, 2, 3은 로마 숫자로 I, II, III이라고 쓰지만 4는 IIII로 쓰지 않고 IV라 씁니다. 이는 'IIII'로 쓰면 순식간에 4라고 알 수 없는 사람이 있기 때문이라고 합니다.

한편, 그림 4-15에서 ● 7개는 그림 4-16처럼 나열하면 한 번에 개수를 알기 쉬워집니다.

▼ 그림 4-16 배열을 바꾼 점

이번에는 ● 3개를 하나로 묶어서 $3 \times 2 + 1 = 7$이라고 생각하거나 ● 4개를 하나로 묶어서 $4 \times 2 - 1 = 7$이라고 생각할 수 있기 때문입니다.

앞에서 일정 개수 이상의 수를 효율적으로 세려면 '지혜'가 필요하다고 쓴 이유는(59쪽) 수를 센다는 행위나 숫자 표시 방식 자체가 이런 생각에서 시작하기 때문입니다.

19세기 말부터 20세기 초에 걸쳐 독일의 '현마 한스'라 불렸던 말은 주인이 내는 계산 문제의 답을 발굽으로 바닥을 치는 횟수로 답할 수 있다고 하여 유명해졌는데, 나중에 주인과 관객이 내는 무의식적인 사인을 인식하고 있을 뿐이라는 게 밝혀져 당시에는 역시 인간이 아닌 동물은 수를 셀 수 없다고 결론이 났습니다.

수를 세는 건 인간만이 아니라고!?

정말 수를 센다는 행위는 인간의 전매특허일까요? 실은 최근에 인간이 아닌 동물도 수를 셀 수 있다는 연구 결과가 계속해서 발표되고 있습니다.

예를 들어 두견새는 섬휘파람새의 둥지에 자기 알을 몰래 넣어 두고 섬휘파람새가 알을 품게 하는데(탁란이라고 합니다), 그때 자기 알과 같은 수만큼 섬휘파람새의 알을 빼버릴 수 있다고 합니다. 이외에도 까마귀나 원숭이, 벌도 수 차이를 구별할 수 있다는 보고가 있습니다.

하지만 이런 얘기로 인간이 아닌 동물도 수를 알고 있다고 결론을 내리기에는 아직 이릅니다. 왜냐하면 **수를 이해하는 데는 고도의 추상 능력**이 필요하기 때문입니다.

이에 관해 영국의 수리 철학자 버트런드 러셀(Bertrand Russell, 1872~1970)은 다음과 같이 이야기했습니다.

> 2일의 2와 2마리 꿩의 2가 같은 2라는 걸 눈치채기까지 한없이 긴 세월이 필요했다.

추상화란 여러 가지 구체적인 예에서 필요 없는 정보를 빼고 공통되는 본질을 파악하는 것을 말합니다. 2일이나 2마리, 2미터, 2만원 모두 다른 단위가 붙어 있지만, 그 값이 2에 해당하는 분량이라는 점에서 **본질은 같다**는 의미로 '2'라고 표현합니다. 이 내용은 아마도 두견새에게는 어려울 것입니다.

두견새는 자기 알과 섬휘파람새의 알이 매우 비슷했기 때문에 '같다'고 알 뿐, 자기 알의 개수와 땅에 떨어진 나뭇가지의 개수가 같아도 '내 알 수와 같군'이라고는 꿈에도 생각하지 못할 것입니다.

실제로 초등학교 입학을 앞둔 아이에게 같은 수의 꽃과 꽃병을 주고 한 송이 꽃을 꽃병에 꽂게 한 후, 모든 꽃병에서 꽃을 빼고 한 묶음으로 묶어서 보여주며 '꽃과 꽃병 중에 어느 게 많을까?'라고 물어보면 대체로 '꽃병'이라고 답합니다. 꽃은 묶음으로 묶으면 적게 보이기 때문입니다.

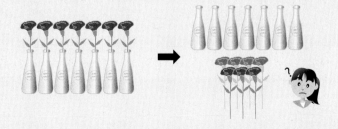

기호에 애정을 느끼다

보기에 많아 보이긴 해도 꽃과 꽃병이 **일대일 대응**(58쪽 칼럼 참조)하고 있으므로 이 둘은 같은 수라고 이해하는 것은 인간이라도 유소년기에는 간단하지만은 않습니다.

이 절에서는 $_nP_r$이나 $_nΠ_r$을 시작으로 여러 가지 공식을 문자식으로 공부했습니다. 그 이유는 수를 세는 상황에서 인류가 긴 세월에 걸쳐 서서히 키워온 추상 능력 중 하나의 성과이기 때문입니다.

이렇게 생각한다면 무미건조하게 보이기 쉬운 이 기호에도 애정이 생겨 사용하고 싶은 마음이 생기지 않나요?

05

조합:
순서를 생각하지 않고 뽑는 방법

편의점에서 삼각 김밥을 2개 고를 때 보통 순서는 아무 상관없습니다. '고추장 볶음, 참치 마요'로 고르든지 '참치 마요, 고추장 볶음'으로 고르든지 고른 2개가 '고추장 볶음과 참치 마요'라는 건 마찬가지기 때문입니다. 또 다른 예로 여행할 때 가져갈 책을 2권 고를 때나 포커에서 교환할 카드를 고를 때도 선택하는 순서는 신경쓰지 않습니다.

대담하게 말하면 우리가 일상에서 무언가를 선택할 때 선택하는 순서는 보통 신경쓰지 않습니다. 이 절에서는 이렇게 선택하는 순서를 고려하지 않을 때 경우의 수를 살펴봅니다.

조합의 개수: $_nC_r$로 표현한다

A, B, C 3명 중에 편의점에 점심을 사러 가는 2명을 선택하는 경우를 생각해 봅시다. 이때 'A → B'로 선택하든 'B → A'로 선택하든 사러 가는 2명이 {A, B}임에는 변함이 없으므로 **순서를 생각할 필요가 없습니다.** 즉, 경우의 수는 {A, B}, {B, C}, {C, A}로 3가지입니다.

물건을 뽑는(선택하는) 순서를 생각하지 않고 조를 짤 때 이 조 하나를 조합 (combination)이라 합니다. 또한, 이번 경우에는 1명이 2번 선택될 수 없으므로 (당연히) **중복은 허용되지 않습니다.**

▼ 그림 5-1 심부름꾼 조합

이렇게 서로 다른 3개(명)에서 중복을 허용하지 않고 2개(명)를 선택하는 조합의 개수는 순열과 마찬가지로 영어 단어의 첫 글자를 써서 $_3C_2$로 표기합니다. 즉, $_3C_2 = 3$입니다.

일반적으로 **서로 다른 n개에서 서로 다른 r개를 뽑아서 만드는 조합**을 n개에서 r개를 뽑는 조합이라 말하고 개수는 $_nC_r$로 표기합니다. 단, $r \le n$[1]입니다.

조합 하나하나를 구체적으로 나타낼 때는 일반적으로 집합의 성분을 나타내는 기호인 중괄호 { }를 사용합니다. 집합은 성분을 나열할 때 순서가 정해져 있지 않습니다. {A, B}는 {B, A}로 나타내도 같은 의미입니다. 이는 순서를 생각하지 않는 조합을 나타내는 데 적합합니다. 한편, 괄호 ( )는 좌표평면 위에서 $x = 1$, $y = 2$에 있는 점을 $(1, 2)$로 나타내는 것처럼 순서가 의미를 갖는 경우가 있어서 헷갈릴 수 있으므로 조합을 구체적으로 나타낼 때는 사용하지 않는 것이 좋습니다.

---

1   $_nP_2$가 $r \le n$인 이유와 같습니다.(62쪽 각주 참조)

이제 $_3C_2$와 $_3P_2$의 관계를 살펴봅시다.

▼ 그림 5-2 순열과 조합1

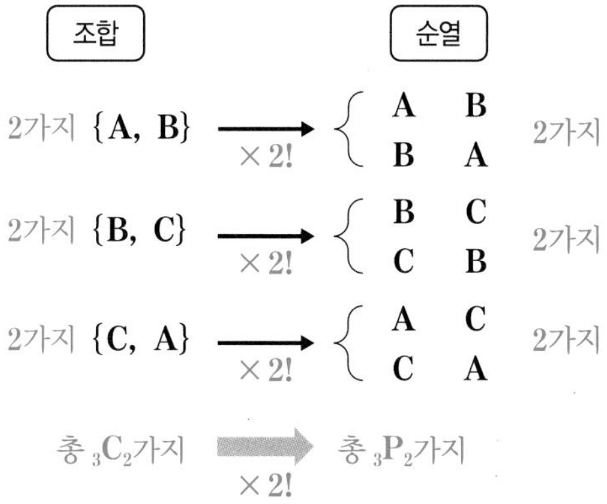

조합		순열	
2가지 {A, B}	$\times 2!$	A　B / B　A	2가지
2가지 {B, C}	$\times 2!$	B　C / C　B	2가지
2가지 {C, A}	$\times 2!$	A　C / C　A	2가지
총 $_3C_2$가지	$\times 2!$	총 $_3P_2$가지	

예를 들어 3개에서 2개를 뽑는 조합 중 하나인 {A, B}를 가지고 만들 수 있는 순열은 A→B와 B→A로 $_2P_2=2!$가지입니다[2].

{B, C}와 {C, A}도 마찬가지이므로 $_3C_2$가지 조합에서 총 $_3C_2\times2!$가지 순열을 만들 수 있습니다.

이렇게 구한 A→B, B→A, B→C, C→B, C→A, A→C는 결국 3개에서 2개를 뽑는 순열이므로 개수는 $_3P_2$입니다(62쪽).

따라서 다음 식이 성립합니다.

$$_3C_2\times2! = {_3P_2} \quad\Rightarrow\quad _3C_2 = \frac{_3P_2}{2!}$$

똑같은 방법으로 A~E 5개에서 3개를 뽑는 '순열'과 '조합'도 비교해 봅시다.

예를 들어 5개에서 3개를 뽑는 조합 중 하나인 {A, B, C}를 가지고 만들 수 있는 순열은 $_3P_3=3!$가지[3]입니다(그림 5-3 참조). 다른 조합도 마찬가지이므로

2　$2!=2\times1=2$

3　$3!=3\times2\times1=6$

5개에서 3개를 뽑는 조합의 개수[4]인 $_5C_3$을 3!배(=6배)하면 **5개에서 3개를 뽑는 순열의 개수**[5]인 $_5P_3$과 같아야 합니다.

따라서 다음 식을 얻을 수 있습니다.

$$_5C_3 \times 3! = {_5}P_3 \quad \Rightarrow \quad {_5}C_3 = \frac{{_5}P_3}{3!}$$

▼ 그림 5-3 순열과 조합2

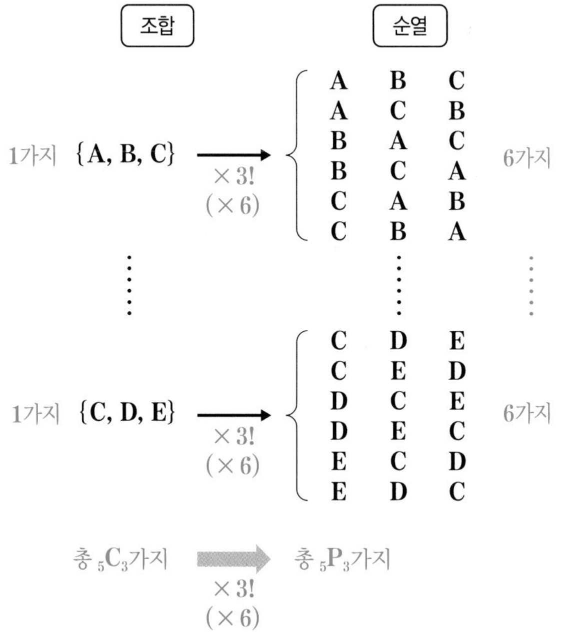

같은 방법으로 생각하여 순열의 개수와 조합의 개수의 관계를 일반화합시다.

$$_nC_r \times r! = {_n}P_r \quad \Rightarrow \quad {_n}C_r = \frac{{_n}P_r}{r!}$$

---

4   이 말은 '서로 다른 5개에서 중복을 허용하지 않고 3개를 뽑아서 만드는 조합'이라는 의미입니다.

5   (끈질기게 반복하지만 ……) 이 말은 '서로 다른 5개에서 중복을 허용하지 않고 3개를 뽑아 나열하는 순열'이라는 의미입니다.

r개를 뽑는 경우 각 조합에 대해 $_rP_r = r!$가지 순열을 만들 수 있으므로 순열의 개수는 조합의 개수의 $r!$배가 됩니다.

이 식에 $_nP_r$ 공식(64쪽)을 대입합니다.

$$_nC_r = \frac{_nP_r}{r!}$$

$$= \frac{n \times (n-1) \times \cdots\cdots \times (n-r+1)}{r!}$$

$$= \frac{\dfrac{n!}{(n-r)!}}{r!}$$

$$= \frac{1}{r!} \cdot \frac{n!}{(n-r)!}$$

> $$_nP_r = n \times (n-1) \times \cdots\cdots \times (n-r+1)$$
> $$= \frac{n!}{(n-r)!}$$

공식   조합의 개수 $_nC_r$

$$_nC_r = \frac{_nP_r}{r!} = \frac{n \times (n-1) \times \cdots\cdots \times (n-r+1)}{r!}$$

$$= \frac{n!}{r!\,(n-r)!}$$

예 17 $_nC_r$ 계산에 익숙해지자

$$\underbrace{}_{5\text{부터 시작하는 수 }3\text{개의 곱}}$$

$$_5C_3 = \frac{_5P_3}{3!} = \frac{\overbrace{5 \times 4 \times 3}}{\underbrace{3 \times 2 \times 1}} = \frac{60}{6} = 10$$

$$3\text{부터 시작하는 수 }3\text{개의 곱}$$

예제 17   **평행사변형은 몇 개?**

5개의 평행선과 교차하는 6개의 평행선이 그림 5-4와 같이 있습니다. 이 평행선으로 둘러싸인 평행사변형의 수는 모두 몇 개일까요?

❤ 그림 5-4 교차하는 평행선

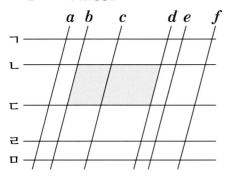

해설 · 해답

ㄱ~ㅁ 5개 중 2개와 a~f 6개 중 2개를 뽑으면 평행사변형이 1개 만들어집니다.

ㄱ~ㅁ 5개 중에서 2개를 뽑는 방법은 $_5C_2$가지이고 각 경우에 대해 a~f 6개 중에서 2개를 뽑는 방법은 $_6C_2$가지입니다. 곱의 법칙(55쪽)으로 평행사변형의 개수를 구하면 다음과 같습니다.

$$_5C_2 \times _6C_2 = \frac{5 \times 4}{2 \times 1} \times \frac{6 \times 5}{2 \times 1} = 10 \times 15 = 150$$

같은 것을 포함하는 순열과 조합

앞 절에서 '같은 것을 포함하는 순열'의 예제로 나왔던 은 조합을 사용해서 풀 수도 있습니다. 문제는 다음과 같았습니다.

예제 16 ──────────────────────── 바둑판 위에 있는 마을에서 이동

어떤 마을에 그림 5-5와 같이 동서로 통하는 길 5개, 남북으로 통하는 길 7개가 있습니다. A 지점에서 B 지점까지 최단 거리로 가는 경로는 몇 가지가 있는지 구하세요.

❤ 그림 5-5 바둑판 위의 점 A, B

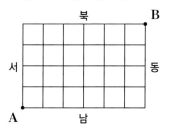

해설에도 이야기했듯이(82쪽) 최단 거리 경로는 ↑ 4개와 → 6개로 표현됩니다. 최단 거리 경로의 개수는 그림 5-6에 있는 10개의 □에 ↑ 4개와 → 6개를 넣는 방법의 개수와 일치합니다. 이는 10개의 서로 다른 □에서 ↑를 넣을 장소 4개를 고르는 방법의 개수와 같아집니다. ↑를 넣는 장소가 정해지면 →를 넣는 장소는 한 가지로 정해지기 때문입니다. 즉, 경로의 개수는 $_{10}C_4 \times 1$가지입니다.

▼ 그림 5-6 화살표를 넣을 곳을 고르는 방법

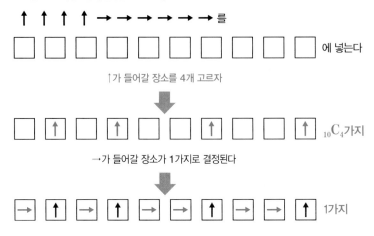

실제로

$$_{10}C_4 \times 1 = \frac{10 \times 9 \times 8 \times 7}{4 \times 3 \times 2 \times 1} \times 1 = 210$$

이 되므로 **예제 16** 에서 구했던 답(**210가지**)과 같습니다.

▊ 예 **18** ▊ 가능한 정수는 몇 가지?

9개의 숫자 1, 1, 2, 2, 2, 3, 3, 3, 3 전부를 사용하여 만들 수 있는 9자리 정수는 전부 몇 개 있는지를 $_nC_r$을 사용하여 구해 봅시다.

▼ 그림 5-7 9자리 정수를 만드는 방법

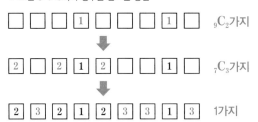

□를 9개 준비해서 처음에 1이 들어갈 장소를 2개 고릅니다. 이렇게 선택하는 개수는 $_9C_2$**가지**입니다. 다음으로 남은 □ 7개 중 2가 들어갈 장소를 3개 고릅니다. 이 개수는 $_7C_3$**가지**입니다. 남은 □ 4개에 3을 넣는 방법은 **1가지**입니다.

$$_9C_2 \times _7C_3 \times 1 = \frac{9 \times 8}{2 \times 1} \times \frac{7 \times 6 \times 5}{3 \times 2 \times 1} \times 1 = 36 \times 35 \times 1 = 1260$$

이렇게 구하려는 9자리 정수의 개수는 **1,260개입니다**[6].

$_nC_r$의 성질 1: 나머지를 사용해도 된다

92쪽의 [예제 17]에 등장했던 $_5C_2$는

$$_5C_2 = \frac{_5P_2}{2!} = \frac{5 \times 4}{2 \times 1}$$

$$= \frac{20}{2} = 10$$

과 같이 계산하여 [예 17]에서 구했던 $_5C_3$과 같습니다. 이건 우연이 아닙니다. 5개에서 **3개를 뽑는 것**과 5개에서 **남은(뽑히지 않은) 2개를 결정하는 것**은 똑같기 때문입니다.

마찬가지로 서로 다른 n개에서 r개를 뽑는 조합의 개수는 서로 다른 n개에서 나머지 $(n-r)$개를 결정하는 경우의 수와 같으므로 다음 공식이 성립합니다.

$$_nC_r = _nC_{n-r}$$

---

6 같은 것을 포함하는 순열의 공식(79쪽)을 사용할 경우에는 $\frac{9!}{2! \times 3! \times 4!} = 1260$으로 구할 수도 있습니다.

	뽑는 쪽	남는 쪽
1	{ A , B , C }	{ D , E }
2	{ A , B , D }	{ C , E }
3	{ A , B , E }	{ C , D }
4	{ A , C , D }	{ B , E }
5	{ A , C , E }	{ B , D }
6	{ A , D , E }	{ B , C }
7	{ B , C , D }	{ A , E }
8	{ B , C , E }	{ A , D }
9	{ B , D , E }	{ A , C }
10	{ C , D , E }	{ A , B }

$$_5\mathrm{C}_3 \text{가지} = {_5}\mathrm{C}_2 \text{가지}$$

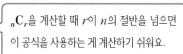
이 공식은 언제 사용할까요?

$_n\mathrm{C}_r$을 계산할 때 r이 n의 절반을 넘으면 이 공식을 사용하는 게 계산하기 쉬워요.

▌▌ 예 ⑲ ▌ $_n\mathrm{C}_r = {_n}\mathrm{C}_{n-r}$로 더 쉽게 계산하자

$_{20}\mathrm{C}_{17}$을 계산할 때 $_n\mathrm{C}_r = {_n}\mathrm{C}_{n-r}$을 사용하면 더 간단하게 구할 수 있습니다.

$$_{20}\mathrm{C}_{17} = {_{20}}\mathrm{C}_{20-17} = {_{20}}\mathrm{C}_3 = \frac{20 \times 19 \times 18}{3 \times 2 \times 1} = 10 \times 19 \times 6 = 1140$$

$_nC_r$의 성질 2: 일부러 $_nC_0$을 고려한다

그런데 $_nC_r$의 r이 0이어도 괜찮을까요? $_nC_r = {_nC_{n-r}}$에 시험삼아 $r = 0$을 대입해 보면 다음을 얻을 수 있습니다.

$$_nC_0 = {_nC_{n-0}} \quad \Rightarrow \quad {_nC_0} = {_nC_n}$$

$_nC_0$은 'n개에서 0개를 뽑는 조합의 개수'인데, 솔직히 이 문장이 의미하는 내용을 바로 알기는 어렵습니다. 하지만 $_nC_n$은 'n개에서 n개를 뽑는 조합의 개수'이므로 $_nC_n = 1$임을 알고 있습니다[7]. 그렇다는 말은 $_nC_0 = {_nC_n} = 1$이라는 걸까요?

91쪽에서 언급했던 공식에 $r = 0$을 대입해서 확인해 봅시다.

$$_nC_r = \frac{n!}{r!(n-r)!}$$

에 따르면

$$_nC_0 = \frac{n!}{0!(n-0)!} = \frac{n!}{0! \times n!}$$

인데 68쪽에서 $0! = 1$이라고 약속했었죠? 즉, 이 식은 다음과 같습니다.

$$_nC_0 = \frac{n!}{0! \times n!} = \frac{n!}{1 \times n!} = \frac{n!}{n!} = 1$$

이렇게 'n개에서 0개를 뽑는 조합의 개수'는 약간 이해하기 어렵지만 $_nC_r = {_nC_{n-r}}$과 $0! = 1$로 약속한 내용과 맞아 떨어지게 기호로

$$_nC_0 = 1$$

로 약속하기로 했습니다.

---

7   예를 들어 A, B, C 3개에서 3개를 뽑는 조합은 {A, B, C} 1가지밖에 없으므로 $_3C_3 = 1$입니다.

$_nC_r$의 성질 3: 트럼프로 생각해 보자

다음으로 $_nC_r$의 또 다른 성질을 밝히기 위해 조커가 1장 포함된 트럼프 5장에서 중복을 허용하지 않고 3장을 뽑는 조합의 개수를 두 가지 방법으로 생각해 봅시다.

▼ 그림 5-9 트럼프 5장에서 3장을 뽑자

첫 번째 방법은 단순히 5장(개)에서 3장(개)을 뽑는 조합으로 다음과 같이 계산하는 방법입니다.

$$_5C_3 = {}_5C_2 = \frac{5 \times 4}{2 \times 1} = \frac{20}{2} = \mathbf{10}가지 \qquad \boxed{{}_nC_r = {}_nC_{n-r}}$$

두 번째 방법은 (i) 조커를 포함한 경우와 (ii) 조커를 포함하지 않는 경우로 나눠서 생각합니다.

(i) 조커를 포함한 경우

3장 중에 조커가 반드시 들어 있으므로 남은 두 장을 조커가 아닌 4장에서 뽑습니다. 이 조합의 개수는

$$_4C_2 = \frac{4 \times 3}{2 \times 1} = \mathbf{6}가지$$

입니다.

❤ 그림 5-10 조커를 포함한 경우

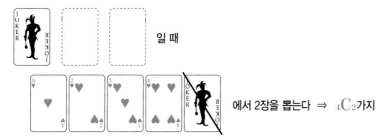

일 때

에서 2장을 뽑는다 ⇒ $_4\mathrm{C}_2$가지

(ii) 조커를 포함하지 않는 경우

5장에서 조커를 뽑지 않으므로 조커가 아닌 4장에서 3장을 뽑습니다. 이 조합의 개수는

$$_4\mathrm{C}_3 = {_4}\mathrm{C}_1 = \frac{4}{1} = 4\text{가지}$$

$$_n\mathrm{C}_r = {_n}\mathrm{C}_{n-r}$$

입니다.

❤ 그림 5-11 조커를 포함하지 않는 경우

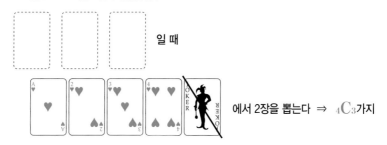

일 때

에서 2장을 뽑는다 ⇒ $_4\mathrm{C}_3$가지

(i)와 (ii)는 동시에 일어나지 않고 반드시 둘 중 하나가 일어나므로 합의 법칙 (53쪽)에 따라 다음과 같습니다.

$$_4\mathrm{C}_2 + {_4}\mathrm{C}_3 = {_5}\mathrm{C}_3$$

실제로 $_4\mathrm{C}_2 + {_4}\mathrm{C}_3 = 6 + 4 = 10$이므로 $_5\mathrm{C}_3 = 10$과 같습니다. 이 식을 일반화하면 다음 공식을 얻을 수 있습니다.

$$_{n-1}C_{r-1} + {}_{n-1}C_r = {}_nC_r$$

이렇게 트럼프를 사용한 예를 통해[8] 앞 공식이 성립함을 받아들일 수 있지만 여기서는 $_nC_r$ 공식(91쪽)을 사용해서 증명해 보겠습니다.

증명 **공식을 사용하여 증명**

$$_{n-1}C_{r-1} + {}_{n-1}C_r$$

$$= \frac{(n-1)!}{(r-1)!\{(n-1)-(r-1)\}!} + \frac{(n-1)!}{r!\{(n-1)-r\}!}$$

$$= \frac{(n-1)!}{(r-1)!(n-r)!} + \frac{(n-1)!}{r!(n-r-1)!}$$

$$= \frac{r \times (n-1)!}{r \times (r-1)!(n-r)!} + \frac{(n \times r) \times (n-1)!}{(n-r) \times r!(n-r-1)!}$$

$$= \frac{r \times (n-1)!}{r!(n-r)!} + \frac{(n-r) \times (n-1)!}{r!(n-r)!}$$

$$= \frac{r \times (n-1)! + (n-r) \times (n-1)!}{r!(n-r)!}$$

$$= \frac{\{r+(n-r)\} \times (n-1)!}{r!(n-r)!}$$

$$= \frac{n \times (n-1)!}{r!(n-r)!}$$

$$= \frac{n!}{r!(n-r)!}$$

$$= {}_nC_r$$

$$_nC_r = \frac{n!}{r!(n-r)!}$$

$$(n-1)-(r-1)$$
$$= n-1-r+1 = n-r$$

예를 들어
$$5 \times 4! = 5 \times 4 \times 3 \times 2 \times 1 = 5!$$
$$\Rightarrow r \times (r-1)! = r!$$

$$(n-r) \times r!(n-r-1)!$$
$$= r! \times (n-r) \times (n-r-1)!$$
$$= r! \times (n-r)!$$

증명 끝

8　조커 1장을 포함한 트럼프 n장에서 r장을 뽑는 조합의 개수를 조커를 포함한 경우와 조커를 포함하지 않는 경우로 나눠서 생각합니다.

이려워요

팩토리얼을 포함한 수식 계산은 익숙해지기까지 어려워요. 우선은 $5 \times 4! = 5!$에서 $r \times (r-1)! = r!$이 되는 걸 이해하는 게 먼저예요.

여기까지 살펴본 $_nC_r$의 성질을 정리합시다.

공식　$_nC_r$의 성질 (약속)

(i)　$_nC_r = {}_nC_{n-r}$　(특히 $_nC_0 = {}_nC_n = 1$)

(ii)　$_{n-1}C_{r-1} + {}_{n-1}C_r = {}_nC_r$

$_nC_r$ 성질의 응용 1: 파스칼의 삼각형

앞에서 정리한 $_nC_r$의 성질 중 성질 (i)는 계산하기 편하게 만들어 주는데 성질 (ii)는 어디에 쓸까요?

사실 성질 (ii)는 **파스칼의 삼각형**과 연결되고 더 나아가서 미분적분을 이해하는 데 빠질 수 없는 **2항정리**까지도 발전합니다. 자세히 살펴봅시다.

$_nC_r$은 $r \leq n$라는 조건이 필요했습니다(88쪽). 그리고 $_nC_0 = 1$이라는 약속(97쪽)에 따라 $_nC_r$은 $0 \leq r \leq n$을 만족하는 정수 r에 대해 정의할 수 있습니다.

예를 들어 $n = 1$일 때는 $_1C_0$과 $_1C_1$이 존재하고 각각 다음과 같습니다.

$$_1C_0 = 1, \quad _1C_1 = 1$$

$$\boxed{_nC_0 = {_nC_n} = 1}$$

이제 이 둘을 더하면 $_nC_r$의 성질 (ii)에 따라 다음과 같이 계산할 수 있습니다.

$$_1C_0 + {_1C_1} = {_{2-1}C_{1-1}} + {_{2-1}C_1} = {_2C_1}$$

$$\boxed{_{n-1}C_{r-1} + {_{n-1}C_r} = {_nC_r}}$$

$$\Rightarrow \quad _1C_0 + {_1C_1} = {_2C_1}$$

다음으로 $n = 2$일 때는 $_2C_0$, $_2C_1$, $_2C_2$가 존재하므로 두 개씩 합을 구하면 마찬가지로 $_nC_r$의 성질 (ii)에 따라 다음을 얻습니다.

$$_2C_0 + {_2C_1} = {_3C_1}, \quad _2C_1 + {_2C_2} = {_3C_2}$$

$n = 3$일 때는 $_3C_0$, $_3C_1$, $_3C_2$, $_3C_3$이 존재하므로 마찬가지로 다음을 구할 수 있습니다.

$$_3C_0 + {_3C_1} = {_4C_1}, \quad _3C_1 + {_3C_2} = {_4C_2}, \quad _3C_2 + {_3C_3} = {_4C_3}$$

파스칼의 삼각형(Pascal's triangle)이란 이렇게 계속되는 계산을 보기 쉽게 정리한 그림 5-12의 삼각형을 가리킵니다[9].

---

9 단. 그림 5-12는 파스칼이 고안한 그림이 아니고 그 이전부터 중국과 인도에 이미 알려져 있었습니다.

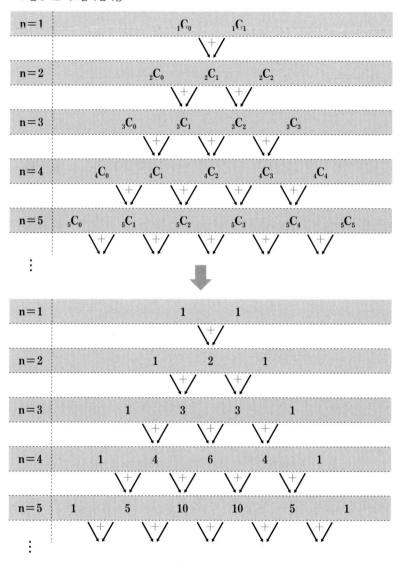

그림 5-12의 위쪽 삼각형은 $_nC_r$ 기호로 표현한 삼각형이고 아래쪽 그림은 구체적인 숫자를 대입한 삼각형입니다. 특히, 모든 행의 왼쪽 끝과 오른쪽 끝이 1인 이유는 $_nC_0 = {_nC_n} = 1$이기 때문입니다.

$_nC_r$ 성질의 응용 2: 2항정리

예를 들어

$$(a+b)^3 = a^3 + 3a^2 b + 3ab^2 + b^3$$

이라는 전개 공식에서 $3a^2 b$ 항을 살펴봅시다.

> 먼저 용어를 복습합시다. $3a^2 b$처럼 몇 개의 숫자와 문자의 곱으로 만든 식을 **단항식**이라고 하고 몇 개의 단항식의 합이나 차로 만든 식을 **다항식**이라고 합니다. $a^3 + 3a^2 b + 3ab^2 + b^3$은 다항식이죠. 다항식을 구성하는 각 단항식은 간단하게 **항**이라고 부를 때도 많습니다.

이 전개 공식은

$$(a+b)^3 = (a+b)(a+b)^2 = (a+b)(a^2 + 2ab + b^2) = \cdots\cdots$$

으로 계산하면 구할 수 있는데, 여기서는 특히 **a^2b의 계수가 3이 되는 이유를 경우의 수로 생각**해 봅시다.

말할 필요도 없지만 $(a+b)^3$은 다음과 같이 $(a+b)$를 3번 곱한 것입니다.

$$(a+b)^3 = (a+b) \times (a+b) \times (a+b)$$

여기서 a^2b항은

<ol>
<li>(i) 오른쪽 ( )의 b와 남은 두 ( )의 a를 곱한다.</li>
<li>(ii) 가운데 ( )의 b와 남은 두 ( )의 a를 곱한다.</li>
<li>(iii) 왼쪽 ( )의 b와 남은 두 ( )의 a를 곱한다.</li>
</ol>

인 경우에 만들어집니다.

$$a^2b$$를 만드는 방법

$$(a+b) \times (a+b) \times (a+b)$$

3가지 $\left\{ \begin{array}{ccc} a & a & \textcircled{b} \\ a & \textcircled{b} & a \\ \textcircled{b} & a & b \end{array} \right.$

이렇게 a^2b의 계수가 3인 이유는 **세 ( )에서 b를 꺼낼 ( )를 하나 고르는 방법의 개수가 3이기 때문**입니다[10]. 3개에서 1개를 선택한다는 말은 (이 경우에는 순서는 생각하지 않아도 되므로) 조합입니다. 즉, 이 3은

$$3 = {}_3\mathrm{C}_1$$

로 쓸 수 있습니다. 결국

$$(a+b)^3 의 \ \ a^2b 의 \ 계수는 \ {}_3\mathrm{C}_1$$

입니다. 마찬가지로 ab^2의 계수는 세 ( )에서 b를 꺼내는 ( )를 2개 고르는 방법의 개수라 생각할 수 있으므로 다음과 같습니다.

$$(a+b)^3 의 \ \ ab^2 의 \ 계수는 \ {}_3\mathrm{C}_2$$

b^3의 계수는 세 ( )에서 b를 꺼내는 ( )를 세 개 고르는 방법의 개수라 생각할 수 있으므로

$$(a+b)^3 의 \ \ b^3 의 \ 계수는 \ \ {}_3\mathrm{C}_3$$

임을 알 수 있습니다.

---

10 '세 ( )에서 a를 꺼내는 ( )를 2개 고른다'고 생각해도 되지만 2항정리에서는 b에 주목하는 게 보통입니다.

또한, $(a+b)^3$의 a^3의 계수는 1인데, $_nC_0=1$이므로

$$(a+b)^3의 \ a^3의 \ 계수는 \ _3C_0$$

이라 쓸 수 있습니다.

결국 $(a+b)^3$의 전개식은 $_nC_r$ 기호를 사용해서 다음과 같이 쓸 수 있습니다.

$$(a+b)^3 = {_3C_0}a^3 + {_3C_1}a^2b + {_3C_2}ab^2 + {_3C_3}b^3$$

같은 방법으로 생각하면 $(a+b)^4$의 전개식은 다음과 같이 예상할 수 있습니다.

$$(a+b)^4 = {_4C_0}a^4 + {_4C_1}a^3b + {_4C_2}a^2b^2 + {_4C_3}ab^3 + {_4C_4}b^4$$

이 내용을 $(a+b)^n$의 전개식으로 일반화시킨 것이 2항정리(binomial theorem)입니다[11].

공식　**2항정리**

$$(a+b)^n = {_nC_0}a^n + {_nC_1}a^{n-1}b + {_nC_2}a^{n-2}b^2 + \cdots$$
$$\cdots + {_nC_r}a^{n-r}b^r + \cdots\cdots + {_nC_n}b^n$$

2항정리에서 $_nC_r\,a^{n-r}\,b^r$을 $(a+b)^n$ 전개식의 **일반항**이라 부르고 그 계수 $_nC_r$을 2항계수(binomial coefficient)라 부릅니다.

벌써 눈치챈 독자도 있겠지만 103쪽 그림 5-12에 있는 파스칼의 삼각형은 이 2항계수를 구체적으로 나열한 그림입니다. 예를 들어 $(a+b)^5$을 전개한 식에서 각 항의 계수가

11　$(a+b)$처럼 두 항으로 만들어지는 식을 2항식이라 부릅니다. 2항식은 다항식 중에서 가장 간단한 식입니다.

$$(a+b)^5 = {}_5C_0 a^5 + {}_5C_1 a^4 b + {}_5C_2 a^3 b^2 + {}_5C_3 a^2 b^3 + {}_5C_4 ab^4 + {}_5C_5 b^5$$
$$= 1 \cdot a^5 + 5 \cdot a^4 b + 10 \cdot a^3 b^2 + 10 \cdot a^2 b^3 + 5 \cdot ab^4 + 1 \cdot b^5$$

이라는 것을 비교적 쉽게 구할 수 있습니다. 2항정리나 파스칼의 삼각형을 모르면 $(a+b)^5$을 전개하는 계산이 매우 지루하고 길어지지만, 2항정리를 알고 파스칼의 삼각형을 사용하면 한 번에 편하게 (익숙해지면 암산으로) 각 항의 계수가 무엇인지 구할 수 있습니다. 이 개념이 계산하는 데 유용하다는 건 말할 필요도 없습니다. 그래서 파스칼보다 먼저 중국과 인도 등에서 연구되었고 알려졌겠죠.

이야기가 길어졌지만 97쪽에서 살펴본 ${}_nC_r$의 성질 (ii)는 오랜 역사가 있고 응용 범위도 넓은 '파스칼의 삼각형'을 이론적으로 지지하는 뼈대입니다.

예제 18

콜럼버스의 달걀과 같은 문제

다음 등식을 증명하세요.

$$_nC_0 + {}_nC_1 + {}_nC_2 + \cdots\cdots + {}_nC_n = 2^n$$

해설

2항정리에 $a=1$, $b=1$을 대입하면 바로 알 수 있습니다(단, 풀어 본 경험이 없으면 해결 방법이 바로 떠오르지 않는 문제이기도 합니다).

해답

2항정리

$$(a+b)^n = {}_nC_0 a^n + {}_nC_1 a^{n-1} b + {}_nC_2 a^{n-2} b^2 + \cdots\cdots + {}_nC_n b^n$$

에 $a=1$, $b=1$을 대입하면 다음과 같습니다.

$$(1+1)^n = {}_nC_0 \cdot 1^n + {}_nC_1 \cdot 1^{n-1} \cdot 1 + {}_nC_2 \cdot 1^{n-2} \cdot 1^2 + \cdots\cdots + {}_nC_n \cdot 1^n$$
$$\Rightarrow \quad 2^n = {}_nC_0 + {}_nC_1 + {}_nC_2 + \cdots\cdots + {}_nC_n$$

따라서

$$_n\mathrm{C}_0 + {}_n\mathrm{C}_1 + {}_n\mathrm{C}_2 + \cdots\cdots + {}_n\mathrm{C}_n = 2^n$$

이 됩니다.

예제 18 에서 증명한 내용은 사실 상당히 흥미로운 내용입니다.

실제로 파스칼의 삼각형으로 확인해 보면 각 행의 합은 다음과 같습니다.

$$2, \ 4, \ 8, \ 16, \ 32, \ \cdots\cdots$$

다르게 적어 보면 다음과 같습니다.

$$2^1, \ 2^2, \ 2^3, \ 2^4, \ 2^5, \ \cdots\cdots$$

♥ 그림 5-14 파스칼의 삼각형 각 행의 합

합

$n=1$ 1 1	2
$n=2$ 1 2 1	4
$n=3$ 1 3 3 1	8
$n=4$ 1 4 6 4 1	16
$n=5$ 1 5 10 10 5 1	32

중복조합의 개수: $_nH_r$로 표기, 이 장의 마지막 난관

드디어 이번 장의 마지막 내용입니다. 여기서는 **순서는 생각하지 않고 중복을 허용하는 경우의 수**를 생각해 봅시다.

겁주려는 건 아니지만 이 내용이 지금까지 살펴본 내용 중에서 가장 어렵습니다. 하지만 처음(59쪽)에 이야기했듯이 경우의 수는 '순서를 생각하는가 그렇지 않은가'와 '중복이 허용되는가 그렇지 않은가'의 각 조건을 확인하는 것이 기본입니다. 그런데 '순서를 생각하지 않고 중복을 허용하는' 내용만 배우지 않는다면 공평하지 않다고 생각할 수 있으므로 이 책에서는 전부 설명하겠습니다.

▌ 예 20 ▌ 3명에게 캔커피 2개, 단 1명에게 2개도 줄 수 있다.

예를 들어 팀원이 A, B, C 3명인 팀에 캔커피가 선물로 2개 들어왔을 경우 캔커피를 마시는 사람을 뽑는 방법은 몇 가지일까요? 단, 1명이 2개를 전부 마셔도 된다고 합시다[12]. 캔커피 2개는 구별할 수 없으므로 **순서를 생각할 필요는 없습니다(조합입니다)**. 또한, 같은 사람이 2개를 마셔도 상관없으므로 **중복을 허용합니다**.

모든 경우를 나열해 보면 캔커피를 마시는 사람을 뽑는 방법은 다음 **6가지**입니다.

$$\{A, A\}, \quad \{A, B\}, \quad \{A, C\}, \quad \{B, B\}, \quad \{B, C\}, \quad \{C, C\}$$

수가 적다면 이렇게 실제로 나열하여 생각해도(60쪽 '중복조합' 그림 참조) 괜찮지만 수가 많아지면 현실적으로 모든 경우를 나열할 수 없습니다[13]. 수가 늘어나도 대응할 수 있는 좋은 방법은 없을까요?

경우의 수를 생각할 때 세기 힘든 것이 있다면, 그것과 일대일 대응하는 다른 것으로 대체하는 것이 좋습니다(58쪽 칼럼 참조).

---

12 팀원이 3명인데, 캔커피를 2개만 준다거나 2개를 1명이 다 마시는 경우가 있다거나 하는 상황은 상식적으로는 생각할 수 없긴 하지만, 여기선 그런 상황이 있다고 생각해 주세요.

13 팀원이 10명인 팀에게 8개를 선물…… 등 모든 경우를 나열하려면 고생을 좀 해야 합니다.

따라서 여기서는 다음과 같은 '일대일 대응'을 생각해 봅시다.

그림 5-15와 같이 세로줄 2개(|)를 사용해서 A, B, C로 칸을 나누고 각 칸에 캔커피 2개를 (같은 장소에 2개를 다 넣는 경우를 허용해서) 나열하면 6가지 경우의 수와 **일대일 대응**하게 됩니다[14].

❤ 그림 5-15 캔커피를 마시는 사람

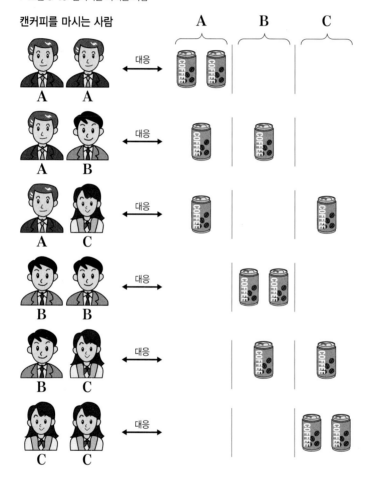

────────────────

14 캔커피를 마시는 사람을 뽑는 각 방법에 캔커피 2개와 세로줄(|) 2개를 나열하는 방법이 서로 대응하고, 반대로 캔커피 2
개와 세로줄(|) 2개를 나열하는 각 방법에 캔커피를 마시는 사람을 뽑는 경우가 서로 대응한다는 말입니다.

즉, 3명이 캔커피 2개를 마시는 경우의 수는 **캔커피 2개와 세로줄(|) 2개를 나열하는 순열의 개수로 바꿔서 생각할 수 있습니다.** 이는 4개 중 2개(캔커피)가 같고 나머지 2개(|)도 또 다른 종류의 같은 것이 있는 순열(81쪽)로 처리할 수 있습니다.

$$\frac{4!}{2! \times 2!} = \frac{4 \times 3 \times 2 \times 1}{2 \times 1 \times 2 \times 1}$$

$$= \frac{12}{2} = 6가지$$

> n개에서 p개의 같은 것, q개는 또 다른 종류의 같은 것, r개는 또 다른 종류의 같은 것 …일 때, 이 n개 전부를 일렬로 나열하는 순열의 개수는
> $$\frac{n!}{p!q!r \cdots\cdots}가지$$

그런데 '같은 것을 포함한 순열'은 $_nC_r$을 사용해서 쓸 수도 있었지요? 이번에는 $_nC_r$을 사용해서 구해 봅시다(91쪽).

4개의 서로 다른 □에서 캔커피를 넣을 장소를 고르는 방법의 개수로 생각할 수 있습니다(다음 페이지 참조).

즉, 3명 중에서 (캔커피를 마시는 사람을) 중복을 허용하여 2명을 고르는 방법은 다음과 같이 계산할 수 있습니다.

$$_4C_2 \times 1 = \frac{4 \times 3}{2 \times 1} \times 1$$

$$= \frac{12}{2} = 6가지$$

$$_4C_2 = \frac{\overbrace{4 \times 3}^{2\text{개 수의 곱}}}{\underbrace{2 \times 1}_{2\text{개 수의 곱}}}$$

이렇게 서로 다른 3개(명)에서 중복을 허용하여 2개(명)를 뽑는 경우의 수를 중복조합(repeated combination)이라 부르고 개수를 $_3H_2$로 표기합니다[15].

---

15 H 기호의 유래는 조금 어렵지만 제차곱(homogeneous product)이라는 용어의 첫 글자에서 왔습니다. 제차곱은 **동차곱**이라고 부르기도 합니다. 예를 들어

$$(A + B + C)^5 = A^5 + 5A^4B + 5A^4C + \cdots\cdots + 30AB^2C^2 + \cdots\cdots + C^5$$

이라는 제차다항식(동차다항식=모든 항의 차수가 같다)의 우변에 나타나는 항 종류(A^5, A^4B, A^4C, ……, AB^2C^2, ……, C^5 등)의 수가 서로 다른 3개(A, B, C)에서 중복을 허용해서 5개를 고르는 중복조합 개수와 같기 때문에 이 기호를 사용합니다.

▼ 그림 5-16 □에 캔커피를 넣을 장소를 고르는 방법

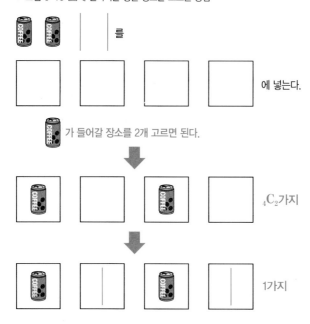

결국 다음과 같습니다.

$$_3H_2 = {}_4C_2$$

▓ 예 **2** ▓ 4종류에서 중복을 허용해서 5개 뽑기

A, B, C, D 4개에서 중복을 허용해서 5개를 뽑는 조합의 개수를 생각해 봅시다. $_4H_5$**를 구한다**는 말입니다.

이번에는 캔커피 대신에 ◯ 5개를 사용하고, A, B, C, D 위치를 구별하기 위해 세로줄(|)을 3개 사용합니다.

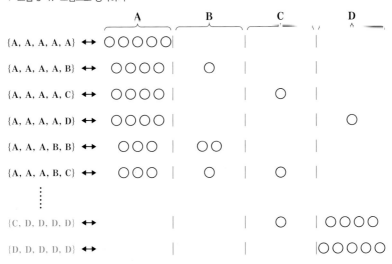
▼ 그림 5-17 그림으로 생각하기

이 개수는 **8개 중에서 5개(○)는 같은 것이고 나머지 3개(│)도 다른 종류의 같은 것인 순열**(81쪽)로 처리하면 다음과 같습니다.

$$_4H_5 = \frac{8!}{5! \times 3!} = \frac{8 \times 7 \times 6 \times \cancel{5 \times 4 \times 3 \times 2 \times 1}}{\cancel{5 \times 4 \times 3 \times 2 \times 1} \times 3 \times 2 \times 1} = \frac{8 \times 7 \times 6}{3 \times 2 \times 1} = 56 \text{가지}$$

이 중복조합의 개수는 □ 8개 중에서 ○가 들어갈 곳을 5개 고르는 방법의 개수라고도 생각할[16] 수 있으므로 $_nC_r$을 사용해서 표기하면 다음과 같이 계산할 수 있습니다.

$$_4H_5 = {}_8C_5 = {}_8C_3 \quad \frac{8 \times 7 \times 6}{3 \times 2 \times 1} = 56 \text{가지}$$

$$\boxed{{}_nC_r = {}_nC_{n-r}}$$

---

16 '□ 8개에서 │가 들어갈 곳을 3개 고르는 방법의 개수'라 생각할 수도 있지만, 다음에 공식으로 연결하기 쉽도록 일부러 이렇게 이야기하겠습니다.

○ ○ ○ ○ ○ ｜ ｜ ｜ 를

□ □ □ □ □ □ □ □ 에 넣는다.

□ ○ ○ □ ○ □ ○ ○ $_8C_5$가지

｜ ○ ○ ｜ ○ ｜ ○ ○ 1가지

일반적으로 **서로 다른 n개에서 중복을 허용해서 r개를 뽑는 중복조합의 개수**는 n개를 구별하기 위한 세로줄(｜) $n-1$개와 ○ r개를 준비해서 이 둘의 합인 $n-1+r=n+r-1$개를 나열하는 순열과 같습니다. 그리고 이 순열은 **$n+r-1$개 장소에서 r개 장소를 고르는 조합의 개수와 같으므로** 결국 다음 공식이 성립합니다.

공식　**중복조합의 개수 $_nH_r$**

서로 다른 n개에서 중복을 허용하여 r개를 뽑는 조합의 개수는 다음과 같습니다.

$$_nH_r = {}_{n+r-1}C_r$$

▓ 예 22 ▓　$_nH_r$ 계산에 익숙해지자

$$_5H_3 = {}_{5+3-1}C_3 = {}_7C_3 = \frac{7 \times 6 \times 5}{3 \times 2 \times 1} = 35$$

$$_{10}H_2 = {}_{10+2-1}C_2 = {}_{11}C_2 = \frac{11 \times 10}{2 \times 1} = 55$$

$n + r - 1$이 어려워요

서로 다른 n개에서 중복을 허용하여 r개를 뽑는 조합

↓

○ r개와 세로줄($|$) $n-1$개를 나열하는 순열

↓

$r + n - 1 (= n + r - 1)$개의

□에서 ○를 넣는 장소를 r개 고르는 경우의 수

라 생각하면 되는데⋯⋯ 혹시 문자식이 어렵다면 구체적인 숫자 몇 개를 넣어 생각해 보세요.

'0 이상인 정수' 3개의 합

 19

x, y, z를 0 이상인 정수라 했을 때 등식 $x + y + z = 7$을 만족하는 x, y, z 조합은 모두 몇 개가 있는지 구하세요.

해설

이 문제가 중복조합 문제라는 것을 한 번에 눈치채기는 쉽지 않습니다. 하지만 예를 들어 $x=3$, $y=2$, $z=2$는 x, y, z를 $\{x, x, x, y, y, z, z\}$로 선택한 것과 같으므로 서로 다른 3개에서 중복을 허용하여 7개를 선택하는 조합의 개수가 등식 $x + y + z = 7$을 만족하는 0 이상인 정수 x, y, z 조합의 개수와 같아집니다.

❤ 그림 5-19 중복조합으로 생각하기

해답

구하려는 개수는 서로 다른 3개에서 7개를 선택하는 중복조합의 개수이므로

$$_3H_7 = {}_{3+7-1}C_7 = {}_9C_7 = {}_9C_2 = \frac{9 \times 8}{2 \times 1} = 36$$

$$_nH_r = {}_{n+r-1}C_r$$

$$_nC_r = {}_nC_{n-r}$$

36개입니다.

➤ 조합 폭발

'조합 폭발'이란 단어를 아시나요? 한 번 들으면 잊히지 않을 정도로 강렬한 인상을 주는 이 수학 용어는 2012년 일본 과학 미래관이 '불가사의한 세는 방법, 언니와 함께! 모두 함께 세어보자!'라는 제목의 동영상을 유튜브에 게재한 것을 계기로 널리 알려졌습니다[17].

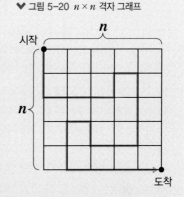

▼ 그림 5-20 $n \times n$ 격자 그래프

이 동영상은 일본 과학 미래관에서 전시용으로 제작된 애니메이션으로, 그림 5-20처럼 $n \times n$ 격자 그래프의 왼쪽 위 시작 지점부터 오른쪽 아래 도착 지점에 도착하기까지 경로가 몇 개인지 보여줍니다.

만약 최단 경로만 센다면 **예제 16** (93쪽 참조)과 마찬가지 방법[18]으로 간단하게 계산할 수 있습니다. 하지만 같은 길을 두 번 지나가지 않는다는 약속만 하고 경로의 길이는 신경 쓰지 않을 때의 경로의 개수를 구하는 공식은 발견되지 않았기 때문에 지금은 하나씩 세는 수밖에 없습니다.

동영상에서는 $n=1$을 시작으로 n이 2, 3, 4, ……로 커지면서 경로 수가 어떻게 증가하는지 보여주는데, 증가하는 방식을 보면 모두 놀랍니다. 동영상에 등장하는 $n=10$까지를 여기에 소개합니다.

$n=1$일 때 2가지

$n=2$일 때 12가지

$n=3$일 때 184가지

$n=4$일 때 8512가지

$n=5$일 때 126만 2816가지

$n=6$일 때 5억 7578만 0564가지

$n=7$일 때 7893억 6005만 3252가지

$n=8$일 때 3266조 5984억 8698만 1642가지

---

17 https://www.youtube.com/watch?v=Q4gTV4r0zRs. 일본어로 되어 있지만 한글 자막으로 볼 수 있습니다.

18 '같은 것을 포함하는 순열'이나 '조합'을 사용했습니다.

$n=9$일 때 4104경 4208조 7026억 3249만 6804가지

$n=10$일 때 1자 5687해 5803경 0464조 7500억 1321만 4100가지

'자'라는 단위가 실제로 사용되는 건 처음 본 독자분도 있지 않나요? 동영상 안에서 매초 2000억가지 경로를 찾아내는 수퍼컴퓨터를 사용해서 계산하는데, $n=9$일 때를 계산하는 데 6년 반, $n=10$일 때를 계산하는 데는 무려 25만년(!)이 걸린다고 합니다.

이렇게 문제를 푸는 데 필요한 조건이나 요소의 조합이 증가하면 답이 폭발적으로 커지는 현상을 조합 폭발(combinatorial explosion)이라고 합니다. 여기서 살펴본 문제는 일반적으로는 **자기 회피 보행**(self-avoiding walk) 문제라 불리는, 조합 폭발이 발생하는 전형적인 문제 중 하나입니다. 바둑이나 장기의 승패 패턴 분류나 소위 '순회 세일즈맨 문제[19]' 등도 조합 폭발이 일어나는 문제로 잘 알려져 있습니다.

동영상에서는 $n \times n$ 격자 그래프의 총 경로 수를 같은 방법(모든 경로를 하나씩 조사하는 방법)으로 셌을 경우 $n=11$일 때를 계산하는 데는 290억년(우주 나이의 배 이상)의 시간이 걸린다고 합니다!

세는 방법을 잘 생각하는 것이 예나 지금이나 수학을 발전시킨다

그런데 계산 방법(알고리즘[20])을 잘 생각하면 시간을 대폭 절약할 수 있습니다. 앞에서 이야기한 동영상의 감수자인 교토대학교 대학원 정보학 연구과 미나토 신이치 교수가 이끄는 프로젝트팀은 ZDD(Zero-suppressed Binary Decision Diagram)라 부르는 알고리즘을 개발하여 2013년에 $n=26$일 때의 총 경로를 계산하는 데 성공했습니다. 참고로 계산된 경로의 개수는 무려 1.736×10^{163}가지(164자리!)입니다.

격자 그래프의 경로 개수를 세는 알고리즘은 통신 네트워크의 통신 경로 최적화나 자동차 내비게이션의 정체 회피 경로 선택에 응용할 수 있습니다. 또한, ZDD는 수많은 상품 중 고객이 무엇을 선택할지에 관한 구매 패턴 분석 등 데이터마이닝 분야에서도 유효성을 나타내었고 앞으로의 연구 성과가 기대되고 있습니다.

알고리즘을 생각한다는 것은 크게 생각하면 **세는 방법을 잘 생각한다는 것**입니다. 이번 장에서는 중복과 빠짐이 없도록 조심하며 '경우의 수'를 빠르고 정확하게 구하는 방법을 여러 가지 배웠습니다. 이 내용은 센다는 (어떤 의미로는) 원시적인 행위에 대한 지성의 성과인 동시에 최첨단 과학으로 연결되는 현재 진행형인 연구의 단서이기도 합니다.

---

19 세일즈맨이 n개 도시를 한 번씩 방문해서 출발 지점으로 돌아올 때 이동 거리가 최소가 되는 경로'를 구하는 문제
20 어떤 특정 문제를 풀거나 과제를 해결하기 위한 계산 순서나 처리 순서

$n = 1$

① ②

(2가지)

$n = 2$

① ② ③ ④ ⑤ ⑥ ⑦ ⑧ ⑨ ⑩ ⑪ ⑫

(12가지)

ㅁ가 田가 됐을 뿐인데 ……

경로, ⑪ ⑫ 는 가장 멀리 돌아가는 경우랍니다.
①〜⑥은 최단 거리 경로이고 ⑦〜⑫은 돌아가는

2^장

확률

06 사건과 확률:
근처에서 자주 보기에 오해하기 쉽다

'확률'만큼 우리 생활에 깊게 파고든 수학 용어는 없습니다.

"내일 비가 올 확률은 30%입니다"

"이번 계약을 따낼 확률은 50% 정도되려나 ······"

"귀가가 늦어지면 아내가 토라질 확률이 높아져"

······ 등.

하지만 (아니 '그렇기 때문에'가 맞을 것 같지만) 확률은 오해하거나 오용하기 아주 쉬운 개념이기도 합니다.

확률은 원칙적으로 몇 번이나 반복이 가능하며, 한 번 시행한 결과는 우연에 좌우되지만 전체적으로는 수학적인 법칙을 찾아낼 수 있는 현상에 대해서만 생각합니다.

그런 의미에서 어느 회사와의 '이번 계약'은 보통 한 번으로 끝나버리기 때문에 확률을 이야기하기에는 옳지 못합니다. 또한, '귀가가 늦어지면 아내가 토라진다'는 인과 관계가 있어서 마찬가지로 확률을 이야기하기에 적절하지 않습니다.

잡지에 실린 점괘에 '이번 달 이상적인 남자 친구를 만날 확률은 ○○%!'라는 글을 자주 보는데 그것도 엄밀히 말하면 적절하지 않네요(이상적인 남자친구를 만나는 일은 보통 한 번뿐이니까).

시행과 사건: 잘 쓰지 않는 단어로 확실하게 정의하자

확률은 오해하거나 오용하기 쉬우므로 일상에서는 잘 쓰지 않는 단어로 확실하게 정의해야 합니다. 그 전에 다음 용어 4개도 확실하게 이해하고 넘어갑시다.

● **시행(trial)**

몇 번이나 반복할 수 있고 결과가 우연에 좌우되는 실험이나 관측

▌예 1 ▌ 시행의 예

주사위 던지기, 동전 던지기

● **표본 공간(sample space)**

어떤 시행을 했을 때 일어날 수 있는 모든 결과를 모은 집합

▌예 2 ▌ 표본 공간의 예

주사위를 던지는 시행의 표본 공간: {1, 2, 3, 4, 5, 6}

동전을 던지는 시행의 표본 공간: {앞, 뒤}

● **사건(event)**

표본 공간의 부분 집합(표본 공간의 일부분)[1]

▌예 3 ▌ 사건의 예

짝수 눈이 나오는 경우: {2, 4, 6}은 주사위를 던지는 시행의 사건 중 하나입니다.

앞이 나오는 경우: {앞}은 동전을 던지는 시행의 사건 중 하나입니다.

---

1 특히 표본 공간을 모두 포함하는 사건을 **전사건**(universal event)이라 하고 기호는 U를 사용합니다. 반대로 공집합으로 표현되는 사건은 **공사건**(empty event)이라 말하며 기호는 $\varnothing$를 사용합니다.

● **근원사건(atom)**

표본 공간의 단 하나의 성분으로 만들어지는 부분집합(더이상 나눠질 수 없는 사건)

▤ 예 4 ▤ 근원사건의 예

주사위를 던지는 시행의 근원사건은

{1}, {2}, {3}, {4}, {5}, {6}

으로 6개가 있습니다.

동전을 던지는 시행의 근원사건은

{앞}, {뒤}

로 2개가 있습니다.

 예제 1

10원짜리 1개와 100원짜리 1개를 동시에 던지는 시행에서 '10원짜리가 앞이고 100원짜리가 뒤'인 사건을 (앞, 뒤)로 표기한다고 합시다. 이때 이 시행의 표본 공간과 근원사건을 각각 적으세요.

해설

표본 공간은 일어날 수 있는 모든 결과를 모은 집합이고, 근원사건은 그 집합의 성분 하나씩을 말합니다.

해답

표본 공간 ⋯ {(앞, 앞), (앞, 뒤), (뒤, 앞), (뒤, 뒤)}

근원사건 ⋯ {(앞, 앞)}, {(앞, 뒤)}, {(뒤, 앞)}, {(뒤, 뒤)}

평소에 쓰지 않는 단어밖에 없어요.

그래서 좋은 거예요! 어설프게 평소에 사용하는 단어로 정의하면 평소에 사용하던 단어의 이미지 때문에 오히려 헷갈리니까요. 집합과 관련된 용어를 잊었다면 1장을 복습한 후에 다음으로 넘어가세요.

확률의 뜻: '확실한 정도'를 수치화한 값

❤ 그림 6-2 주사위의 눈

1	3	5
2	4	6

주사위를 던질 때 나올 눈이 짝수일지 아닐지를 미리 알 수는 없습니다. 하지만 (이상한 형태의 주사위가 아니라면) 어떤 눈이 나오든 가능성은 동등하므로 짝수 눈이 나오는 비율은 $\frac{3}{6} = \frac{1}{2}$이라 생각할 수 있습니다. 이렇게 **어떤 일이 발생할 것으로 기대되는 정도를 나타내는 수치**를 확률(probability)이라고 합니다.

실제로 계속 주사위를 던져서 짝수인지 아닌지를 기록하면 주사위를 던지는 횟수가 많아질수록 짝수인 비율은 앞에서 구한 $\frac{1}{2}$에 가까워집니다.

$$\frac{\text{짝수가 나온 횟수}}{\text{주사위를 던진 횟수}}$$

확률은 크게 **수학적(선험적) 확률**과 **통계적(경험적) 확률**로 나뉩니다.

수학적(선험적) 확률은 실제 경험이나 실험 결과를 바탕으로 하지 않고 인간의 이성으로 자연스럽게 공통으로 인식되는 '확실한 정도'를 수치화한 확률입니다.

한편, **통계적(경험적) 확률**은 실제로 충분한 표본 수의 데이터를 모아 그중에 해당하는 현상의 비율을 조사하여 구한 확률입니다[2].

수학적 확률을 계산하기 어려운 상황도 다루는 응용 통계 등에서는 통계적 확률이 매우 의미있지만, 고등학교에서는 주로 수학적(선험적) 확률만을 다룹니다. 이 책에서도 앞으로 짧게 '확률'이라고 말할 때는 수학적 확률을 가리킵니다.

---

2 칼럼(137-138쪽)을 읽어주세요.

표본 공간 U (*n*개)

그림 6-3과 같이 어떤 시행의 표본 공간 $U = \{e_1, e_2, \cdots\cdots, e_n\}$에서 각 근원사건 $\{e_1\}, \{e_2\}, \cdots\cdots, \{e_n\}$ 중 **각 사건이 일어날 가능성이 모두 동등하다**[3]라는 전제가 성립하면서 사건 E에 포함되는 성분 개수가 m일 때, **사건 E의 확률**은 다음 식으로 표현됩니다[4].

공식 **확률**

$$P(E) = \frac{m}{n} = \frac{\text{사건 } E\text{에 포함된 성분 개수}}{\text{표본 공간 } U\text{에 포함된 성분 개수}}$$

표본 공간 U에 포함된 성분 개수 n과 사건 E에 포함된 성분 개수 m은 자명하게

$$0 \leq m \leq n$$

이라는 관계가 성립하므로 n으로 나누면

---

3 128쪽 참조

4 '공식' 안에 $P(E)$는 'Probability (확률) of E'를 의미합니다.

$$\frac{0}{n} \leq \frac{m}{n} \leq \frac{n}{n} \;\Rightarrow\; 0 \leq P(E) \leq 1$$

$$P(E) = \frac{m}{n}$$

임을 알 수 있습니다.

즉, 확률은 **'확실한 정도'를 0부터 1까지의 수로 수치화한 값**입니다.

확률을 생각할 때 가장 주의해야 할 점은 표본 공간의 **각 근원사건이** 일어날 가능성이 동등한지(equally likely) **아닌지** 확인해야 합니다.

예를 들어 날씨를 {맑음, 흐림, 비, 눈} 4개로 이루어진 표본 공간으로 생각하면 근원사건 각각이 일어날 확률은 (물론) 같지 않으므로 눈이 올 확률이 $\frac{1}{4}$이라고 확실하게 말할 수 없습니다.

❤ 그림 6-4 눈이 올 확률

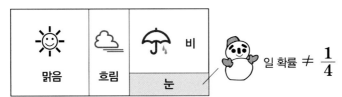

 주사위 2개

주사위 2개를 던졌을 때 나온 눈의 합이 6이 될 확률을 구하세요.

해설

표본 공간의 성분 개수는 순열(순서를 고려하는 경우의 수)로 생각합니다.

해답

주사위의 눈이 나오는 방식을 순열로 생각하면 표본 공간에 포함되는 성분 개수는 36가지이고 각 성분은 다음과 같습니다.

$$(1, 1), \quad (1, 2), \quad (1, 3), \quad (1, 4), \quad (1, 5), \quad (1, 6)$$
$$(2, 1), \quad (2, 2), \quad (2, 3), \quad (2, 4), \quad (2, 5), \quad (2, 6)$$
$$(3, 1), \quad (3, 2), \quad (3, 3), \quad (3, 4), \quad (3, 5), \quad (3, 6)$$
$$(4, 1), \quad (4, 2), \quad (4, 3), \quad (4, 4), \quad (4, 5), \quad (4, 6)$$
$$(5, 1), \quad (5, 2), \quad (5, 3), \quad (5, 4), \quad (5, 5), \quad (5, 6)$$
$$(6, 1), \quad (6, 2), \quad (6, 3), \quad (6, 4), \quad (6, 5), \quad (6, 6)$$

이때 36가지 각각은 **일어날 가능성이 모두 동등합니다.**

이 중에서 합이 6이 되는 사건은

$$(1, 5), \quad (5, 1), \quad (2, 4), \quad (4, 2), \quad (3, 3)$$

으로 5가지입니다. 따라서 구하려는 확률은 다음과 같습니다.

$$\frac{\text{합이 6인 사건 수}}{\text{표본 공간에 포함되는 성분 개수}} = \frac{5}{36}$$

왜 조합으로 생각하면 안 되는 거예요?

표본 공간의 각 성분(근원사건)이 일어날 확률이 같지 않기 때문입니다. 실제로 확인해 봅시다.

주사위의 눈이 나오는 방식을 조합(순서를 고려하지 않는 경우의 수)으로 생각하면 표본 공간에 포함되는 성분의 수는 21개이고 다음과 같습니다[5].

$$\{1, 1\}, \ \{1, 2\}, \ \{1, 3\}, \ \{1, 4\}, \ \{1, 5\}, \ \{1, 6\}$$
$$\{2, 2\}, \ \{2, 3\}, \ \{2, 4\}, \ \{2, 5\}, \ \{2, 6\}$$
$$\{3, 3\}, \ \{3, 4\}, \ \{3, 5\}, \ \{3, 6\}$$
$$\{4, 4\}, \ \{4, 5\}, \ \{4, 6\}$$
$$\{5, 5\}, \ \{5, 6\}$$
$$\{6, 6\}$$

이 중에서 합이 6이 되는 성분은

$$\{1, 5\}, \ \{2, 4\}, \ \{3, 3\}$$

으로 3가지이므로 구하려는 확률은 다음과 같습니다.

$$\frac{3}{21} = \frac{1}{7}$$

← 틀림

예를 들어 조합 $\{1, 2\}$에 해당하는 눈이 나오는 방법은 실제로 $(1, 2)$와 $(2, 1)$이 있습니다. 한편, 조합 $\{1, 1\}$에 해당하는 눈이 나오는 방법은 실제로도 $(1, 1)$밖에 없습니다. 즉, 조합으로 생각하면 **두 주사위의 눈이 같은 값이 나오는 경우가 같은 눈이 나오지 않는 경우보다 확률이 낮아져 21가지 하나하나가 일어날 가능성이 모두 동등하지 않게 됩니다.**

실제로 중국에는 주사위 3개를 사용하는 '대소(타이사이)'라 불리는 간단한 도박이 있는데, 나올 눈을 맞추는 데 거는 경우, 같은 눈을 포함할 때가 포함하지

---

5 순서를 생각하지 않는 조합이므로 { }으로 표기합니다.

않을 때보다 배당이 높게 되어 있습니다. '같은 눈'이 일어날 확률이 낮은 걸 알고 있기 때문입니다[6].

'일어날 가능성이 모두 동등하다'라는 전제가 얼마나 중요한지는 다음 예에서도 확실하게 볼 수 있습니다.

가령 여러분이 서둘러 열차를 탔다고 합시다. 미리 찾아 볼 여유가 없어서 서둘러 탄 열차가 급행인지 보통 열차인지를 몰랐습니다(문제를 간단하게 하기 위해 이 두 종류밖에 없다고 합시다). 이때 당신은

'급행 아니면 보통 열차 두 종류밖에 없으니까 급행일 확률은 $\frac{1}{2}$이구나'

라고 생각할까요? 그렇지 않겠죠. 왜냐하면 급행이 올 확률과 보통 열차가 올 확률은 (대체로) 같지 않기 때문입니다. 서둘러 탄 열차가 급행일 확률을 정확히 계산하려면 그 시간대에 급행과 보통 열차가 어느 정도 비율로 운행하는지 알아야 합니다. 만약 '보통, 보통, 급행'과 같은 패턴으로 운행한다면 당신이 탄 열차가 급행일 확률은 $\frac{1}{3}$입니다.

표본 공간의 각 근원사건이 일어날 가능성이 모두 동등할 때 확률은

$$\frac{\text{사건 } E\text{에 포함된 성분 수}}{\text{표본 공간 } U\text{에 포함된 성분 수}}$$

로 구할 수 있으므로 결국 각 '경우의 수'를 구하면 해결됩니다.

---

6 확률론이 아직 탄생하지 않은 시절에 유명한 수학자인 갈릴레오 갈릴레이가 주사위를 던졌을 때 '같은 눈이 나올 가능성'과 '나머지'가 나올 가능성이 같지 않다는 것을 파악해 도박을 좋아하는 귀족의 의문을 멋지게 해결했다는 일화가 남아 있습니다.

예 5   노란 구슬 4개와 흰 구슬 3개

노란 구슬 4개와 흰 구슬 3개가 들어 있는 주머니에서 구슬 2개를 동시에 꺼낼 때, 2개 모두 노란 구슬일 확률을 구하세요.

전부 7개인 구슬 중에 2개를 뽑는 조합의 개수는 $_7C_2$가지,

노란 구슬 4개에서 노란 구슬 2개를 뽑는 조합의 개수는 $_4C_2$가지입니다.

따라서 구하려는 확률은 다음과 같습니다.

$$\frac{_4C_2}{_7C_2} = \frac{\left(\frac{4 \times 3}{2 \times 1}\right)}{\left(\frac{7 \times 6}{2 \times 1}\right)} = \frac{4 \times 3}{2 \times 1} \div \frac{7 \times 6}{2 \times 1}$$

$$= \frac{4 \times 3}{2 \times 1} \times \frac{2 \times 1}{7 \times 6}$$

$$= \frac{4 \times 3}{7 \times 6} = \frac{2}{7}$$

4부터 시작하는 2개의 곱

$$_4C_2 = \frac{4 \times 3}{2 \times 1}$$

2부터 시작하는 2개의 곱

$$\frac{\left(\frac{x}{a}\right)}{\left(\frac{y}{a}\right)} = \frac{x}{a} \div \frac{y}{a} = \frac{x}{a} \times \frac{a}{y} = \frac{x}{y}$$

각 근원사건이 일어날 가능성이 모두 동등하다면 성분 개수만 알면 되므로 표본 공간을 모두 나열할 필요가 없습니다. 1장에서 공부한 경우의 수 계산만으로 간단하게 답을 구할 수 있습니다.

확률을 공부하기 시작한 학생이 예 5 에서 빠지기 쉬운 오류를 살펴보고 넘어갑시다.

구슬은 노란색과 흰색밖에 없으므로 순열로 생각하면 표본 공간의 성분은

(노란색, 노란색), (노란색, 흰색), (흰색, 노란색), (흰색, 흰색)

으로 4가지입니다. 이 중 노란색이 2개인 경우는

(노란색, 노란색)

으로 1가지입니다. 따라서 구하려는 확률은 $\dfrac{1}{4}$입니다.

← 틀림

이렇게 생각하면 표본 공간의 근원사건 4개는 일어날 가능성이 같지 않게 됩니다. 이 점을 확인하기 위해 노란 구슬 4개와 흰 구슬 3개를 구별하여 그림 6-5와 같이 이름을 적었다고 합시다.

▼ 그림 6-5 같은 색의 구슬을 구별함

(노란색, 노란색)이 되는 순열의 개수는

▼ 그림 6-6 (노란색, 노란색)이 되는 순열

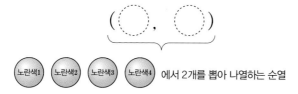

에서 2개를 뽑아 나열하는 순열

이므로 $_4P_2 = 4 \times 3 = 12$가지입니다.

(노란색, 흰색)이 되는 순열의 개수는

▼ 그림 6-7 (노란색, 흰색)이 되는 순열의 개수

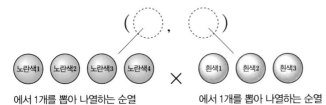

에서 1개를 뽑아 나열하는 순열   에서 1개를 뽑아 나열하는 순열

이므로 $_4P_1 \times _3P_1 = 4 \times 3 =$ 12가지입니다.

다른 경우도 같은 방법으로 구합니다.

   (흰색, 노란색)이 되는 순열의 개수는 $_3P_1 \times _4P_1 = 3 \times 4 = 12$가지

   (흰색, 흰색)이 되는 순열의 개수는 $_3P_2 = 3 \times 2 = 6$가지

(흰색, 흰색)만 개수가 적네요.

결과적으로 (노란색, 노란색), (노란색, 흰색), (흰색, 노란색), (흰색, 흰색) 중에서 (흰색, 흰색)이 나올 확률만 낮아져 이 네 경우는 일어날 가능성이 같지 않게 됩니다.

노란 구슬 4개와 흰 구슬 3개를 구별하면 (노란색$_1$, 노란색$_1$)처럼 주사위를 던질 때 '같은 눈'이 나오는 방식은 있을 수 없다는 것도 알 수 있습니다. 따라서 이 문제는 처음부터 '조합'으로 생각할 수 있었던 것입니다.

또한, 표본 공간을 조합으로 생각해서 (노란색, 노란색). (노란색, 흰색), (흰색, 흰색) 3개를 근원사건으로 했을 때도 역시 세 경우는 일어날 가능성이 같지 않습니다. 꼭 확인해 보세요.

예제 3

남자 3명과 여자 2명이 뽑기로 순서를 정해서 줄을 설 때 양끝이 여성일 확률을 구하세요.

해설

5명이 줄 서는 방법의 개수(표본 공간의 성분 개수)는 5!가지입니다. 여자 2명이 양끝에 줄 서는 방법의 개수는 먼저 여자를 양끝에 세우고 남자 3명을 사이에 줄 세우는 방법으로 생각합니다.

해답

5명을 일렬로 세우는 순열의 개수는

$$_5\mathrm{P}_5 = 5! = 5 \times 4 \times 3 \times 2 \times 1 = \mathbf{120}가지$$

입니다. 120가지 줄 서는 방법은 뽑기로 정하므로 각각 일어날 가능성이 모두 동등하다고 생각할 수 있습니다.

이 중 여자가 양끝에 서는 방법을 몇 가지가 있는지 생각해 봅시다.

▼ 그림 6-8 여자 2명이 양끝에 서는 방법의 수

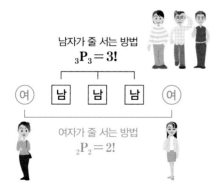

먼저 여자 2명을 양끝에 세웁니다.

$$_2P_2 = 2! = 2 \times 1 = 2가지$$

다음으로 남자 3명을 여자 사이에 세웁니다.

$$_3P_3 = 3! = 3 \times 2 \times 1 = 6가지$$

따라서 여자가 양끝에 줄 서는 방법은 $2 \times 6 = $ **12가지**입니다.

이렇게 구하려는 확률은 다음과 같습니다.

$$\frac{12}{120} = \frac{1}{10}$$

➤ '확률의 옳음'이란?

'동전 1개를 던질 때 앞이 나올 확률은 얼마일까요?'라고 물었을 때 $\frac{1}{2}$이라고 답하지 못하는 사람은 거의 없습니다. 수학을 상당히 꺼리는 사람이라도 '동전 1개의 앞이 나올 확률'은 옳게 구할 수 있습니다.

그런데 지금 '옳게 구할 수 있습니다'라고 이야기했는데, '확률의 옳음'이란 어떤 의미일까요?

예를 들어 동전을 반복해서 20번 던질 때를 생각해 봅시다. 누구든지 20번을 던졌을 때 앞이 나오는 경우가 10번 관측된다면 동전 1개로 앞이 나올 확률은 $\frac{1}{2}$이라고 누구나 납득할 수 있을 것입니다. 하지만 실제로는 그렇지 않습니다.

지금 (원고를 쓰는 손을 멈추고) 100원짜리 동전을 20번 던져봤습니다. 앞이 나온 건 9번이었습니다. 따라서 앞이 나온 비율은 $\frac{9}{20}$입니다.

당연하지만 동전에는 기억도 의식도 없습니다. 앞이 되는 비율이 딱 $\frac{1}{2}$이 되도록 과거의 결과를 기억하고 스스로 조작할 리가 없습니다. 따라서 20번 던져서 앞이 되는 경우가 0번이 되거나 20번이 된다고 해도 있을 수 없다고는 할 수 없습니다.

계산해서 구한 확률이 실제와 동떨어진 사례를 소개합니다. 이 '기적'은 1913년 8월 13일 모나코의 몬테카를로에 있는 카지노에서 일어났습니다. 소위 '몬테카를로의 기적'이라고 말하곤 합니다. 유럽 스타일 룰렛에서는 보통 0에서 36까지의 번호가 써 있는 작은 칸이 나열된 판의 0에는 녹색이, 1부터 36까지 중 홀수 번호에는 빨간색이, 짝수 번호에는 검은색이 칠해져 있습니다. 즉, 1회 룰렛에서 검은색이 나올 확률은 $\frac{18}{37}$입니다[7]. 하지만 '몬테카를로의 기적'의 날에는 무려 26회 연속으로 검은색이 나왔습니다. 참고로 26회 연속으로 검은색이 나올 확률은 $\left(\frac{18}{37}\right)^{26}$으로 약 **1억 3700만분의 1입니다**[8].

10회 정도 검은색이 연속해서 나왔을 때 룰렛 주위에 사람이 모이기 시작했습니다. 그리고 15회 연속으로 검은색이 나왔을 때쯤에는 장내에 있던 사람들이 광기에 사로잡힌 듯 빨간색에 걸기 시작했다고 합니다. 모두 '이렇게 검은색이 계속되다니 아무리 그래도 이상해. 이번에야말로 빨간색이 나올 거야'라고 생각했던 것 같습니다. 그럼에도 빨간색은 나오지 않았습니다. 드디어 27번째에 빨간색이 나왔을 때는 카지노 손님 모두가 빈털터리가 됐다고 합니다.

---

7 룰렛 위에는 0에서 36까지 37개의 칸이 있고 그중 짝수 칸은 2, 4, 6, 8, 10, 12, ……, 36(＝2 × 18)으로 18개가 있기 때문입니다.
8 독립시행 확률을 사용하여 계산했습니다(158쪽에서 공부합니다).

여담이지만 손님 중에는 둘째 가라면 서러울 정도로 도박을 좋아한다고 알려진 처칠 경(이 탈리아의 전 수상: 윈스턴 처칠)도 있었습니다. 처칠도 빨간색에 계속 건 사람 중 한 명입니다. 처칠이 만년 '당신같이 훌륭하고 유명한 사람은 인생에서 후회했던 적은 없죠?'라는 인터뷰에 '아니, 있습니다. 인생을 다시 한 번 살 수 있다면 몬테카를로에서 빨간색이 아니라 검은색에 걸겠습니다'라고 이야기했던 일화가 유명합니다.

계속해서 검은색이 나오더라도 1회 룰렛에서 검은색이 나올 확률은 $\frac{18}{37}$인데 '짝수가 계속 나왔으니까 이번에는 빨간색이 나올 거야(나오기 쉬울 거야)'라고 생각하거나 뽑기에서 '1등이 뽑혔으니 이제 당분간 1등은 안 나오겠지'라고 생각하는 오류를 **몬테카를로의 오류**라고 합니다.

그럼 왜 약 1억 3700만분의 1 확률로밖에 일어나지 않는 일이 일어났을까요? 검은색(빨간색)이 나올 확률이 $\frac{18}{37}$이라는 것은 틀린 걸까요? 물론 그렇지는 않습니다. 만약 이 룰렛을 1만 번 돌리면 그중 검은색이 나오는 횟수의 비율은 누가 몇 번을 해도 $\frac{18}{37}$에 가까워집니다. 그 1만 번 중에서 우연히 검정이 연속해서 26번 나오는 경우가 있다고 해도 (총 비율은 $\frac{18}{37}$이므로) 신기하다고 생각하지 않을 것입니다. 몬테카를로 사건의 날은 전 세계에서 몇만 번, 몇억 번이나 돌았던 룰렛 결과 중 검은색이 연속으로 나왔던 때를 잘라서 본 것이기 때문에 엄청난 우연이 일어난 것처럼 보였던 것뿐입니다.

계산해서 구한 확률(앞에서 이야기한 대로 수학적 확률 또는 선험적 확률이라고 합니다)과 실제로 일어난 데이터로 구한 비율(경험적 확률 또는 통계적 확률이라고 합니다)의 차이에 관해 처음 결론을 내린 사람은 스위스의 수학자 **야코프 베르누이**(1655–1705)였습니다. 베르누이는 '**서로 독립인 시행을 n번 반복할 때 n이 한없이 커지면 경험적 확률(데이터를 토대로 구한 확률)은 수학적 확률에 한없이 가까워진다**'고 결론을 내렸습니다. 이를 **큰 수의 법칙**이라고 부릅니다. 베르누이는 다음과 같이 썼습니다.

모든 일의 관측이 영구적으로 계속(따라서 최종적인 확률이 완전히 확실한 값에 가까워지는) 된다면 전 세계의 모든 일이 일정한 비율로 일어난다고 느낄 수 있을 것이다. 가장 우발적인 일까지도 당연한 결과라고 인식하게 될 것이다.

07

확률의 기본 성질:
벤 다이어그램으로 쉽게 이해하자

좀 더 복잡한 경우에서 확률을 구하기 위해 1장에서 공부했던 집합을 이용해 봅시다.

곱사건과 합사건의 확률: 교집합(∩)과 합집합(∪)을 복습하자

▼ 그림 7-1 집합 A, B의 교집합과 합집합 벤 다이어그램

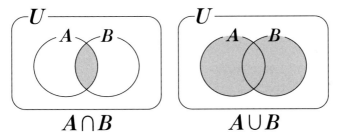

$$A \cap B \qquad\qquad A \cup B$$

먼저 어떤 시행에 A, B라는 두 사건이 있다고 할 때 사건을 다음과 같이 정의합시다.

▼ 표 7-1 사건 A, B를 사용한 정의

용어	의미	기호
A, B의 곱사건(product event)	A와 B가 동시에 발생하는 사건	$A \cap B$
A, B의 합사건(sum event)	A 또는 B가 발생하는 사건	$A \cup B$

곱사건과 합사건은 각각

　　A, B의 곱사건: A와 B 모두 발생하는 사건

　　A, B의 합사건: A와 B 중 적어도 하나가 발생

　　하는 사건

이라고 바꿔 말할 수도 있습니다.

사건을 집합으로 생각하면 곱사건은 교집합,
합사건은 합집합이네요(21쪽).

예 6 　 출입구 조사

'회사 출입구에서 임의로 나오는 사원을 붙잡는다'는 시행에서 붙잡은 사원이
자전거로 통근하는 사건을 A, 붙잡은 사원이 남자라는 사건을 B라고 합시다.
이때 $A \cap B$(곱사건)의 확률과 $A \cup B$(합사건)의 확률을 구해 봅시다.

단, 전체 사원은 100명, 자전거로 통근하는 사원은 20명, 남자 사원은 40명, 자
전거로 통근하는 남자 사원은 12명이라고 합시다. 또한, 출입구에서 어느 사원
이 나올지는 일어날 가능성이 모두 동등하다고 생각합니다.

그림 7-2와 같이 $10 \times 10 = 100$칸짜리 직사각형으로 생각해 봅시다.

▼ 그림 7-2 예 6의 상황

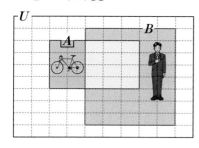

U : 모든 사원 (100명)

A : 자전거 통근 (20명)

B : 남자 사원 (40명)

$A \cap B$: 자전거 통근하는 남자 사원 (12명)

$A \cap B$(곱사건)는 '붙잡은 사원이 자전거로 통근하는 사원이면서 남자 사원'이
고 $A \cup B$(합사건)는 '붙잡은 사원이 자전거로 통근하는 사원 또는 남자 사원'입
니다.

예를 들어 **사건 A의 성분 개수**를 $n(A)$로 나타내면[1]

$$n(U) = 100 \ [\text{모든 사원은 } 100\text{명}]$$

$$n(A \cap B) = 12 \ [\text{자전거로 통근하는 사원이면서 남자 사원은 } 12\text{명}]$$

이므로 **곱사건 $A \cap B$의 확률 $P(A \cap B)$**는 다음과 같습니다.

$$P(A \cap B) = \frac{n(A \cap B)}{n(U)} \qquad \boxed{P(E) = \frac{\text{사건 } E\text{에 포함된 성분 개수}}{\text{표본 공간 } U\text{에 포함된 성분 개수}} = \frac{n(E)}{n(U)}}$$

$$= \frac{12}{100} = \frac{3}{25}$$

▼ 그림 7–3 벤 다이어그램으로 나타낸 합사건

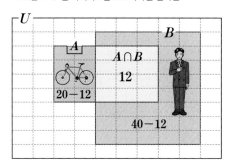
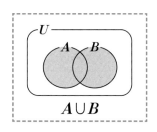

또한, 합사건 $A \cup B$의 성분 개수는 그림 7–3에 따라

$$n(A \cup B) = (20 - 12) + 12 + (40 - 12) = 48$$

---

1 $n(A)$는 'number(수) of A'의 줄임말입니다.

로 생각할 수 있으므로[2] **합사건 $A \cup B$의 확률 $P(A \cup B)$**는 다음과 같습니다.

$$P(A \cup B) = \frac{n(A \cup B)}{n(U)}$$

$$= \frac{48}{100} = \frac{12}{25}$$

일반적으로 **합사건의 확률 $P(A \cup B)$**에 관한 다음 공식이 성립합니다.

공식 **합사건의 확률**

$$\boldsymbol{P(A \cup B) = P(A) + P(B) - P(A \cap B)}$$

증명

$$P(A \cup B) = \frac{n(A \cup B)}{n(U)}$$

$$= \frac{n(A) + n(B) - n(A \cap B)}{n(U)}$$

$$= \frac{n(A)}{n(U)} + \frac{n(B)}{n(U)} - \frac{n(A \cap B)}{n(U)}$$

$$= P(A) + P(B) - P(A \cap B)$$

$$\Rightarrow \quad P(A \cup B) = P(A) + P(B) - P(A \cap B)$$

증명 끝

---

2 $n(A \cup B) = n(A) + n(B) - n(A \cap B) = 20 + 40 - 12 = 48$이라고 생각해도 됩니다.

34쪽의 '합집합의 성분 개수' 공식을 사용했군요!

 4

주사위 1개를 던지는 시행에서 사건 A, B를 다음과 같이 정의합시다.

  A: 홀수가 나옴, B: 4 이하가 나옴

이때 확률 $P(A \cap B)$와 $P(A \cup B)$를 구하세요.

해설

그림을 그려서 사건 A, 사건 B, 그리고 사건 $A \cap B$를 적어 봅시다.

해답

❤ 그림 7-4 벤 다이어그램으로 나타낸 예제 4

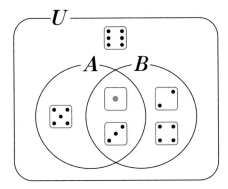

그림에서 알 수 있듯이 $A = \{1, 3, 5\}$, $B = \{1, 2, 3, 4\}$, $A \cap B = \{1, 3\}$이고 $n(A) = 3$, $n(B) = 4$, $n(A \cap B) = 2$입니다.

$n(U) = 6$이므로 곱사건 $A \cap B$의 확률 $P(A \cap B)$는

$$P(A \cap B) = \frac{n(A \cap B)}{n(U)} = \frac{2}{6} = \frac{1}{3}$$

입니다. 한편, 합사건의 확률은 바로 앞 공식에 따라 다음과 같습니다.

$$P(A \cup B) = P(A) + P(B) - P(A \cap B)$$

$$= \frac{n(A)}{n(U)} + \frac{n(B)}{n(U)} - \frac{n(A \cap B)}{n(U)} = \frac{3}{6} + \frac{4}{6} - \frac{2}{6} = \frac{5}{6}$$

배반 사건의 확률: 동시에 일어나지 않을 때

❤ 그림 7-5 동시에 일어나지 않는 사건

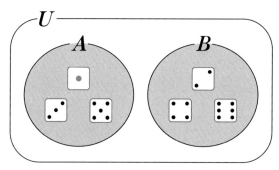

주사위 1개를 던지는 사건에서 사건 A, B를

$$A: \text{홀수 눈이 나옴}, B: \text{짝수 눈이 나옴}$$

이라고 하면 A, B가 동시에 일어날 일은 없습니다.

이처럼 두 사건 A, B가 절대로 동시에 일어나지 않을 때

A, B는 시도 배반(exculsive)이나

또는

A, B는 서로 배반 사건(exclusive event)이다

라고 말합니다[3].

A, B가 서로 배반이라는 말은 곱사건 $A \cap B$가 **공사건**(123쪽 각주)이라는 말입니다.

두 사건 **A와 B가 서로 배반 사건일 때** A와 B 곱사건의 성분 개수는 $n(A \cap B) = 0$이므로 $P(A \cap B) = 0$입니다. 따라서 142쪽의 '합사건 확률 공식'에 따라 다음 식을 구할 수 있습니다.

$$P(A \cup B) = P(A) + P(B) - P(A \cap B) = P(A) + P(B) - 0$$
$$\Rightarrow \quad P(A \cup B) = P(A) + P(B)$$

이 식을 확률의 덧셈정리(addition theorem)라 합니다.

공식 **확률의 덧셈정리**

사건 A, B가 서로 배반 사건일 때 다음이 성립합니다.

$$P(A \cup B) = P(A) + P(B)$$

---

3 논리적 사고를 주제로 한 비즈니스 도서 등에서는 정보 정리의 기본으로 'MECE 분류를 합시다'라고 자주 이야기합니다
   ('미시'라고 읽습니다). MECE는 'Mutually **Exclusive** and Collectively Exhaustive'의 줄임말로 직역하면 '서로 배
   타적이고 전체적으로 빠짐없이'입니다. '서로 **배타적**'이라는 말은 동시에 일어나는 일이 없다는 의미로, 요약하면 분류를 하
   려면 겹치지 않고 빠짐없이 신경쓰자는 정도의 의미입니다.

▦ 예 7 ▦ 출입구 조사 다시 살펴보기

▼ 그림 7-6 출입구 조사

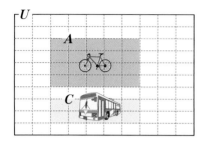

U : 모든 사원 (100명)

A : 자전거 통근 (20명)

C : 버스 통근 (10명)

예6 과 마찬가지로 회사 출입구에서 임의로 나오는 사원을 붙잡는 시행에서 붙잡은 사원이 자전거로 통근하는 사건을 A, 버스로 통근하는 사건을 C라고 합시다.

여기서 만약 자전거와 버스 둘 다를 사용하여 통근하는 사원이 0이라면 사건 A 와 사건 C는 절대로 동시에 일어나지 않으므로 **서로 배반**입니다.

따라서 합사건 $A \cup C$(붙잡은 사원이 자전거로 통근하거나 버스로 통근)의 확률 $P(A \cup C)$를 구할 때 확률의 덧셈정리를 사용할 수 있습니다.

모든 사원이 100명, 자전거 통근은 20명, 버스 통근은 10명이라고 하면 $P(A \cup C)$는 다음과 같습니다.

$$P(A \cup C) = P(A) + P(C) = \frac{20}{100} + \frac{10}{100} = \frac{30}{100} = \frac{3}{10}$$

서로 배반이면 사건이 '3개 이상'일 때도 성립

배반 사건에 관한 성질은 사건이 3개 이상일 때로 확장할 수도 있습니다.

❤ 그림 7-7 서로 배반인 세 사건

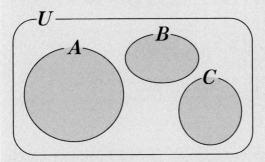

'서로 배반이다'는 '교집합이 없다'는 말입니다.

즉, 사건 A, B, C가 서로 배반이라면 다음 관계가 성립합니다.

$$P(A \cup B \cup C) = P(A) + P(B) + P(C)$$

증명

사건 A, B, C가 서로 배반일 때 $A \cup B$와 C도 배반(동시에 일어나지 않음)이므로

$$P(A \cup B \cup C) = P\{(A \cup B) \cup C\}$$
$$= P(A \cup B) + P(C)$$
$$= P(A) + P(B) + P(C)$$

A, B가 서로 배반일 때

$P(A \cup B) = P(A) + P(B)$

증명 끝

적어도 같은 열이 되고 싶어

 예제 5

1~10까지 번호가 붙은 의자가 그림 7-8과 같이 배치돼 있습니다. 1~10까지 번호가 써 있는 제비 두 개를 동시에 뽑아서 나온 번호로 자리를 두 개 선택할 때 두 자리가 같은 열이 될 확률을 구하세요.

▼ 그림 7-8 자리 배치

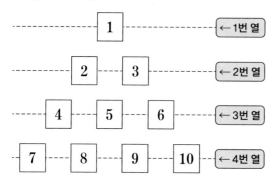

해설

두 자리가 같은 열이 되는 경우는 2번, 3번, 4번 열이어야 하고 서로 배반(동시에 일어나지 않음)이여야 합니다[4].

해답

제비로 결정되는 두 자리가

둘 다 2번 열인 사건을 A

둘 다 3번 열인 사건을 B

둘 다 4번 열인 사건을 C

라고 합시다.

제비를 10개에서 2개 뽑으므로 제비를 뽑는 방법은 전부 $_{10}C_2$가지입니다.

사건 A가 발생하려면 {2, 3}에서 2개를 뽑아야 하므로 $_2C_2$가지,

사건 B가 발생하려면 {4, 5, 6}에서 2개를 뽑아야 하므로 $_3C_2$가지,

사건 C가 발생하려면 {7, 8, 9, 10}에서 2개를 뽑아야 하므로 $_4C_2$가지입니다.

---

4 역주 두 열이 동시에 선택되지 않아야 한다는 말입니다.

따라서 각 확률은 다음과 같이 계산할 수 있습니다.

$$P(A) = \frac{_2C_2}{_{10}C_2} = \frac{\left(\dfrac{2 \times 1}{2 \times 1}\right)}{\left(\dfrac{10 \times 9}{2 \times 1}\right)} = \frac{1}{45}$$

$$P(B) = \frac{_3C_2}{_{10}C_2} = \frac{\left(\dfrac{3 \times 2}{2 \times 1}\right)}{\left(\dfrac{10 \times 9}{2 \times 1}\right)} = \frac{3}{45}$$

$$P(C) = \frac{_4C_2}{_{10}C_2} = \frac{\left(\dfrac{4 \times 3}{2 \times 1}\right)}{\left(\dfrac{10 \times 9}{2 \times 1}\right)} = \frac{6}{45}$$

'두 자리가 같은 열이 될 확률'이란 두 자리가 '둘 다 2번 열' 또는 '둘 다 3번 열' 또는 '둘 다 4번 열' 중 하나의 경우이므로 $P(A \cup B \cup C)$를 구해야 합니다.

여기서 **사건 A, B, C는 서로 배반**이므로 **확률의 덧셈정리**에 따라 다음과 같이 구할 수 있습니다.

$$P(A \cup B \cup C) = P(A) + P(B) + P(C)$$
$$= \frac{1}{45} + \frac{3}{45} + \frac{6}{45}$$
$$= \frac{10}{45} = \frac{2}{9}$$

여사건의 확률: 전체에서 빼자

▼ 그림 7-9 여집합

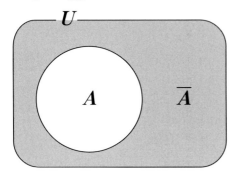

1장에서 여집합을 배울 때 '구하려는 부분을 직접 알기 어려울 때 전체에서 구하려는 부분이 아닌 나머지 부분을 뺀다는 생각은 매우 효과적'이라고 이야기했습니다(37쪽).

마찬가지로 어떤 사건에 포함된 성분 수를 알기 어려울 (구하기가 귀찮을) 때 어떤 사건에 포함되지 않는 성분 수를 세는 것이 편할 때가 많습니다. 그럴 때 주목해야 할 것이 바로 **여사건**입니다.

사건 A가 있을 때 **A가 일어나지 않는 사건**을 A의 **여사건**(complementary event)이라 말하고 $\overline{A}$로 표기합니다.

사건 A와 그 여집합은 서로 배반(동시에 일어나지 않음)이므로 **덧셈정리**(145쪽)를 사용할 수 있습니다. 즉, 다음과 같습니다.

$$P(A \cup \overline{A}) = P(A) + P(\overline{A})$$

> A, B가 서로 배반일 때
> $P(A \cup B) = P(A) + P(B)$

전체 사건을 U라고 하면 그림 7-9에서 알 수 있듯이 $A \cup \overline{A} = U$이므로 다음이 성립합니다[5].

$$P(A) + P(\overline{A}) = P(A \cup \overline{A}) = P(U) = 1$$

이렇게 **여사건의 확률**에 관한 다음 공식이 성립합니다.

공식 | **여사건의 확률**

$$P(\overline{A}) = 1 - P(A)$$

▦ 예 8 ▦ 두 개 중 하나

제비 10개 중에 당첨 제비가 3개 있습니다. 이 중에서 제비 2개를 동시에 뽑을 때 적어도 1개가 당첨될 확률을 구합니다.

'적어도 1개가 당첨'인 사건을 A라고 하면 **여사건 $\overline{A}$는 전부 꽝=꽝을 2개 뽑는다**입니다.

▼ 표 7-2 문제를 여사건으로 생각

	당첨	꽝
2개	0개
1개	1개
0개	2개

적어도 1개 당첨 { (2개 0개, 1개 1개)

0개 2개 } 여사건

---

5 당연한 얘기지만 혹시 모르니 보충하면, 확률의 정의(127쪽)에 따라 다음을 구할 수 있습니다.

$$P(U) = \frac{\text{모든 사건 } U\text{에 포함되는 성분 개수}}{\text{모든 사건 } U\text{에 포함되는 성분 개수}} = \frac{n(U)}{n(U)} = 1$$

제비 10개 중 2개를 뽑으므로 제비를 뽑는 방법은 전부 $_{10}C_2$가지,

모두 꽝이 되려면 꽝 7개에서 2개를 뽑는 경우이므로 $_7C_2$가지입니다.

따라서 $P(\overline{A})$는 다음과 같습니다.

$$P(\overline{A}) = \frac{_7C_2}{_{10}C_2} = \frac{\left(\dfrac{7 \times 8}{2 \times 1}\right)}{\left(\dfrac{10 \times 9}{2 \times 1}\right)} = \frac{28}{45}$$

여사건의 확률 공식에 따라 구하려는 확률은 다음과 같이 계산할 수 있습니다.

$$P(\overline{A}) = 1 - P(A)$$
$$\Rightarrow \quad P(A) = 1 - P(\overline{A})$$
$$= 1 - \frac{28}{45} = \frac{17}{45}$$

예제 6　　　　　　　　　　　　　　　　　　　　**3번 던지는 것 중 최소**

주사위 1개를 반복하여 3번 던졌을 때 나오는 눈의 최솟값이 2 이하일 확률을 구하세요.

해설

'나오는 눈의 최솟값이 2 이하'라는 말은 3번 중 적어도 1번은 '1 또는 2' 눈이 나온다는 말이므로 주사위를 3번 던지는 경우 중 '1 또는 2' 눈이 나오는 경우가 1번인 경우, 2번인 경우, 3번인 경우를 각각 생각해야 하는데 이건 꽤 귀찮은 작업입니다. 따라서 '나오는 눈의 최솟값이 2 이하'라는 사건의 **여사건, 즉 '나오는 눈의 최솟값이 3 이상'인 경우**를 생각하기로 합니다.

해답

▼ 표 7-3 여사건으로 생각

	1번째	2번째	3번째	
최솟값이 2 이하	1 또는 2	3~6	3~6	1 또는 2가 3번 중 1번
	3~6	1 또는 2	3~6	
	3~6	3~6	1 또는 2	
	1 또는 2	1 또는 2	3~6	1 또는 2가 3번 중 2번
	1 또는 2	3~6	1 또는 2	
	3~6	1 또는 2	1 또는 2	
	1 또는 2	1 또는 2	1 또는 2	1 또는 2가 3번 중 3번
	3~6	3~6	3~6	여사건

주사위를 3번 던질 때 나오는 눈의 경우의 수 전체(합계)는 다음과 같습니다.

$$6 \times 6 \times 6 = 6^3 가지$$

'나오는 눈의 최솟값이 2 이하'인 사건을 A라고 하면 여사건 $\overline{A}$는 '나오는 눈의 최솟값이 3 이상'입니다. $\overline{A}$가 발생하려면 3번 모두 {3, 4, 5, 6} 중 하나가 나올 때이므로 다음과 같습니다.

$$4 \times 4 \times 4 = 4^3 가지$$

▼ 그림 7-10 칸을 나눠서 생각해 보기

따라서 $P(\overline{A})$는 다음과 같습니다.

$$P(\overline{A}) = \frac{4^3}{6^3} = \left(\frac{4}{6}\right)^3$$

$$= \left(\frac{2}{3}\right)^3 = \frac{8}{27}$$

여사건의 확률 공식에 따라

$$P(A) = 1 - P(\overline{A}) = 1 - \frac{8}{27} = \frac{19}{27}$$

$$P(\overline{A}) = 1 - P(A)$$
$$\Rightarrow \quad P(A) = 1 - P(\overline{A})$$

➤ 부정을 폭로하는 '1'의 법칙

이 책을 포함한 확률 교과서나 참고서의 예제에 등장하는 예는 동전, 주사위, 트럼프, 제비뽑기, 가위바위보 정도가 보통입니다. 별로 다양하지 않기 때문에 확률 공부가 재미없다고 느껴지기도 합니다.

확률 교과서에서 다루는 예는 **반복해서 행하는 시행이고 결과가 우연에 지배되며 각 근원사건이 일어날 가능성이 동등한 것**으로 한정됩니다. 하지만 그런 사례는 현실에 그리 많지 않습니다. 결과적으로 비슷한 예가 많아집니다. 그렇다고 확률을 공부하는 의미가 없는가 하면 물론 그렇지 않습니다. 적용 범위를 주의하며 통계 지식과 함께한다면 **확률만큼 현실 세계에 응용되는 수학은 없다**고 말해도 과언이 아닙니다.

이번 칼럼에서는 그 예 중 하나로 어떤 숫자가 출현할 확률이 탈세 부정을 파헤치는 데 도움이 된 이야기를 하겠습니다.

우리들 주변에는 많은 숫자가 넘쳐흐르고 있습니다. 신문을 읽거나 책을 읽을 때, 인터넷 기사를 읽을 때도 항상이라고 말해도 될 정도로 숫자는 등장합니다. 물론 물건의 가격이나 주소, 인구, 주가 등도 모두 숫자입니다.

그러면 그중에서 **첫 번째 숫자(제일 큰 단위의 숫자)**로 가장 많이 출현하는 숫자는 무엇일까요?

'여러 숫자가 나오니까 전부 다 비슷하지 않을까?'

라고 생각할지도 모르겠습니다. 아니면 '때와 장소에 따라 다르니까 모른다'고 느끼는 게 보통입니다.

하지만 많은 수에서 첫 번째 숫자가 출현할 확률은 균일하지 않다고 알려져 있습니다. 실은 **첫 번째 숫자로 등장하는 확률이 가장 높은 수는 1이고 약 30%입니다.** 가령 1~9의 숫자가 균등하게 나타난다면 (첫 번째 숫자이므로 0은 제외합니다) $\frac{1}{9} \fallingdotseq 11\%$가 돼야 하는데, 30%라는 확률은 꽤 높은 확률입니다.

참고로 첫 번째 숫자가 커질수록 확률은 점점 낮아져 첫 번째 숫자가 9일 확률은 약 $5\% = \frac{1}{20}$밖에 되지 않습니다.

이를 **벤포드의 법칙**이라고 부릅니다.

❤ 그림 7-11 벤포드의 법칙

첫 번째 숫자가 출현할 확률

첫 번째 숫자	1	2	3	4	5	6	7	8	9
확률	30.1%	17.6%	12.5%	9.7%	7.9%	6.7%	5.8%	5.1%	4.6%

미국 물리학자 **프랭크 벤포드**(Frank Benford, 1883~1948)가 이 법칙을 제창했을 때는 1938년이었습니다. 당시 그는 분자량, 인구, 주소, 신문 기사 등 2만 이상의 예를 조사하여 이 법칙에 다다랐다고 합니다. 단, 벤포드의 법칙은 전화번호 등과 같이 다른 규칙으로 정해진 수치나 어른의 키처럼 가질 수 있는 값의 범위가 좁은 값에는 적용할 수 없습니다.

구글 여명기에 수익원인 광고 모형을 설계하고 '구글을 세계 No. 1로 만든 경제학자'라고도 불리는 할 바리안(Hal Varian)은 1972년에 다음과 같이 이야기했습니다.

벤포드의 법칙을 응용하면 분식결산을 꿰뚫어 볼 수 있다.

금액을 위장하려는 사람은 이 법칙을 알지 못하면 첫 번째 숫자를 너무 균일한 분포로 만들어 버리거나 반대로 너무 치우친 분포로 만들어 버립니다. 그러면 1로 시작하는 값의 비율이 벤포드의 법칙에서 크게 벗어나 가짜 데이터임을 발견할 수 있다는 말입니다.

실제로 1990년대 초반에 이런 일이 있었습니다. 회계학교 강사인 마크 니그리니가 학생에게 '기업수지 각 값의 제일 큰 자리 숫자가 벤포드의 법칙을 따르는 분포를 나타내는지 확인하세요'라는 과제를 냈더니 어떤 학생이 친척이 경영하는 철물점 장부 숫자가 벤포드의 법칙과 전혀 다른 것을 발견하여 이 장부의 부정을 발견하게 돼버렸습니다. 이를 계기로 니그리니는 1999년 발표한 논문에서 **벤포드의 법칙을 사용하면 분식결산을 꿰뚫어 볼 수 있음을 통계적으로 보였습니다.**

니그리니는

- 지불 계정 데이터
- 총계정원장에서의 추정
- 이중지불
- 판매 가격의 새로운 조합
- 고객에게 환불

등에 관한 분석에 벤포드의 법칙을 사용할 수 있다고 말합니다. 요즘에는 회계 감사를 비롯하여 선거의 부정 투표 검증에도 벤포드의 법칙을 사용합니다.

너무 편향되면 당연히 수상하지만 너무 균일해도 수상하다는 게 포인트군요.

08

독립시행의 확률:
우선 주변부터 공략하자

이번 절부터는 드디어 시행 여러 개를 한 번에 다룹니다. 최종 목표는 다음 절에 나올 '조건부 확률'이지만 그 전에 시행 여러 개가 서로 영향을 미치지 않는 경우를 먼저 공부합시다.

독립시행이란? '독립 = 종속이 아니다'의 의미

예를 들어 나는 동전을 던지고 친구는 주사위를 던진다고 합시다. 이때 내가 동전을 던지는 시행과 친구가 주사위를 던지는 시행의 결과는 서로 영향을 미치지 않습니다. 이렇게 **몇 개의 시행이 있고 어떤 시행의 결과도 다른 시행의 결과에 영향을 미치지 않을 (관계가 없을) 때** 각 시행을 독립시행(independent trial)이라고 부릅니다.

예 9 동전 던지기 2회

앞뒤가 나오는 방식에 주목하며 동전 한 개를 두 번 던질 때 처음으로 던지는 시행을 T_1, 두 번째로 던지는 시행을 T_2라 하면, 처음에 던진 동전의 앞뒤 중 한쪽이 나오는 결과와 두 번째에 던진 동전의 앞뒤 중 한쪽이 나오는 결과는 서로 관계가 없습니다(137쪽 칼럼 참조). 따라서 T_1과 T_2는 **독립시행입니다.**

예 🔟   전철에서 앉을 수 있다 & 저녁밥

전철에서 앉을 수 있을지 아닐지라는 시행을 T_1, 아내가 준비해 주는 저녁밥이 한식, 양식, 중식 중 어느 것인지라는 시행을 T_2라고 하면 두 시행의 결과는 서로 관계가 없으며 전혀 영향을 미치지 않습니다. 따라서 T_1과 T_2는 **독립시행이라고 말합니다.**

예 🔟   10개 중 3개가 당첨

당첨 제비 3개가 있는 제비 10개 중에서 A와 B가 순서대로 한 개씩 뽑을 때 A가 제비를 뽑는 시행을 T_1이라고 합시다. 이 다음

① A가 뽑은 제비를 다시 돌려놓고 B가 제비를 뽑는 시행을 T_2라고 하면, A의 시행 결과(A가 당첨됐든 꽝이었든)는 B의 시행에 영향을 미치지 않으므로 T_1과 T_2는 **독립시행입니다.**

② A가 뽑은 제비를 다시 돌려놓지 않고 B가 제비를 뽑는 시행을 T_3라고 하면, A의 시행 결과는 B의 시행에 영향을 끼치므로(A가 꽝이면 B는 기쁘겠죠) T_1과 T_3는 **독립시행이 아닙니다.**

일반적으로 시행 몇 개가 독립시행이 아닐 때 이 시행을 종속시행(dependent trial)이라고 부릅니다[1].

또한, 예 11 의 ①처럼 추출할 때 한 번 추출한 표본이 다시 추출 대상이 될 수 있는 방법을 복원추출(with replacement)이라 부르고 ②처럼 한 번 추출한 표본은 이후 추출 대상이 되지 않는 방법을 비복원추출(without replacement)이라 부릅니다.

복원추출에서 전후 시행은 독립이고 비복원추출에서 전후 시행은 종속입니다.

---

1   예 11 의 T_1과 T_3은 종속시행입니다.

'독립이다'의 영어 단어 independent는 '종속이다'인 dependent 에 부정적 의미가 있는 접두어 'in-'을 붙여서 만든 단어로, 확률 세계 에서는 '독립이다'는 '종속이 아니다'라는 의미입니다. 아무튼 서로 관계가 없으면 독립이라고 생각하면 됩니다.

독립시행의 확률: 곱으로 구한다

주머니 A에는 노란 구슬 2개와 흰 구슬 2개가 들어 있고, 주머니 B에는 노란 구슬 2개와 흰 구슬 1개가 들어 있습니다. 각 주머니에서 1개씩 구슬을 꺼낼 때 2개 모두 노란 구슬일 확률을 구해 봅시다.

▼ 그림 8-1 문제의 상황

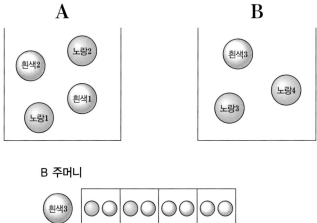

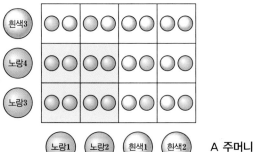

주머니 A에서 구슬을 꺼내는 방법은 노랑1, 노랑2, 흰색1, 흰색2 중 하나이므로 4가지이고 각 경우에 대해 주머니 B에서 구슬을 꺼내는 방법은 노랑3, 노랑4, 흰색3 중 하나이므로 3가지입니다. 결국 구슬을 꺼내는 방법은 모두 $4 \times 3 = 12$가지입니다(그림 8-1의 네모 칸). 이 중 2개가 모두 노랑인 경우는 그림 8-1에서 알 수 있듯이 4가지입니다(노란색 칸). 꺼내는 방법 12가지는 일어날 가능성이 모두 동등하다고 생각할 수 있으므로[2] 구하려는 확률은 다음과 같습니다.

$$\frac{4}{12} = \frac{1}{3}$$

한편 $\frac{4}{12} \left(= \frac{1}{3} \right)$ 이라는 확률은

$$\frac{4}{12} = \frac{2}{4} \times \frac{2}{3}$$

와 같이 분해할 수 있는데 이는

A에서 노란 구슬을 꺼낼 확률: $\frac{2}{4}$

와

> 주머니 A: 노란 구슬 2개, 하얀 구슬 2개
> 주머니 B: 노란 구슬 2개, 하얀 구슬 1개

B에서 노란 구슬을 꺼낼 확률: $\frac{2}{3}$

의 곱입니다.

이렇게 되는 이유는 **주머니 A에서 구슬을 꺼내는 시행과 주머니 B에서 구슬을 꺼내는 시행이 독립이기 때문**입니다.

그럼 독립이 아닌 경우는 어떨까요?

2　주머니 A, B에서 구슬을 1개씩 꺼내는 행위를 하나의 시행으로 보면 꺼내는 방법 12가지 각각(그림 8-1의 한 칸 한 칸)이 근원사건(160쪽)이 되고 어떤 경우도 일어날 가능성이 모두 동등하다고 생각할 수 있다는 의미입니다.

예를 들어 주머니 A에서 구슬 1개를 꺼내 확인하고 그 구슬을 주머니 B에 넣은 후 다시 주머니 B에서 구슬을 1개 꺼낸다고 하면, 주머니 A에서 구슬을 꺼내는 시행과 주머니 B에서 구슬을 꺼내는 시행은 더는 독립이 아니게 됩니다(주머니 A에서 어느 구슬을 꺼냈는지가 주머니 B에서 꺼내는 구슬의 색에 영향을 미칩니다). 이렇게 되면 각 주머니에서 꺼내는 구슬 2개가 모두 노란 구슬일 확률은 A에서 노란 구슬을 꺼낼 확률과 B에서 노란 구슬을 꺼낼 확률의 곱이 아니게 됩니다. 확인해 봅시다.

▼ 그림 8-2 독립이 아닐 경우

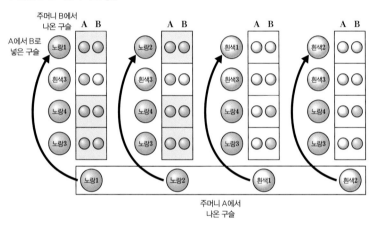

그림 8-2를 보면 구슬을 꺼내는 방법이 이번에는 모두 16가지로 늘어났고(그림 8-2의 네모 칸) 그중 둘 다에서 노랑이 나오는 경우는 6가지(노란색 칸)입니다.

꺼내는 방법 16가지는 일어날 가능성이 모두 동등하다고 생각할 수 있으므로 구하려는 확률은

$$\frac{6}{16} = \frac{3}{8}$$

인데, $\frac{6}{16}\left(= \frac{3}{8}\right)$은

A에서 노란 구슬을 꺼낼 확률: $\dfrac{8}{16} = \dfrac{1}{2}$

그림 8-2의 16개 네모칸 안에 왼쪽 구슬이 노란색인 칸 (A가 노랑인 칸은 8개, 오른쪽 구슬이 노랑인 칸(B가 노랑인 칸)은 10개 있다.

과

B에서 노란 구슬을 꺼낼 확률: $\dfrac{10}{16} = \dfrac{5}{8}$

의 곱이 아닙니다.

독립시행의 확률에 관한 중요한 공식을 유도합시다.

두 독립시행 T_1, T_2가 있을 때

시행 T_1의 전체 사건을 U_1

시행 T_2의 전체 사전을 U_2

$n(U_1)$: 전체 사건 U_1에 포함되는 성분 수

라 합시다.

T_1과 T_2를 시행할 때 일어날 수 있는 경우의 수는 $n(U_1) \times n(U_2)$가지입니다[3]. 이때 **시행 T_1에서는 사건 A가 일어나고 시행 T_2에서는 사건 B가 일어난다**는 사건을 C라고 하면, 사건 C가 일어날 수 있는 경우의 수는 $n(C) = n(A) \times n(B)$[4]**가지**이므로 사건 C가 일어날 확률 $P(C)$는 다음과 같이 구할 수 있습니다.

$$P(C) = \frac{n(C)}{n(U_1) \times n(U_2)} = \frac{n(A) \times n(B)}{n(U_1) \times n(U_2)}$$

$$= \frac{n(A)}{n(U_1)} \times \frac{n(B)}{n(U_2)} = P(A)P(B)$$

---

3 T_1과 T_2는 독립이므로 T_1이 어떤 결과가 되든 T_1의 $n(U_1)$가지 결과 각각에 대해 T_2의 $n(U_2)$가지 결과가 일어날 수 있기 때문입니다.

4 사건 A의 발생이 사건 B의 발생에 영향을 미치지 않으므로 사건 A와 사건 B가 함께 일어나는 경우의 수는 A의 $n(A)$가지 결과 각각에 대해 B의 $n(B)$가지 결과를 곱한 값이 됩니다.

공식 **독립시행의 확률**

독립인 두 시행 T_1, T_2에 대해 시행 T_1에서는 사건 A가 발생하고 시행 T_2에서는 사건 B가 발생하는 사건을 C라고 하면, 사건 C가 발생할 확률은 다음과 같습니다.

$$P(C) = P(A)P(B)$$

문자식으로 보니 와닿지 않아요.

서로 독립인 시행의 대표격(?)인 주사위를 던지는 시행과 동전을 던지는 시행을 다룬 예 12 로 생각해 봅시다.

▓ 예 12 ▓ 주사위와 동전

주사위를 던지는 시행을 T_1, 동전을 던지는 시행을 T_2라 하면 T_1과 T_2는 서로 독립입니다. 시행 T_1의 전체 사건을 U_1, 시행 T_2의 전체 사건을 U_2라 하면

$$U_1 = \{1,\ 2,\ 3,\ 4,\ 5,\ 6\},\ \ U_2 = \{\,앞,\ 뒤\,\}$$

입니다. 이때 주사위는 짝수 눈이 나오는 사건을 A, 동전은 앞이 나오는 사건을 B라고 합시다. 즉,

$$A = \{2,\ 4,\ 6\},\ \ B = \{\,앞\,\}$$

입니다. 이때 두 시행에서 일어날 수 있는 사건을 모두 나열해 봅시다.

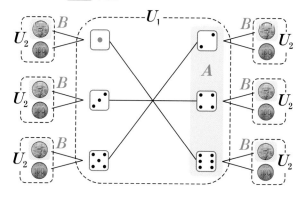

U_1의 근원사건 하나하나에 U_2의 근원사건 수만큼 선이 그려져 있는 것이 보이나요? 즉, 일어날 수 있는 모든 경우의 수는 다음과 같습니다.

$$n(U_1) \times n(U_2) = 6 \times 2 = 12가지 \quad \cdots ①$$

이렇게 단순 계산으로 모든 경우의 수를 구할 수 있는 이유는 U_1의 근원사건 6가지에 대해 U_2의 근원사건 2가지가 일어날 수 있기 때문입니다. 이 내용을 바꿔 말하면 U_1에 포함되는 어떤 근원사건이 일어나도 U_2의 근원사건이 일어나는 방식은 변화가 없다(영향을 미치지 않는다, 관계가 없다)는 말입니다. 따라서 ①은 시행 T_1과 시행 T_2가 독립이기 때문에 성립하는 계산입니다.

같은 방법으로 생각하면 주사위는 짝수 눈이 나오고 동전은 앞이 나오는 사건을 C라고 할 때(시행 T_1에서는 사건 A가 발생하고 시행 T_2에서는 사건 B가 발생하는 사건을 C라고 할 때), C가 발생할 수 있는 경우의 수를

$$n(C) = n(A) \times n(B) = 3 \times 1 = 3가지 \quad \cdots ②$$

로 구할 수 있는 이유도 시행 T_1과 시행 T_2가 독립이기 때문입니다.

결국 사건 C의 확률(주사위는 짝수 눈이 나오고 동전은 앞이 나올 확률)은 ①, ②에 따라

$$P(C) = \frac{n(C)}{n(U_1) \times n(U_2)}$$

$$= \frac{n(A) \times n(B)}{n(U_1) \times n(U_2)}$$

> $P(A)$는 주사위를 던져서 짝수 눈이 나오는 확률이므로 $\frac{3}{6}$, $P(B)$는 동전을 던져서 앞이 나오는 확률이므로 $\frac{1}{2}$

$$= \frac{3 \times 1}{6 \times 2} = \frac{3}{6} \times \frac{1}{2} = P(A)P(B) = \frac{1}{4}$$

이 되어 $P(C) = P(A)P(B)$가 성립함을 알 수 있습니다.

> 만약 독립이 아닐 때는 앞(162쪽)에서 본 것처럼 전부 나열하는 수밖에 없나요?

> 독립이 아닌 시행일 때 사건 A와 사건 B가 함께 일어날 확률은
>
> (A가 함께 일어날 확률) $\times$ $\begin{pmatrix} A가\ 일어났다는\ 조건\ 하에서 \\ B가\ 일어날\ 확률 \end{pmatrix}$
>
> 이라는 계산으로 구할 수 있습니다. 자세한 것은 다음 절의 '조건부 확률'(178쪽~)에서 이야기합니다.

덧붙여 독립시행 3개 T_1, T_2, T_3가 있을 때

$$T_1\text{에서는 사건 } A\text{가 일어나고}$$
$$T_2\text{에서는 사건 } B\text{가 일어나고}$$
$$T_3\text{에서는 사건 } C\text{가 일어난다}$$

라는 사건을 사건 D라고 하면 다음 등식이 성립합니다.

$$P(D) = P(A)P(B)P(C)$$

독립시행이 4개 이상일 때도 마찬가지입니다.

A 대학교에 합격할 확률은 0.7, B 대학교에 합격할 확률은 0.5, C 대학교에 합격할 확률은 0.1이라고 합시다. 이 세 대학교에 지원할 때 적어도 1개의 대학교에 합격할 확률을 구하세요. 단, 한 대학교의 결과는 다른 대학교의 결과에 영향을 미치지 않는다고 합니다.

해설

'적어도 1개의 대학교에 합격한다'는 사건은 '모든 대학교에 불합격'의 여사건입니다. 또한, 문제에서 '한 대학교의 결과는 다른 대학교의 결과에 영향을 미치지 않는다'고 했으므로 **독립시행의 확률 공식**을 사용할 수 있습니다.

해답

각 대학교를 지원하는 시행에서

> A 대학교에 합격하는 사건을 A
> B 대학교에 합격하는 사건을 B
> C 대학교에 합격하는 사건을 C

이라고 하면

$$P(\overline{A}) = 1 - P(A) = 1 - 0.7 = 0.3$$
$$P(\overline{B}) = 1 - P(B) = 1 - 0.5 = 0.5$$
$$P(\overline{C}) = 1 - P(C) = 1 - 0.1 = 0.9$$

입니다(151쪽 여사건의 확률 참조).

각 대학교에 합격인지 불합격인지는 독립시행이므로 $\overline{A}$, $\overline{B}$, $\overline{C}$가 일어날(모든 대학교에 불합격할) 확률은 다음과 같습니다.

$$P(\overline{A})P(\overline{B})P(\overline{C}) = 0.3 \times 0.5 \times 0.9 = 0.135$$

'적어도 1개 대학교에 합격'은 '모든 대학교에 불합격'의 여사건이므로(표 8-1 참조) 구하려는 확률은 다음과 같습니다.

$$1 - 0.135 = 0.865$$

❤ 표 8-1 합격, 불합격 결과

A 대학교	B 대학교	C 대학교	
○	○	○	― 3개 대학교에 합격
○	○	×	
○	×	○	2개 대학교에 합격
×	○	○	
○	×	×	
×	○	×	1개 대학교에 합격
×	×	○	
×	×	×	← 모두 불합격

(왼쪽 괄호: 적어도 1개 대학교에 합격)

반복시행: 독립인 시행의 반복

주사위를 계속해서 던지는 경우 1번의 시행은 다른 시행에 영향을 주지 않으므로 각 시행은 독립입니다. 이처럼 독립인 시행을 반복하는 것을 반복시행 (repeated trials) 또는 독립중복시행이라고 부릅니다[5].

---

5 간단하게 **중복시행**, **독립시행**이라고 부를 때도 있습니다.

▓ 예 ⓲ ▓ 5문제 중 4문제 이상

예를 들어 5문제 중 4문제 이상 정답을 맞히면 합격하는 시험이 있다고 합시다. 문제는 모두 OMR 용지 방식으로 사지선다 객관식 문제입니다. 자, 이 시험을 전혀 공부하지 않고 도전했을 경우, 즉 찍어서 답하는 경우 시험에 합격할 확률을 생각해 봅시다. 또한, 문제를 푸는 행위를 시행이라고 생각하고 각각은 서로 독립이라고 생각합니다.

사지선다 문제이므로 하나의 문제를 맞출 확률은 $\frac{1}{4}$입니다.

4문제 이상 정답을 맞히면 합격이므로 5문제 전부의 정답을 맞히는 경우와 5문제 중 4문제의 정답을 맞히는 경우로 나눠서 생각합니다.

첫 번째 문제를 푸는 시행을 T_1, 두 번째 문제를 푸는 시행을 T_2, ……이라고 할 때 각각의 문제를 맞히는 사건을 A_1, A_2, ……이라고 합시다.

(i) 5문제를 모두 맞히는 경우

시행 $T_1 \sim T_5$에서 사건 $A_1 \sim A_5$가 모두 일어나는 경우입니다. 이 경우를 사건 B라고 합시다. $T_1 \sim T_5$ 각각의 시행은 서로 독립이므로 앞에서 배운 '독립시행의 확률 공식'을 사용하면 구하려는 확률은 다음과 같습니다.

$$P(B) = P(A_1)P(A_2)P(A_3)P(A_4)P(A_5)$$
$$= \frac{1}{4} \times \frac{1}{4} \times \frac{1}{4} \times \frac{1}{4} \times \frac{1}{4} = \left(\frac{1}{4}\right)^5 = \frac{1}{1024}$$

(ii) 5문제 중 4문제를 맞히는 경우

시행 $T_1 \sim T_5$에서 사건 $A_1 \sim A_5$ 중 4개의 사건이 일어나는 경우입니다. 문제를 맞히면 ◯, 틀리면 ✕로 표시한다고 하면, 예를 들어 사건 $A_1 \sim A_5$ 중 A_1, A_2, A_3, A_4가 일어나는 경우는 그림 8-4와 같이 나타낼 수 있습니다.

❤ 그림 8-4 $A_1 \sim A_5$ 중 A_1, A_2, A_3, A_4가 일어나는 경우

이 경우도 마찬가지로 '독립시행의 확률 공식'을 사용해서 구합니다.

$$P(A_1)P(A_2)P(A_3)P(A_4)P(\overline{A_5}) = \frac{1}{4} \times \frac{1}{4} \times \frac{1}{4} \times \frac{1}{4} \times \frac{3}{4} = \left(\frac{1}{4}\right)^4 \left(\frac{3}{4}\right)^1$$

마찬가지로 사건 $A_1 \sim A_5$ 중 A_1, A_2, A_3, A_5가 일어나는 경우는 다음과 같습니다.

$$P(A_1)P(A_2)P(A_3)P(\overline{A_4})P(A_5) = \frac{1}{4} \times \frac{1}{4} \times \frac{1}{4} \times \frac{3}{4} \times \frac{1}{4} = \left(\frac{1}{4}\right)^4 \left(\frac{3}{4}\right)^1$$

❤ 그림 8-5 사건 $A_1 \sim A_5$ 중 A_1, A_2, A_3, A_5가 일어나는 경우

문제 1	문제 2	문제 3	문제 4	문제 5
◯	◯	◯	✕	◯

결국 다른 경우도 계산 결과는 같습니다.

또한, 5문제 중 4문제를 맞히는 경우의 수는 5개의 ☐에서 ◯을 넣을 곳을 4개 고르는 경우의 수인 $_5C_4 = $**5가지**입니다.

$$_5C_4 = {_5}C_1 = \frac{5}{1!} = 5$$

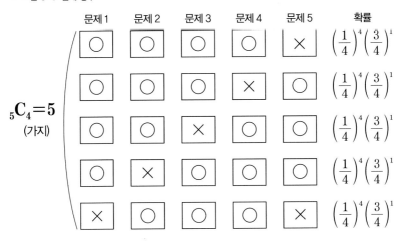

이 5가지 경우의 확률은 각각 $\left(\dfrac{1}{4}\right)^4\left(\dfrac{3}{4}\right)^1$이고 각각 서로 배반(동시에 일어나지 않음)입니다.

따라서 5문제 중 4문제를 맞히는 사건을 C라고 하면 확률의 덧셈정리(145쪽)에 따라 다음과 같이 계산됩니다.

$$P(C) = \left(\frac{1}{4}\right)^4\left(\frac{3}{4}\right)^1 + \left(\frac{1}{4}\right)^4\left(\frac{3}{4}\right)^1 + \left(\frac{1}{4}\right)^4\left(\frac{3}{4}\right)^1 + \left(\frac{1}{4}\right)^4\left(\frac{3}{4}\right)^1 + \left(\frac{1}{4}\right)^4\left(\frac{3}{4}\right)^1$$

$$= 5 \times \left(\frac{1}{4}\right)^4\left(\frac{3}{4}\right)^1$$

$$= {}_5C_4 \times \left(\frac{1}{4}\right)^4\left(\frac{3}{4}\right)^1$$

$$= \frac{15}{1024}$$

> A, B가 서로 배반일 때
> $$P(A \cup B) = P(A) + P(B)$$

구하려는 확률은 '4문제 이상 맞힐 확률=5문제 모두 맞히거나 4문제를 맞힐 확률'이고 5문제를 맞히는 경우와 4문제를 맞히는 경우는 서로 배반이므로 마찬가지로 확률의 덧셈정리에 따라 다음과 같습니다.

$$P(B \cup C) = P(B) + P(C) = \frac{1}{1024} + \frac{15}{1024} = \frac{16}{1024} = \frac{1}{64} = 0.15625$$

즉, 이 시험에 하나도 공부하지 않고 합격할 확률은 약 16%임을 알 수 있습니다.

여기까지 생각해 본 내용을 일반화하면 반복시행의 확률에 관한 다음 공식을 얻을 수 있습니다.

공식 **반복시행의 확률**

1회 시행에서 사건 A가 일어날 확률이 $P(A) = p \ (0 \leq p \leq 1)$일 때, 이 시행을 n번 반복하는 반복시행에서 사건 A가 딱 k번만큼 일어날 확률은 다음과 같습니다.

$$_nC_k p^k (1-p)^{n-k} \quad (0 \leq k \leq n)$$

❤ 그림 8-7 반복시행의 확률

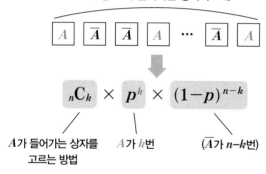

사건 A가 k번 일어날 때 여사건은 $(n-k)$번 일어난다는 것과 사건 A가 일어날 확률이 p일 때 여사건 $\overline{A}$가 일어날 확률은 $(1-p)$임에 주의하세요.

▊ 예 14 ▊ **주사위를 6번 던져서 1이 딱 4번 나올 확률**

$$_6\mathrm{C}_4\underbrace{\left(\frac{1}{6}\right)^4\left(\frac{5}{6}\right)^{6-4}}_{6} = {_6\mathrm{C}_2}\left(\frac{1}{6}\right)^4\left(\frac{5}{6}\right)^2 = \frac{6\times5}{2\times1}\times\frac{5^2}{6^6} = \frac{125}{15552}$$

예제 8

먼저 3번 이기면 끝나는 게임

A가 B에게 이길 확률은 $\frac{1}{3}$이고 B가 A에게 이길 확률이 $\frac{2}{3}$인 게임을 반복해 수행합니다.

먼저 3번 이긴 쪽을 승자라고 할 때 게임을 4번해서 A가 승자가 될 확률을 구하세요. 또한, 게임을 5번 해서 승자가 결정될 확률을 구하세요.

해설

[앞 문제]

게임을 4번 해서 A가 승자가 되려면 3번까지 A가 2승(B는 1승)하고 4번째로 A가 이길 때입니다. 3번 중 A가 2번 이길 확률은 **반복시행 공식**으로 구합니다.

[뒤 문제]

게임을 5번 해서 승자가 결정되려면 4번까지 A가 2승(B도 2승)을 할 때입니다 (5번째 시합은 누가 이겨도 상관없습니다).

---

6 $_n\mathrm{C}_r = {_n\mathrm{C}_{n-r}}$(101쪽)를 사용해서 $_6\mathrm{C}_4 = {_6\mathrm{C}_2} = \frac{_6\mathrm{P}_2}{2\times1}$ 입니다.

해답

[앞 문제]

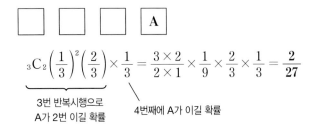

$$_3C_2\left(\frac{1}{3}\right)^2\left(\frac{2}{3}\right)\times\frac{1}{3}=\frac{3\times2}{2\times1}\times\frac{1}{9}\times\frac{2}{3}\times\frac{1}{3}=\frac{2}{27}$$

3번 반복시행으로
A가 2번 이길 확률

4번째에 A가 이길 확률

[뒷 문제]

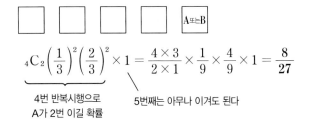

$$_4C_2\left(\frac{1}{3}\right)^2\left(\frac{2}{3}\right)^2\times1=\frac{4\times3}{2\times1}\times\frac{1}{9}\times\frac{4}{9}\times1=\frac{8}{27}$$

4번 반복시행으로
A가 2번 이길 확률

5번째는 아무나 이겨도 된다

게임을 4번 해서 A가 승자가 될 확률: $\dfrac{2}{27}$

게임을 5번 해서 승자가 결정될 확률: $\dfrac{8}{27}$

▶ 우연과 예술

음악가 중에는 수리계열 방면으로 재능이 뛰어난 사람이 적지 않습니다. 천재 모차르트 (Leopold Mozart)도 예외가 아니어서 어릴 적 모차르트는 아버지에게 산수를 배우고서는 너무 몰입하여 책상이나 의자, 벽, 마루에까지 숫자나 도형을 그렸다고 합니다. 또한, 그는 당구의 귀재였는데 이유는 그가 수학과 물리 지식을 사용하여 공의 궤도를 계산했기 때문이라고도 합니다.

모차르트의 작품 중에 **음악의 주사위 놀이 K516f**라는 곡이 있다는 걸 아나요? 그다지 유명하지 않은 이 곡을 연주하려면 우선 주사위를 두 개 준비해야 합니다. 곡의 16소절부터는 모든 소절에 2~12까지의 번호가 붙어 있는 11종류의 소절을 고를 수 있는 선택지가 있어서 그중 어느 소절을 연주할지는 '두 주사위를 던져서 나온 눈의 합으로 결정하시오'라는 지시가 있기 때문입니다. 그래서 이 작품은 연주할 때마다 다른 곡이 되는데, 과연 몇 가지 곡이 만들어질까요?

앞에서 이야기했던 대로 각 소절에는 11가지 선택지가 있습니다. 단, 8소절째(앞쪽 절반의 마지막 소절)에는 한 종류, 16소절째(마지막 소절)에는 두 종류만 마련돼 있으므로(나머지 14소절은 11가지입니다), 만들 수 있는 가짓수는 다음 그림처럼 약 760조 가지임을 알 수 있습니다.

▼ 그림 8-8 만들 수 있는 가짓수

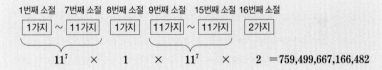

인생을 바쳐서 이 작품을 아무리 반복해서 연주한다고 해도 완벽하게 같은 곡을 두 번 연주할 가능성은 매우 낮습니다.

참고로 약 760조 가지의 곡 각각이 만들어질 가능성은 동등하지 않습니다. 2나 12가 붙은 소절이 선택될 확률은 $\frac{1}{36}$인데[7], 예를 들어 6소절이 선택될 확률은 128~129쪽에서

---

7 주사위 2개를 던졌을 때 눈이 나오는 가짓수는 6 × 6 = 36가지이고 그중 합이 2가 되려면 나온 눈이 {1, 1}일 때만이고 합이 12가 되려면 나온 눈이 {6, 6}일 때만이기 때문입니다.

계산했던 것처럼 $\frac{5}{36}$이기 때문입니다[8]. 그래서 2나 12소절만을 이어붙인 곡이 만들어질 확률은 매우 작아집니다.

그런데 이런 우연의 산물인 '곡'은 음악적으로 청자를 감동시킬 수 있을까요? 아쉽지만 대부분 곡에서 '천재의 번뜩임'을 느낄 수는 없습니다. 이 곡에 마련된 모든 소절은 틀림없이 모차르트 자신이 작곡한 것인데도 말입니다.

우연의 산물인 창조성·예술성에 관해서는 확률 계산 초기부터 뜨거운 논의가 있었습니다.

예를 들어 타자기를 아무렇게나 치는 원숭이에게 한없이 많은 시간을 준다면 지금까지 지구상에서 쓰였던 모든 문장은 무엇이든 만들 수 있습니다. 시행을 한없이 반복한다면 양의 확률을 갖는 사건이라면 모두 일어날 수 있기 때문입니다.

이 내용은 수학적으로 엄밀히 증명할 수 있어서 속히 **무한 원숭이 정리**(infinite monkey theorem)라고 불립니다.

이야기가 새긴 하지만, 딸이 1~2살 때쯤 컴퓨터 키보드를 아무렇게나 쳐서 화면(메모장 등의 앱을 켜 주었습니다)에 문자가 출력되는 걸 보기 좋아했습니다. 이 놀이를 오랫동안 하면 의미가 없는 문자열 중에 가끔다가 'ok' 두 글자가 나올 때도 있습니다. 하지만 이걸 가지고 1~2살 딸이 영어를 쓸 수 있다고 기뻐할 수는 없습니다.

마찬가지로 수없이 많은 원숭이가 끝없는 시간을 써서 나츠메 소세키의 '나는 고양이로소이다'와 완전하게 같은 문장을 쓴다고 해도 그 상황을 두고 나츠메 소세키의 창조성·예술성이 나타났다고 할 수는 없습니다.

문제는 두 가지가 있습니다. 하나는 **시간**, 또 다른 하나는 **선택**입니다.

시험 삼아 원숭이가 컴퓨터로 의미가 있는 문장 하나를 치는 데 얼마만큼의 시간이 필요한지 검증해 봅시다. 일반적인 컴퓨터 키보드에는 약 100개의 키가 있으므로 여기서는 편의를 위해 한 키가 눌릴 가능성이 $\frac{1}{100}$이라고 합시다. 또한, 한자 변환을 생각하면 이야기가 복잡해지므로 '나는 고양이로소이다'의 시작을 영문으로 바꾼 'I am a cat'이라는 한 문장을 무작위로 키를 두드리는 원숭이가 칠 확률을 구해 봅시다(대문자와 소문자 구별은 생각하지 않기로 합니다). 스페이스와 마침표도 포함하면 이 문장에는 11문자가 있으므로 이 문장이 쳐질 확률은 $\left(\frac{1}{100}\right)^{11}$, 즉 100해분의 1입니다[9].

---

8   가장 선택될 가능성이 큰 소절은 7이 붙은 소절로 확률은 $\frac{6}{36} = \frac{1}{6}$입니다.

9   1해(10^{20})는 1조의 1억 배입니다.

이 확률은 (상상할 수 없을 만큼 많은 수의 원숭이를 데려와) 1초에 1만 키를 치게 해도 평균 약 300억 년이 필요하다[10]는 것을 의미합니다. 게다가 이 시간은 문자 수가 늘어나면 비약적으로 커지므로 '나는 고양이로소이다' 작품 전체를 쓰려면 빅뱅 이래 우주의 나이와 같은 시간을 사용해도 충분하지 않은 시간입니다.

그렇다고 해도 믿을 수 없을 정도로 많은 '망친 문장'을 만들어 낸 원숭이들의 '작품' 중에 최고급 작품이 숨어 있다고 해도 그것이 인간의 창조 능력을 대신할 수 없는 첫 번째 이유는 시간이 아니라고 생각합니다. 현실적인 시간 안에 우연히 역사에 남길만한 걸작이 탄생했다고 합시다. 하지만 그 순간에 '좋은 작품이 됐다!'고 쾌재를 부르는 행위를 원숭이는 할 수 없습니다. 이것이 완전히 똑같은 작품이 탄생했다고 해도 원숭이가 나츠메 소세키나 셰익스피어와 같은 창조성이나 예술성이 있다고 인정할 수 없는 가장 큰 이유입니다.

실제로 작품을 쓴다는 행위는 사용할 수 있는 단어를 고르는 작업입니다. 작가는 유한한 단어 중에서 가장 어울리는 단어를 고민하며 때로는 괴로워하며 '선택'해 갑니다. 이 작업은 결코 무작위로 (또는 적당히) 선택된 단어의 나열이 아닙니다. 쓰고 지우고 쓰고 지우고를 반복해서 겨우 엮어진 '선택'의 집대성이 작품으로 남겨집니다.

영화 '아마데우스'[11]에 한 오페라를 초연했을 때 모차르트가 극장 지배인에게 '조금 음이 많으니까 정리해 주세요'라고 주문을 받고 '어디를 바꾸라는 말입니까. 한 음을 바꾸면 음악이 망가지고 한 소절을 바꾸면 전혀 다른 곡이 된다!'며 격노하는 장면이 그려져 있습니다. 그는 얼마나 자신의 '선택'에 자신을 가지고 그것이 절대무이임을 믿고 있었는지 알 수 있는 에피소드였는데 '음악 주사위 놀이'는 그런 선택의 무거움을 경시하는 무리를 향한 그 나름의 안티테제였는지도 모릅니다.

---

10 어디까지나 평균값이므로 실제로는 더 짧은 시간에 끝날 수도, 반대로 더 긴 시간이 걸릴 수도 있습니다.

11 1984년에 제작된 모차르트의 일생을 그린 영화입니다. 그해 아카데미상에서는 작품상, 감독상 등 8개 부문을 수상했습니다.

09

조건부 확률:
드디어 본진으로

이번 절에서 배우는 조건부 확률은 예를 들어 '99% 확실한 검사로 1만 명 중의 한 명이 불치병이라고 진단'받았을 때 이걸 비관해야 할지 아니면 낙관해야 할지를 알려줍니다[1]. 단, 조건부 확률은 오해하기 쉬운 단원이므로 단어의 의미를 주의 깊게 이해하고 그림 등으로 감을 잡는 것이 중요합니다.

조건부 확률이란? $P_A(B)$로 표현한다

예를 들어 어떤 상품의 60%는 공장 1에서 만들고 나머지 40%는 공장 2에서 만든다고 합시다. 또한, 공장 1의 불량품 비율은 10%, 공장 2의 불량품 비율은 5%라고 합시다.

▼ 그림 9-1 두 공장의 제품

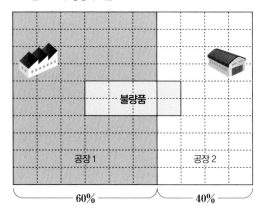

---

1 자세한 내용은 199쪽부터 설명합니다.

다시 한 번 100칸짜리 사각형을 사용해서 생각해 봅시다[2].

이 제품의 완성품을 모아서 임의로 1개를 꺼내는 시행을 생각해 봅시다. 공장 1에서 만들어진 제품을 뽑는 사건을 A, 제품이 불량품인 사건을 B라고 합시다.

이제 뽑은 제품이 공장 1 제품일 때 그 제품이 불량품일 확률, 즉, 사건 A가 발생했을 때 사건 B가 발생할 확률은 $P_A(B)$로 표기하고 일반적으로 이를 **사건 A가 일어났을 때 사건 B가 일어날** 조건부 확률(conditional probability)이라 부릅니다.

앞 예에서는 공장 1의 불량품 비율이 10%이므로

$$P_A(B) = 10\ \%$$

입니다.

사건 A가 일어난 것이 전제이므로 그림 9-1의 회색 부분 칸수(60개)를 분모로 하고 사건 A 안에서 '불량품'인 칸수(6개)를 분자로 하여

$$P_A(B) = \frac{6}{60} = \frac{1}{10} = 10\ \%$$

로 계산할 수도 있습니다.

▤ 예 ⑮ ▤   5개 중 2개가 당첨인 제비

당첨 제비가 2개 포함된 제비 5개에서 A와 B가 순서대로 1개씩 뽑고, 뽑은 제비를 다시 돌려놓지 않을 때[3]

A가 당첨된 사건을 A, B가 당첨된 사건을 B

라고 합시다.

---

2   100칸 중 한 칸이 근원사건이고 각 칸은 일어날 가능성이 동등하다고 생각합니다.

3   비복원추출(159쪽)입니다.

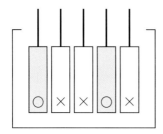

A가 당첨될 확률은 5개 중 당첨 제비가 2개이므로 다음과 같습니다.

$$P(A) = \frac{2}{5}$$

이건 간단하죠. 하지만 B가 당첨될 확률은 A가 당첨됐는지 아닌지에 따라 바뀝니다.

(i) A가 당첨됐을 경우

나머지 4개 중 당첨 제비는 1개이므로 A가 당첨됐다는 조건 하에서 B가 당첨될 확률(조건부 확률)은 다음과 같습니다.

▼ 그림 9-3 A가 당첨된 후의 상황

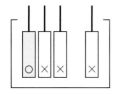

A

$$P_A(B) = \frac{1}{4}$$

(ii) A가 당첨되지 않았을 경우

남은 4개 중 당첨 제비는 2개이므로 A가 당첨되지 않았다는 조건 하에서 B가 당첨될 확률(조건부 확률)은 다음과 같습니다.

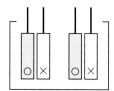 

$$P_{\overline{A}}(B) = \frac{2}{4} = \frac{1}{2}$$

$P_{\overline{A}}(B)$는 $\overline{A}$(A의 여집합)이 일어났을 때 B가 일어날 조건부 확률이니까 'A가 당첨되지 않았을 때($\overline{A}$) B가 당첨(B)될 확률'을 가리키는 거군요.

예제 9 ───────────────────────── **영어와 수학 시험 결과**

표 9–1은 학생 40명의 수학과 영어 시험 결과를 정리한 표입니다. 이 40명 중에서 1명을 뽑을 때 뽑힌 학생의

    수학 점수가 80점 이상인 사건을 A
    영어 점수가 80점 이상인 사건을 B

라고 합시다. 다음 확률을 구하세요.

   (1) $P(A)$ (2) $P_A(A)$ (3) $P_{\overline{B}}(A)$

	영어가 80점 이상	영어가 80점 미만	합계
수학이 80점 이상	8	17	25
수학이 80점 미만	12	3	15
합계	20	20	40

여기가 → A

↑ 여기가 B   (단위: 명)

해설 · 해답

(1) 구하려는 확률은 '뽑힌 1명의 수학 점수가 80점 이상'인 확률입니다. 표를 보면 40명 중 수학 점수가 80점 이상인 학생은 25명이므로 다음과 같습니다.

$$P(A) = \frac{25}{40} = \frac{5}{8}$$

(2) 구하려는 확률은 **뽑힌 학생의 수학 점수가 80점 이상일 때 그 학생의 영어 시험 점수가 80점 이상일 확률**입니다. 표를 보면 수학 시험이 80점 이상인 학생 20명 중 영어 시험이 80점 이상인 학생은 8명이므로 다음과 같습니다.

$$P_A(B) = \frac{8}{25}$$

(3) 구하려는 확률은 **뽑힌 학생의 영어 시험이 80점 이상이 아닐 때 (80점 미만일 때) 그 학생의 수학 시험이 80점 이상일 확률**입니다. 표를 보면 영어 시험이 80점 미만인 학생 20명 중 수학 시험이 80점 이상인 학생은 17명이므로 다음과 같습니다.

$$P_{\overline{B}}(A) = \frac{17}{20}$$

확률의 곱셈정리: '동시에 발생'과 확실하게 구별하자

$$P(A \cap B) : \text{사건 } A \text{와 사건 } B \text{가 함께 일어날 확률}$$

과

$$P_A(B) : \text{사건 } A \text{가 일어났을 때 사건 } B \text{가 일어날 확률}$$

은 헷갈리기 매우 쉬우므로 주의해야 합니다. 여기서 차이를 확실하게 이해합시다.

각 근원사건이 일어날 가능성이 동등한 시행인 전사건 U에 대해 다음이 성립한다고 합시다[4].

$$n(U) = u \qquad n(A) = a \qquad n(B) = b \qquad n(A \cap B) = z$$

❤ 그림 9-5 벤 다이어그램으로 알아보기

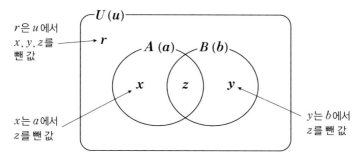

또한, 그림 9-5처럼 각 영역의 성분 수를 x, y, z, r이라고 합니다(그림에서는 조금 알기 어렵지만, $u = x + y + z + r$이고 $a = x + z$, $b = y + z$입니다).

4　예를 들어 $n(A)$는 사건 A에 포함된 성분 개수를 가리킵니다(32쪽).

$P(A \cap B)$는 전사건 U에서 $A \cap B$의 확률이므로

$$P(A \cap B) = \frac{z}{u} = \frac{z}{x+y+z+r} \quad \cdots \text{①}$$

이고 $P_A(B)$는 A가 일어난다는 전제 하에 B가 일어날 확률이므로 분모의 성분 수는 $a(=x+z)$가 됩니다. 즉, 다음과 같습니다.

$$P_A(B) = \frac{z}{a} = \frac{z}{x+z} \quad \cdots \text{②}$$

식 ①과 식 ②는 분자는 같지만 분모가 다릅니다.

또한, $P(A)$는

$$P(A) = \frac{a}{u} = \frac{x+z}{x+y+z+r} \quad \cdots \text{③}$$

그러므로 식 ①~③에 따라

$$P(A \cap B) = \frac{z}{x+y+z+r}$$

$$= \frac{x+z}{x+y+z+r} \times \frac{z}{x+z} = P(A) \times P_A(B)$$

$$\Rightarrow \quad P(A \cap B) = P(A) \times P_A(B)$$

입니다. 이를 확률의 곱셈정리(multiplication rule)라고 합니다.

공식 **확률의 곱셈정리**

두 사건 A, B가 함께 일어날 확률은 다음과 같습니다.

$$\boldsymbol{P(A \cap B) = P(A)P_A(B)}$$

$P(A)P_A(B)$는 $P(A) \times P_A(B)$에서 $\times$(곱셈 기호)를 생략한 표현입니다.

▓ 예 16 ▓ 5개 중 2개가 당첨인 제비, 다시 한 번

예 15 와 마찬가지로 당첨 제비가 2개인 제비 5개에서 A와 B가 순서대로 1개씩 제비를 뽑고, 뽑은 제비를 다시 돌려놓지 않을 때의 사건을 다음과 같이 정의합시다.

A가 당첨되는 사건을 A
B가 당첨되는 사건을 B

$A \cap B$의 확률, 즉 A, B 모두 당첨될 확률은 다음과 같습니다.

$$P(A \cap B) = P(A) \times P_A(B) = \frac{2}{5} \times \frac{1}{4}$$

$$= \frac{2}{20} = \frac{1}{10}$$

$$P(A) = \frac{2}{5}, \quad P(\overline{A}) = \frac{3}{5}$$
$$P_A(B) = \frac{1}{4}, \quad P_{\overline{A}}(B) = \frac{2}{4}$$

또한, $\overline{A} \cap B$의 확률, 즉 A가 꽝이고 B가 당첨될 확률은 다음과 같습니다.

$$P(\overline{A} \cap B) = P(\overline{A}) \times P_{\overline{A}}(B) = \frac{3}{5} \times \frac{2}{4} = \frac{6}{20} = \frac{3}{10}$$

이 계산이 맞는지는 그림 9–6의 그림과 표에서 확인할 수 있습니다.

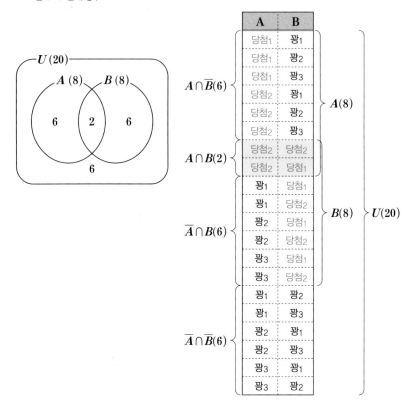

참고로 B가 당첨되는 경우는 A가 당첨이고 B도 당첨인 경우$(A \cap B)$와 A가 꽝이고 B가 당첨되는 경우$(\overline{A} \cap B)$ 중 하나이고 이 두 가지 경우는 서로 배반[5]이므로 확률의 덧셈정리(145쪽)에 따라

$$P(B) = P\{(A \cap B) \cup (\overline{A} \cap B)\} = P(A \cap B) + P(\overline{A} \cap B)$$

> A, B가 서로 배반일 때
> $P(A \cup B) = P(A) + P(B)$

$$= \frac{1}{10} + \frac{3}{10} = \frac{4}{10} = \frac{2}{5}$$

---

5 배반: 동시에 일어나지 않음(145쪽)

가 되어서 **처음에 뽑은 A가 당첨될 확률 $P(A)$와 같아집니다.** $\boxed{P(A) = \dfrac{2}{5}}$

이 결과는 우연이 아닙니다.

일반적으로 제비를 뽑을 때(복원추출일 때는 물론) 비복원추출(뽑은 제비를 다시 돌려놓지 않음)이라도 당첨을 뽑을 확률은 제비를 뽑는 순서와 관련이 없습니다.

이 말은 조건부 확률을 사용해서 알 수 있는 직관과는 조금 다른 사실이죠? 예를 들어 복권 발매일에 긴 줄이 생기는 이유는 '빨리 뽑지 않으면 당첨될 확률이 낮아진다(다른 사람이 1등을 뽑겠어!)'라고 생각하는 사람이 많아서라고 생각하는데, 틀렸습니다. 발매 첫날에 사도 마지막 날 사도 당첨될 확률은 같습니다.

실은 조건부 확률 덕분에 밝혀지는 여러 가지 확률은 **직관적이지 않을 때**가 적지 않습니다. 이 절 후반에서는 그런 확률 중 대표적인 것을 몇 가지 소개합니다.

그전에 확률의 곱셈 정리를 응용한 '베이즈 정리'를 공부합시다.

베이즈 정리: 원인의 확률

사건 A와 사건 B가 일어나는 순서는 A가 먼저이고 B가 나중이라고 합시다. 여기서 A와 B가 함께 일어난다는 의미로 $A \cap B$와 $B \cap A$는 같다는 점을 생각하면 184쪽 확률의 곱셈 정리는 다음과 같이 쓸 수도 있습니다.

$$P(A \cap B)$$
$$= P(B \cap A) = \boldsymbol{P(B)} \times \boldsymbol{P_B(A)} \cdots ④ \qquad \boxed{P(A \cap B) = P(A) \times P_A(B)}$$

이제 그림 9-7을 보면

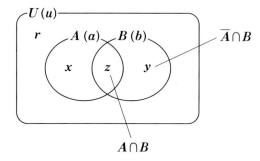

$$P(B) = \frac{b}{u}$$

$$= \frac{z+y}{x+y+z+r}$$

$$= \frac{z}{x+y+z+r} + \frac{y}{x+y+z+r}$$

$$= P(A \cap B) + P(\overline{A} \cap B) \quad \cdots \; ⑤$$

임에 주의하여[6] 식 ④와 ⑤에 따라 식 ⑥을 얻을 수 있습니다.

$$P(B) \times P_B(A) = P(A \cap B)$$

$$= P_B(A) = \frac{P(A \cap B)}{P(B)} \qquad \boxed{P(B) = P(A \cap B) \times P(\overline{A} \cap B)}$$

$$\Rightarrow \quad P_B(A) = \frac{P(A \cap B)}{P(A \cap B) + P(\overline{A} \cap B)} \quad \cdots \; ⑥$$

---

6 $\overline{A} \cap B$는 'A가 아니면서 B'라는 의미입니다.

$P_B(A)$를 이렇게 계산할 수 있다는 내용을 베이즈 정리(Bayes' theorem)라고 부릅니다.

여기까지는 어디까지나 **형식적인 식 변환**이지만 여기서 수식의 의미를 생각해 보면 식 ⑥의 $P_B(A)$는 $A \rightarrow B$라는 순서로 일어나는 두 사건에 대해 **B가 일어났을 때 A가 일어날 확률**을 구하는 것이 됩니다. **시간 순서가 반대**로 되어 있죠.

가령 A가 '원인'이고 B가 '결과'라고 하면 'B가 일어났을 때 A가 일어날 확률 = 어떤 결과(B)가 일어났을 때 어떤 원인(A)이 일어날 확률'이라고 바꿔 해석할 수 있습니다.

즉, 이 $P_B(A)$를 사용하면 결과 B에 원인 A가 있었을 확률을 구할 수 있다는 말입니다. 따라서 베이즈 정리로 구한 확률을 원인의 확률이라고도 부릅니다.

공식　베이즈 정리(원인의 확률)

$$P_B(A) = \frac{P(A \cap B)}{P(A \cap B) + P(\overline{A} \cap B)}$$

어려워요……

토마스 베이즈라는 목사가 발견한 정리라 알려져 있고 베이즈 추정이라는 방법에도 이름을 남겼어요.

다음 예로 자세히 살펴봅시다.

▊ 예 ⑰ ▊ 불량품 제조원

다시 178쪽 공장의 예를 사용합니다[7].

공장 1에서 만들어진 제품을 뽑는 사건을 A, 제품이 불량품인 사건을 B라고 했었죠.

▼ 그림 9-8 두 공장과 불량품 비율

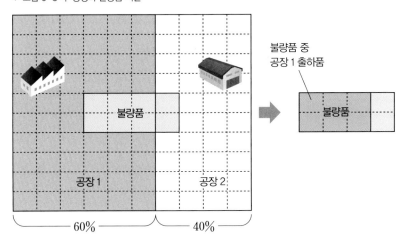

---

7 반복하면 '어떤 제품의 60%는 공장 1에서 만들어지고 나머지 40%는 공장 2에서 만들어진다고 합시다. 또한, 공장 1의 불량품 비율은 10%, 공장 2의 불량품 비율은 5%라고 합시다'라는 설정이었습니다.

뽑은 제품이 불량품이었을 때 그 제품이 공장 1에서 만들어진 제품일 확률, 즉 $P_B(A)$를 계산해 봅시다

공장 1에서 만들어진 제품을 뽑을 확률은 $P(A)=60\%$, 공장 1에서 만들어진 제품이 불량품일 확률은 $P_A(B)=10\%$이므로 183쪽 확률의 곱셈정리에 따라 다음과 같이 나타낼 수 있습니다.

$$P(A \cap B) = P(A)P_A(B)$$

$$= \frac{60}{100} \times \frac{10}{100} = \frac{3}{50}$$

> 두 사건 A, B가 함께 일어날 확률은
> $$P(A \cap B) = P(A)P_A(B)$$

마찬가지로 공장 2에서 만들어진 제품을 뽑을 확률은 $P(\overline{A})=40\%$, 공장 2에서 만들어진 제품이 불량품일 확률 $P_{\overline{A}}(B)=5\%$이므로

$$P(\overline{A} \cap B) = P(\overline{A})P_{\overline{A}}(B)$$

$$= \frac{40}{100} \times \frac{5}{100} = \frac{1}{50}$$

입니다. 다음으로 베이즈 정리에 따라 확률은 다음과 같습니다.

$$P_B(A) = \frac{P(A \cap B)}{P(A \cap B) + P(\overline{A} \cap B)} = \frac{\dfrac{3}{50}}{\dfrac{3}{50} + \dfrac{1}{50}} = \frac{3}{3+1} = \frac{3}{4}$$

이렇게 뽑은 제품이 불량품이었을 때 그 제품이 공장 1에서 만들어진 제품이라는 **원인의 확률은** $\dfrac{3}{4}$임을 알 수 있습니다.

또한, 이 결과는 결국 100칸짜리 직사각형 그림에서 불량품 전체(8칸)에 대해 불량품 중 공장 1 출하품 비율과 같습니다.

❤ 그림 9-9 0칸짜리 그림으로 본 $P_B(A)$

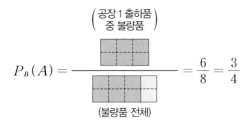

$$P_B(A) = \frac{\begin{pmatrix}\text{공장 1 출하품} \\ \text{중 불량품}\end{pmatrix}}{\text{(불량품 전체)}} = \frac{6}{8} = \frac{3}{4}$$

예제 10

두 신호 0, 1을 각각 확률 0.4, 0.6으로 송신합니다. 하지만 수신 시 제대로 0, 1을 수신할 확률은 0.9고 나머지 0.1의 확률로 반대 신호를 수신합니다.

이럴 경우 수신 신호가 0이 될 확률은 $\dfrac{\boxed{\text{(가)}}}{\boxed{100}}$입니다. 또한, 0이 수신됐을 경우 수신 신호가 0일 확률은 $\dfrac{\boxed{\text{(나)}}}{\boxed{\text{(다)}}}$입니다. (가), (나), (다)에 알맞은 답을 구하세요.

해설 · 해답

(가)

사건 A와 사건 B를 다음과 같이 정합시다.

> **사건 A : 송신 신호가 0이다.**
> **사건 B : 수신 신호가 0이다.**

수신 신호가 0이 되려면 송신 신호가 0이고 수신 신호도 0(제대로 수신)인 경우와 송신 신호가 1이고 수신 신호가 0(반대 신호를 수신)일 때가 있습니다. 여기서 '1송신'은 0송신(사건 A)의 여사건($\overline{A}$)임에 주의하세요.

확률의 곱셈정리(183쪽)로 다음과 같이 확률을 구합니다.

$$P(B) = P(A \cap B) + P(\overline{A} \cap B)$$
$$= P(A)P_A(B) + P(\overline{A})P_{\overline{A}}(B)$$
$$= \frac{4}{10} \times \frac{9}{10} + \frac{6}{10} \times \frac{1}{10}$$
$$= \frac{36 + 6}{100} = \frac{42}{100}$$

(가): 42

(나), (다)

구하려는 확률은 **0이 수신됐을 때 송신 신호가 0이 될 조건부 확률**입니다. 이것을 기호로 나타내면 $P_B(A)$를 구하라는 문제입니다. **베이즈 정리**(187쪽)로 다음과 같이 구할 수 있습니다.

$$\boldsymbol{P_B(A)} = \frac{\boldsymbol{P(A \cap B)}}{\boldsymbol{P(A \cap B) + P(\overline{A} \cap B)}}$$
$$= \frac{P(A)P_A(B)}{P(B)}$$
$$= \frac{\dfrac{4}{10} \times \dfrac{9}{10}}{\dfrac{42}{100}} = \frac{36}{42} = \frac{6}{7}$$

(가)에서
$$P(B) = \frac{42}{100}$$

(나): 6

(다): 7

앞에서 구한 $P_B(A)$를 그림으로 확인해 봅시다.

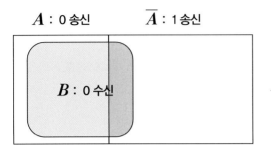

자, 이 다음은 직관과 다른 조건부 확률을 몇 개 살펴봅니다. 첫 번째 타자는 '직관과 다른 확률'로 유명한 '몬티 홀 문제'입니다.

직관과 다른 확률 1: 몬티 홀 문제

당신 앞에 문이 세 개 있습니다. 하나의 문 뒤에는 새 차(당첨)가 있고 나머지 두 개의 문 뒤에는 산양(꽝)이 있습니다. 게스트인 당신이 문 하나를 고른 후 답 (어느 문이 당첨인지)을 알고 있는 사회자가 꽝인 문 중 하나를 엽니다. 그 후에 당신은 문을 바꿔야 할까요? 아니면 그대로 있어야 할까요?

해설 · 해답

세 문을 A, B, C라고 하고 당신이 고른 문을 A, 사회자가 연 문을 B라고 합시다.

사건 A, B, C를 다음과 같이 정의합니다.

사건 A : A가 당첨

사건 B : B가 당첨

사건 C : C가 당첨

문이 3개 있으므로 A가 당첨일 확률, B가 당첨이 확률, C가 당첨일 확률 모두 $\frac{1}{3}$입니다. 즉, 다음과 같습니다.

$$P(A) = P(B) = P(C) = \frac{1}{3} \quad \cdots ①$$

▼ 그림 9-11 몬티 홀 문제

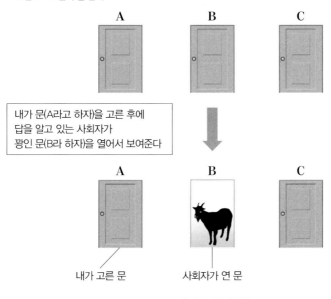

다음으로 내가 문 A를 고른 후에 사회자가 연 문에 관한 사건 Y와 사건 Z를 다음과 같이 정합시다.

사건 Y : 사회자가 B를 연다.

사건 Z : 사회자가 C를 연다.

A를 골랐기 때문에 사회자가 열 수 있는 문은 B나 C 중 하나로 한정됩니다.

즉, 다음과 같습니다.

$$P(Y) = P(Z) = \frac{1}{2} \quad \cdots \text{②}$$

예를 들어 **사회자가 B를 열었다(사건 Y)는 전제로 C가 당첨(사건 C)이다**라는 조건부 확률은 기호로 $P_Y(C)$로 나타냅니다.

한편, 확률의 곱셈정리에 따라 다음과 같이 적을 수 있습니다.

$$P(Y \cap C) = P(Y)P_Y(C)$$

$$\Rightarrow \quad P_Y(C) = \frac{P(Y \cap C)}{P(Y)} \quad \cdots \text{③}$$

> 확률의 곱셈정리
> $P(A \cap B) = P(A) \times P_A(B)$

여기서 $P(Y \cap C) = P(C \cap Y)$라는 점[8]을 알아챘으면 식 ③은 다음과 같이 바꿔 적을 수 있습니다.

$$P_Y(C) = \frac{P(Y \cap C)}{P(Y)} = \frac{P(C \cap Y)}{P(Y)} = \frac{P(C)P_C(Y)}{P(Y)} \quad \cdots \text{④}$$

또한 $P_C(Y)$, 즉 'C가 당첨(사건 C)이라는 전제 하에 사회자가 B를 엽니다(사건 Y)'라는 조건부 확률은 1이라는 점[9]을 생각하면 다음과 같습니다.

$$P_C(Y) = 1 \quad \cdots \text{⑤}$$

> $P(C) = \frac{1}{3}$
> $P_C(Y) = 1$
> $P(Y) = \frac{1}{2}$

---

8 일반적으로 '사건 T와 사건 S가 동시에 일어날 확률＝사건 S와 사건 T가 동시에 일어날 확률'이므로 $P(T \cap S) =$ $P(S \cap T)$입니다.

9 분위기를 읽을 줄 아는 사회자라면 당첨인 문을 바로 열지 않을 것이므로 C가 당첨이라면 사회자는 반드시 B를 엽니다.

식 ①, ②, ⑤를 식 ④에 대입하면

$$P_Y(C) = \frac{P(C)P_c(Y)}{P(Y)} = \frac{\frac{1}{3} \cdot 1}{\frac{1}{2}} = \frac{1}{3} \div \frac{1}{2} = \frac{1}{3} \times \frac{2}{1} = \frac{2}{3}$$

입니다. 즉, 사회자가 B를 열었다(사건 Y)는 전제 하에 C가 당첨(사건 C)일 확률은 $\frac{2}{3}$입니다. 맨 처음 골랐을 때 A가 당첨일 확률은 $\frac{1}{3}$이었으므로 사회자가 문 B를 연 후에는 **C로 다시 고르면 당첨 확률은 2배가 됩니다.**

여기까지는 처음에 A를 고르고 사회자가 B를 열었을 경우[10]였고, 다른 경우에도 같은 결과를 도출할 수 있으므로 어찌 됐든 사회자가 꽝인 문 중 하나를 연 후에는 문을 바꿔야 합니다.

그림 9-12를 보면서 이해해 봅시다.

▼ 그림 9-12 몬티 홀 그림 2

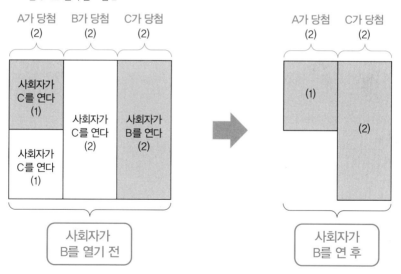

10　'게스트가 A, 사회자가 C' '게스트가 B, 사회자가 A' 등 총 6가지 경우가 있습니다.

게스트인 당신이 처음에 A를 뽑는 경우를 다시 생각해 봅시다.

A가 당첨일 경우 사회자가 연 문은 B나 C로 2가지입니다. 또한, 이미 당신이 문 A를 선택했으므로 B가 당첨인 경우에는 사회자에게 선택지가 없으므로 반드시 C를 열게 됩니다. 마찬가지로 C가 당첨일 경우에는 사회자는 반드시 B를 열게 됩니다.

이를 그림으로 나타내면 '사회자가 B를 열기 전'은 그림 9-12의 왼쪽과 같습니다. ( ) 안의 숫자는 **전체 넓이를 6으로 했을 때**[11] 각 사건이 일어나기 쉬운 정도를 넓이로 나타낸 그림입니다.

다음으로 사회자가 B를 연 후에는 사회자가 C를 연 경우를 생각할 필요가 없어지므로 그림 9-12의 오른쪽처럼 되어 **전체 넓이는 3이 됩니다.** 이때 A가 당첨인 넓이는 1, C가 당첨인 면적은 2가 되므로 **A가 당첨일 확률은 $\frac{1}{3}$, C가 당첨일 확률은 $\frac{2}{3}$인 것을 알 수 있습니다.**

따라서 C로 선택을 바꾸면 당첨될 확률이 높아집니다.

이 문제는 몬티 홀이 사회를 맡은 미국 쇼 방송 'Let's make a deal'에 출제됐던 문제입니다.

이때 게스트 응답자는

> '남은 두 문 중 하나가 당첨이라면 당첨 확률은 바꾸든 바꾸지 않든 $\frac{1}{2}$이다. 확률이 같다면 바꾸지 않는 게 후회가 남지 않는다'

라고 생각하여 '바꾸지 않는다'를 선택했습니다.

이 반응에 대해 당시 기네스북에서 '가장 IQ가 높은 인물'로 인정된 메릴린 보스 사반트[12]는 잡지에 연재하고 있던 칼럼에서 '바꿔야지. 문을 바꾸면 당첨될

---

11 '게스트가 A, 사회자가 C' '게스트가 B, 사회자가 A' 등 총 6가지 경우가 있습니다.

12 나중에 '세계에서 가장 높은 IQ' 항목은 기네스북에서 제외됐습니다.

확률이 2배가 되는데'라고 썼는데 독자에게 '그녀는 틀렸어!'라는 반론 투서가 1
만 통이나 들어와 논쟁은 2년이나 계속됐습니다. 옳았던 사람은 결국 사반트입
니다. 문을 바꾸는 게 당첨 확률이 2배가 됩니다.

다음은 이번 절 처음에도 이야기했던 '99% 확실한 검사에서
1만 명 중 1명이 불치병이 있다고 진단'받았을 때 정말로 병이
있을 확률을 구해 봅시다.

직관과 다른 확률 2: 희귀병 검사 결과

 문제

99% 확실한 검사에서 '1만 명 중 1명이 불치병이 있다'고 진단받았을 때 정말
로 그 병이 있을 확률을 구하세요.

해설 · 해답

이 문제에서는 사건 A와 B를 다음과 같이 정의합시다.

사건 A: 불치병이다.

사건 B: 검사가 양성이다.

이 문제에서 묻고 있는 것은 **결과가 양성이었을 때 (정말로) 불치병이 있을 확률**
이므로 조건부 확률 기호로 적으면 $P_B(A)$를 구하라는 말입니다.

베이즈 정리(187쪽)를 이용하면 다음과 같습니다.

$$P_B(A) = \frac{P(A \cap B)}{P(A \cap B) + P(\overline{A} \cap B)} \qquad \cdots ①$$

식 ①의 분모와 분자를 구해 봅시다. 우선 이 '불치병'은 '1만 명 중 1명의 병'이므로 다음과 같습니다.

$$P(A) = \frac{1}{10000} \quad \cdots \textcircled{2}$$

또한, 실제로 불치병일 경우에 검사 결과가 양성이려면 검사 결과가 맞을 때입니다. 이 검사는 99% 확률로 적중하므로

$$P_A(B) = \frac{99}{100} \quad \cdots \textcircled{3}$$

> $P_A(B)$: 불치병이 있을 때
> 검사가 양성일 확률

이죠. 식 ②와 식 ③에 따라

$$P(A \cap B) = P(A)P_A(B) = \frac{1}{10000} \times \frac{99}{100} = \frac{99}{1000000} \quad \cdots \textcircled{4}$$

입니다. 100만 명 검사자가 있을 때 99명은 불치병이면서 양성으로 나온다는 말입니다.

한편, 불치병이 아니라는 사건은 A의 여사건이므로 식 ②에 따라 다음과 같습니다.

$$P(\overline{A}) = 1 - P(A) = 1 - \frac{1}{10000} = \frac{9999}{10000} \quad \cdots \textcircled{5}$$

그러면 실제로는 불치병이 아닌데 양성이라면 검사 결과가 틀렸을 때입니다. 이 검사가 틀릴 확률은 1%이므로

$$P_{\overline{A}}(B) = \frac{1}{100} \quad \cdots \textcircled{6}$$

이죠. 식 ⑤와 식 ⑥에 따라 다음 식을 구할 수 있습니다.

$$P(\overline{A} \cap B) = P(\overline{A})P_{\overline{A}}(B) = \frac{9999}{10000} \times \frac{1}{100} = \frac{9999}{1000000} \quad \cdots \text{⑦}$$

불치병이 아닌데 양성인 사람이 100만 명 중 9,999명이나 된다는 말입니다! 결국 이 검사로 양성이 나올 가능성은 식 ④와 식 ⑦을 합쳐서

$$P(B) = P(A \cap B) + P(\overline{A} \cap B) = \frac{99}{1000000} + \frac{9999}{1000000} = \frac{10098}{1000000} \quad \cdots \text{⑧}$$

입니다. 100만 명의 검사자가 있을 때 10,098명이 양성이 나오는 것을 알 수 있습니다. 그러면 드디어 진짜로 불치병일 확률을 구해 봅시다. 식 ④와 식 ⑧을 식 ①에 대입합니다.

$$P_B(A) = \frac{P(A \cap B)}{P(A \cap B) + P(\overline{A} \cap B)} = \frac{\dfrac{99}{1000000}}{\dfrac{10098}{1000000}} = \frac{99}{10098} = 0.00980\ldots$$

아니! 검사가 양성이었을 때 (정말로) 불치병일 확률은 약 0.98%밖에 되지 않습니다!

정말일까요? 그림으로 확인해 봅시다.

▼ 그림 9-13 과장하여 표현한 벤 다이어그램

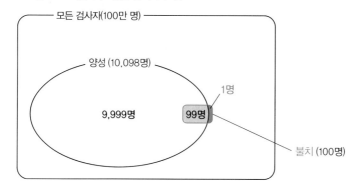

비율을 맞춰서 그리면 보이지 않을 정도로 작아지므로 상당히 과장해서 그렸지만, 그래도 양성으로 진단된 사람(10,098명) 중에서 정말로 불치병이 있는 사람(99명)의 비율은 극히 소수임을 알 수 있습니다.

참고로 옅은 노란색으로 칠해져 있는 1명은 실제로 불치병이었지만 음성으로 오진된 사람입니다.

지금까지 직관과 다른 확률의 예를 2개 살펴봤습니다. 마지막으로 소개하는 예는 수년 전에 인터넷에서 화제가 됐던 문제입니다.

직관과 다른 확률 3: 카드 뒷면은 무슨 색?

주머니에 카드가 3장 들어 있습니다. 한 장은 양면이 빨강(A), 다른 한 장은 양면이 파랑(B), 마지막 한 장은 한쪽 면이 빨강이고 다른 면은 파랑(C)입니다. 눈을 감고 주머니에서 카드를 1장 뽑아 책상 위에 올려놓고 눈을 떠 보니 카드는 빨강이었습니다. 이 카드의 뒷면이 파랑일 확률을 구하세요.

해답

이 문제가 인터넷에 퍼진 후 답이 $\frac{1}{2}$이라고 생각하는 사람과 $\frac{1}{3}$이라고 생각하는 사람으로 크게 나뉘어 논의가 활발했습니다. 도대체 무엇이 정답일까요?

사건 R과 사건 C를 각각 다음과 같이 정의합시다.

사건 R : 책상 위의 카드 뒷면이 빨강

사건 C : 주머니에서 꺼낸 카드가 C

구하려는 확률은 '책상 위의 카드 앞면이 빨강이었을 때 그 카드가 C(뒷면이 파랑)일 확률'이므로 $P_R(C)$를 구하면 됩니다.

확률의 곱셈정리에 따라

$$P(R \cap C) = P(R) \cdot P_R(C) \quad \Rightarrow \quad P_R(C) = \frac{P(R \cap C)}{P(R)} \quad \cdots \text{①}$$

입니다.

$$P(R \cap C) = P(C \cap R) = \frac{1}{3} \times \frac{1}{2} = \frac{1}{6} , \quad P(R) = \frac{3}{6} = \frac{1}{2}$$

이므로 이를 식 ①에 대입하면

$$P_R(C) = \frac{P(R \cap C)}{P(R)} = \frac{\dfrac{1}{6}}{\dfrac{1}{2}} = \frac{1}{6} \div \frac{1}{2} = \frac{1}{6} \times 2 = \frac{1}{3}$$

이 되어서 $\dfrac{1}{3}$이 정답임을 알 수 있습니다.

이 문제도 그림을 그려서 이해해 봅시다.

책상 위의 카드 앞면이 빨강일 때 뒷면이 파랑이려면 책상 위의 카드가 C이어야 합니다. 즉, 지금 생각해야 할 것은 '책상 위의 카드 앞면이 빨강'인 원인이 '주머니에서 뽑은 카드가 C'일 확률입니다.

상황을 그림으로 그려서 생각해 봅시다.

	A	B	C
1	① 빨강	③ 파랑	⑤ 빨강
	② 빨강	④ 파랑	⑥ 파랑

주머니에서 카드를 1장 뽑았을 때 앞면으로 나올 수 있는 경우는 그림 9-14의 ①~⑥ 중 하나이고 일어날 가능성이 모두 동등합니다[13].

이제 책상 위의 카드는 앞이 빨강이므로 지금 일어나고 있는 결과는 ①, ②, ⑤ 중 하나입니다. 이때 뽑은 카드가 C라면 눈앞의 빨강은 ⑤여야 합니다.

따라서 구하려는 확률은 다음과 같습니다.

$$\frac{⑤}{①+②+⑤} = \frac{1}{3}$$

고생하셨습니다! 경우의 수와 확률에 관해 배울 것은 이렇게 끝이지만 경우의 수와 확률은 특히 문제를 풀면서 연습하는 것이 중요합니다. 꼭 다음에 이어지는 '연습 문제'도 도전해 주세요!

---

13 6개의 정사각형 넓이가 모두 1로 '일어날 가능성이 동등함'을 나타내고 있습니다.

▶ 이상적인 파트너를 만나는 방법

'첫시랑을 성공해도 인생에 실패하는 일은 자주 있는 예로, 첫사랑은 실패하는 게 좋다는 이야기도 있다'는 말이 있습니다.

정말 그럴까요?

실제로 인생에서 '운명적인 사람'을 알아보기는 쉽지 않습니다. 우리가 앞으로 만날 사람의 목록을 받을 수 있는 게 아니기 때문입니다. 이상적인 파트너와 함께 하려면 느낌이 좋은 사람이 나타나도 '앞으로 더 좋은 사람을 만날지도 몰라'하며 참는 **인내력**뿐만 아니라 '이 제 이 사람보다 더 좋은 사람은 못 만날 거야'라고 내다보는 **선견성**을 갖춰야 합니다. 이는 상상만으로도 어렵습니다.

하지만 확률·통계 세계에서 이 문제는 이미 해결됐습니다. 간단하게 이야기하기 위해 여기서는 다음과 같은 규칙을 두겠습니다.

- 이상적인 파트너는 1명
- (이상적인 파트너인지 아닌지의) 판단은 교제[14] 중에 합니다.
- 동시에 여러 명의 상대와 교제할 수 없습니다.
- 1명을 선택한 후에는 다른 사람과 교제할 수 없습니다.
- 이전에 뽑지 않은 사람을 나중에 뽑을(다시 만날) 수 없습니다.

이런 조건을 만족하면서 이상적인 파트너를 만나는 문제는 비서를 1명 고용하는 경우에 고용주가 생각해야 할 문제와 닮아서 **비서 문제**(secretary problem)라고 불립니다[15]. 비서 문제는 기대되는 보수를 최대화하기 위해 특정 행동을 취할 최적의 시기를 생각하는 '최적 멈춤 문제' 중 하나입니다.

여기서 우리는

> **특정 사람 수까지는 무조건 보내버리고,**
> **그 후에는 '지금까지 가장 좋은 사람'이 나타난 시점에서**
> **이상적인 파트너라고 판단한다.**

라는 전략을 취합시다. 중요한 점은 **무조건 보내는 '특정 사람 수'를 어떻게 결정할지**입니다.

---

14 여기서 말하는 '교제'는 이상적인 파트너인지 아닌지를 판단하기 위한 '사귐'이라고 생각해 주세요.
15 사귐 문제라고 불리기도 합니다.

예를 들어 후보자의 전체 수가 3명이라고 합시다.

이때 1위~3위의 사람이 나타나는 순서는 다음과 같이 6가지[16]입니다.

① 1위→2위→3위 　　　　② 1위→3위→2위

③ 2위→1위→3위 　　　　④ 2위→3위→1위

⑤ 3위→1위→2위 　　　　⑥ 3위→2위→1위

(가) 무조건 보내는 사람 = 0명인 경우

처음에 만나는 사람은 반드시 (비교 대상이 없으므로) '지금까지 가장 좋은 사람'입니다. 즉, 1명째를 **채용**[17]하게 됩니다. 이때 1위를 채용할 수 있는 경우는 ①~⑥에서 ① 또는 ② 중 하나[18]이므로 성공할 확률(1위를 채용할 수 있을 확률)은 $\frac{2}{6} = \frac{1}{3}$ 입니다.

(나) 무조건 보내는 사람 = 1명인 경우

①이나 ②처럼 1명째가 1위인 경우는 (아무리 매력적이라도) 1위 사람을 무조건 보내버리므로 성공 확률은 0입니다.

③과 ④는 보낸 사람이 1명째가 2위(1위보다 아래로는 제일 높은 순위)이므로 그 후 (2명째나 3명째에) 1위가 나오면 '1명째보다 지금이 더 좋다'고 판단할 수 있어서 1위를 채용할 수 있습니다.

또한, 경우 ⑤도 2명째를 1명째(3위)보다 좋다고 판단하여 무사히 1위를 채용할 수 있습니다. 하지만 경우 ⑥은 2명째를 1명째보다 좋다고 판단해서 채용하게 되어 그 후에 만날 예정이었던 1위를 채용할 수 없습니다. 즉, 1명째는 보낸다고 결정했을 때 앞 사람과 상대평가를 통해 1위를 채용할 수 있는 경우는 ①~⑥ 중 ③, ④, ⑤로 3가지이므로 성공 확률은 $\frac{3}{6} = \frac{1}{2}$ 입니다.

(다) 무조건 보내는 사람 = 2명인 경우

①, ②, ③, ⑤처럼 1명째나 2명째가 1위인 경우는 1위 사람을 무조건 보내버리므로 성공 확률은 0입니다. 남은 ④와 ⑥은 1위를 채용할 수 있습니다. 따라서 성공 확률은 $\frac{2}{6} = \frac{1}{3}$ 입니다.

---

16 $_3\mathrm{P}_3 = 3! = 3 \times 2 \times 1 = 6$가지죠(62쪽).

17 여기서 말하는 '채용'은 '이상적인 상대라고 판단한다'를 의미합니다.

18 ①~⑥ 각 경우는 가능성이 동등하다고 생각해도 됩니다.

이렇게 후보자의 수가 3명인 경우에는 '**1명째는 무조건 보낸다**'고 정한 경우가 가장 높은 **확률로 1위를 채용할 수 있음**을 알 수 있습니다.

그러면 후보자가 n명인 경우에는 어떨까요?

앞과 마찬가지로 생각해서 다음과 같은 공식으로 정리할 수 있습니다.

n명의 후보자가 있을 때 처음 r명까지는 보내버린다고 정한 경우에 이상적인 상대를 만날 확률[19] $P(r)$은 다음과 같습니다.

$$P(r) = \frac{1}{n} \sum_{i=r+1}^{n} \frac{r}{i-1} = \frac{r}{n} \left(\frac{1}{r} + \frac{1}{r+1} + \frac{1}{r+2} + \cdots\cdots + \frac{1}{n-1} \right)$$

눈이 휘둥그레지는 식이지만 이상적인 파트너를 만난다는 인생에서 가장 중요한 일에 관련된 확률이 이렇게 식으로 정리된다는 사실이 놀랍지 않습니까?

이 공식을 따라서 실제로 계산해 본 결과는 다음 표 9-2와 표 9-3에 정리했습니다.

▼ 표 9-2 교제 상대가 10명인 경우

보내는 사람 수	0명	1명	2명	3명	4명
이상적인 파트너를 만날 수 있는 확률	10.00%	28.29%	36.58%	39.87%	39.83%

5명	6명	7명	8명	9명
37.28%	32.74%	26.53%	18.89%	10.00%

---

19 i번째에 1위가 있을 경우를 생각해 봅시다(확률은 $\frac{1}{n}$). 만약 $i \leq r$이라면 무조건 보내버린 r명 중에 1위가 있으므로 1위를 채용할 수 있을 확률은 0입니다. 따라서 $i > r$일 때만 생각하면 충분합니다. 이때 무조건 보낸 r명 안에 (i번째에 도달하기 전) $i-1$ 중에서 가장 나은 사람이 있다면 (확률은 $\frac{1}{i-1} \times r = \frac{r}{i-1}$) 뽑으려고 했을 때 $i-1$번째까지 사람은 모두 보내버린 사람 중에 있었던 '$i-1$명 중에는 가장 나은 사람'보다 떨어집니다. 그렇게 되면 '지금까지 가장 좋은 사람'은 i번째 사람이 처음이게 되어 무사히 1위를 채용할 수 있습니다(그렇지 않으면 i번째 도달하기 전에 보낸 사람들보다 매력적인 사람이 나타나서 1위가 아닌 그 사람을 실수로 채용하게 됩니다).

보내는 사람 수	0명	1명	2명	~	6명
이상적인 파트너를 만날 수 있는 확률	5.00%	17.74%	25.48%		37.93%

	7명	8명	~	17명	18명	19명
	38.42%	38.20%		14.20%	9.74%	5.00%

계산 결과로 알 수 있듯이 살면서 최대 10명의 상대와 사귄다면 처음 3명을 찼을 때 운명적인 사람과 만날 확률이 최대가 됩니다. 또한, 만약 최대 20명과 사귄다면 처음 7명을 찼을 때 이상적인 상대를 만날 확률이 최대가 됩니다.

그뿐만이 아닙니다. 앞 공식은 n이 충분히 클 때

$$P(r) = \frac{1}{n} \sum_{i=r+1}^{n} \frac{r}{i-1} \fallingdotseq \frac{r}{n} \int_{r}^{n} \frac{1}{x} dx = \frac{r}{n} \log_e \frac{n}{r}$$

으로 근사할 수 있고[20] 이 식을 미분하면

$r = \dfrac{n}{e}$일 때 확률 $P(r)$이 최댓값이 되고 그 값은 $P\left(\dfrac{n}{e}\right) = \dfrac{1}{e}$ 임을 알 수 있습니다. e는 **네이피어 수**(또는 **자연로그의 밑**)라 불리는 상수이고 $e = 2.7182818\cdots$이므로 $\dfrac{1}{e}$은 약 0.368입니다.

지금까지 살펴본 대로 어느 정도 많은 사람과 교제할 예정(?)이라면 이상적인 사람과 만나기 위해 최적인 행동은 다음과 같습니다.

  (A) 교제한 사람 수가 교제 예정인 사람 수의 약 36.8%가 되기까지는 정보 수집을 위한 표본 추출로 생각하고 결혼 약속은 하지 않는다.
  (B) A 단계가 지나면 이후에 나타나는 사람 중에서 '지금까지 가장 좋은 사람'이라고 생각되는 사람을 선택한다.

이렇게 하면 가장 높은 확률(약 36.8%)로 이상적인 파트너를 만날 수 있습니다. 이를 **36.8% 법칙**이라고 부르기도 합니다.

---

20 이 수식은 이해하지 않고 넘어가도 괜찮습니다.

하지만 여기까지 읽고 나서

'전체 수를 알지 못하면 맨 처음 36.8%가 몇 명인지 모르잖아'

라고 생각하는 사람이 적지 않을 것입니다. 당연한 말이긴 하지만 괜찮습니다. 앞의 법칙은 평생 동안 교제하는 사람 수를 몰라도 사귀는 기간이 평생 동안 어느 정도 있을지를 안다면 응용할 수 있습니다. 이 경우의 수식은 더 복잡하지만 결과는 역시 '36.8% 법칙'이 됩니다.

모든 교제 기간에 처음 36.8%는 '보내는 기간'으로 생각하고 파트너를 뽑는 심미안을 갈고 닦는 데 노력하세요. 이 기간은 프러포즈하면 안 되며 상대에게 프러포즈를 받은 경우는 거절하는 게 현명합니다. 그리고 보내는 기간이 끝나면 이번에는 '진지하게 교제하는 기간'이 됩니다. '보내는 기간' 동안 키운 심미안을 가지고 그때까지 만난 사람 중 최고라고 생각하는 사람이 있다면 주저하지 말고 그 사람을 고릅시다. 그렇다면 가장 높은 확률로 이상적인 파트너를 만날 수 있습니다.

그림 9-15는 평생 동안 교제 기간이 15세~45세로 30년이라고 했을 때의 예시입니다. 30년간 36.8%가 지나는 건 26세 정도일 때이므로 그때까지는 가볍게 결혼을 결정하지 않는 것이 좋다는 게 확률이 알려주는 합리적인 판단입니다. 이를 하나의 기준으로 삼으면 어떨까요?

▼ 그림 9-15 평생 동안 교제 기간이 15세~45세의 30년이라고 했을 때

참고로 (지금까지의 이론을 응용해서) 1위에 집착하지 않고 평생 교제하는 사람 중에서 상위 15%에 들어가는 사람과 하나가 될 때 행복하다고 한다면, 성공 확률이 최대가 되는 때는 **보내는 기간이 전체의 19%**(앞 예제로 21세 직전까지)일 때이고 **확률은 78%**라고 알려져 있습니다.

3^장

연습 문제: 경우의 수

★★★… 교과서 기본
★★★★… 교과서 응용
★★★★… 수능 기본
★★★★… 수능 실전

A / 집합

문제 A-1   난이도 ★★★★

> $U=\{x\,|\,x$는 자연수, $x\le 6\}$을 전체집합, $A=\{x\,|\,x\in U,\ x$는 짝수$\}$,
> $B=\{x\,|\,x\in U,\ x\le 3\}$고 할 때 집합 $\overline{A}\cap\overline{B}$의 성분을 나열하세요.

해설

각 집합은 성분이 만족하는 조건을 적는 방법(16쪽)으로 표현되어 있지만 전체
집합은 겨우 '6 이하의 자연수[1]'이므로 성분을 나열하는 방법(16쪽)으로 표현할
수도 있습니다. 그다음 벤 다이어그램(33쪽)으로 정리해 봅시다. 드 모르간의
법칙(26쪽)을 사용하여 $\overline{A}\cap\overline{B}=\overline{A\cup B}$로 생각하면 구하려는 집합이 그림의
어느 부분인지 더 알기 쉽습니다.

해답

전체집합 U는

　　　U: 6 이하인 자연수의 집합

이므로 집합 A, B는 각각

　　　A: 6 이하인 자연수이면서 짝수인 집합
　　　B: 6 이하인 자연수이면서 3 이하인 수의 집합

입니다. A와 B를 **성분을 나열하는 방법**으로 적어 보면

1　1 이상인 정수(1, 2, 3 ······)를 말합니다.

$$A = \{2, 4, 6\}$$
$$B = \{1, 2, 3\}$$

이 됩니다. 노란색 성분은 A와 B에 동시에 포함되는 성분[2]입니다.

또한, 구하려는 집합 $\overline{A} \cap \overline{B}$는 '$A$의 여집합[3]이면서 B의 여집합'이고 **드 모르간의 법칙**을 사용하면 $\overline{A} \cap \overline{B} = \overline{A \cup B}$이므로[4] 구하려는 집합은 그림 A–1의 노란색 부분과 같습니다.

❤ 그림 A–1 문제의 벤 다이어그램

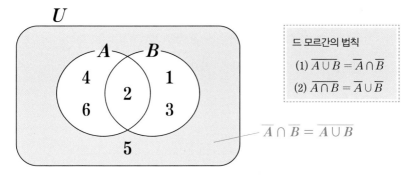

따라서 $\overline{A} \cap \overline{B} = \{5\}$입니다.

이제 시작입니다. 이번 문제는 쉽다고 생각한 분이 많을 것입니다. 집합과 관련된 독특한 기호와 용어는 계속해서 익혀 두세요.

---

2 성분: 집합에 포함된 하나하나를 말합니다(14쪽).

3 A의 여집합($\overline{A}$): 전체집합 U에 포함되면서 A에 포함되지 않는 집합을(23쪽) 말합니다.

4 ∩은 '그리고', ∪은 '또는'을 나타냅니다(21쪽).

전체집합 U를 $U=\{x\,|\,x$는 20 이하인 자연수$\}$라 하고 다음 부분집합 A, B, C를 생각합니다.

$A=\{x\,|\,x\in U$이면서 x는 20의 약수$\}$

$B=\{x\,|\,x\in U$이면서 x는 3의 배수$\}$

$C=\{x\,|\,x\in U$이면서 x는 짝수$\}$

집합 A의 여집합을 $\overline{A}$라 표시하고 공집합을 $\varnothing$이라 표시합니다. 이때
$\boxed{\text{가}}$, $\boxed{\text{나}}$ 에 알맞은 것을 ⓪~③ 중에 고르세요.

(1) 다음 집합의 관계의 참·거짓 조합으로 알맞은 것은 $\boxed{\text{가}}$ 입니다.

(a) $A\subset C$

(b) $A\cap B=\varnothing$

	⓪	①	②	③
(a)	참	참	거짓	거짓
(b)	참	거짓	참	거짓

(2) 집합 관계의 참·거짓 조합으로 알맞은 것은 $\boxed{\text{나}}$ 입니다.

(c) $(A\cup C)\cap B=\{6,\,12,\,18\}$

(d) $(\overline{A}\cap C)\cup B=\overline{A}\cap(B\cup C)$

	⓪	①	②	③
(c)	참	참	거짓	거짓
(d)	참	거짓	참	거짓

이 문제도 앞 문제와 마찬가지로 벤 다이어그램으로 정리합시다.

(c)와 (d)처럼 약간 복잡한 집합 관계는 다음과 같이 풀어쓰면 좀 더 알기 쉽습니다.

$(A \cup C) \cap B$ → 'A 또는 C'면서 B이다.

$(\overline{A} \cap C) \cup B$ → 'A가 아니면서 C'이거나 B이다.

$\overline{A} \cap (B \cup C)$ → A가 아니면서 'B 또는 C'이다.

해답

전체집합 U는

U : 20 이하인 자연수 집합

이므로 집합 A, B, C는 각각 다음과 같습니다.

A : 20 이하인 자연수이면서 20의 약수인 집합

B : 20 이하인 자연수이면서 3의 배수인 집합

C : 20 이하인 자연수이면서 짝수인 집합

각 집합을 성분을 나열하는 방법으로 적어 보면

$A = \{1, 2, 4, 5, 10, 20\}$

$B = \{3, 6, 9, 12, 15, 18\}$

$C = \{2, 4, 6, 8, 10, 12, 14, 16, 18, 20\}$

이 됩니다. 노란색 숫자는 A와 C에 공통으로 포함되는 성분입니다. 벤 다이어그램으로 나타내 봅시다.

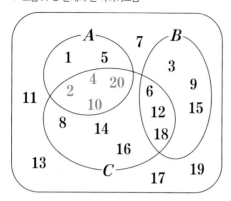

(a)와 (b)

그림 A-2에서 알 수 있듯이 '$A \subset C = A$는 C의 부분집합'[5]이 아닙니다. 따라서 **(a)는 거짓**입니다. 또한, 집합 A와 집합 B에 공통으로 포함되는 성분이 없으므로 '$A \cap B = \varnothing = A$ 그리고 B는 공집합'[6]은 맞습니다. 따라서 **(b)는 참**입니다.

이렇게 참 · 거짓 조합으로 옳은 것은 ②입니다.

(c)와 (d)

일반적으로

✔ 그림 A-3 교집합과 합집합

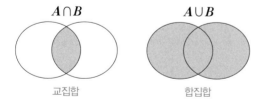

이라는 사실(21쪽)을 떠올려 보면

---

5 'A는 C의 부분집합이다($A \subset C$)'는 '집합 A의 모든 성분이 집합 C에 포함된다'라는 의미입니다(19쪽).

6 공집합($\varnothing$): 성분이 하나도 없는 집합입니다(20쪽).

▼ 그림 A-4 (c)를 벤 다이어그램으로 풀기

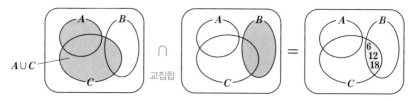

이므로 다음 등식은 옳습니다.

$$(A \cup C) \cap B = \{6, \ 12, \ 18\}$$

따라서 **(c)는 참**입니다. 또한, 그림 A-5를 살펴보면 다음 등식도 옳습니다.

$$(\overline{A} \cap C) \cup B = \overline{A} \cap (B \cup C)$$

▼ 그림 A-5 (d)를 벤 다이어그램으로 풀기

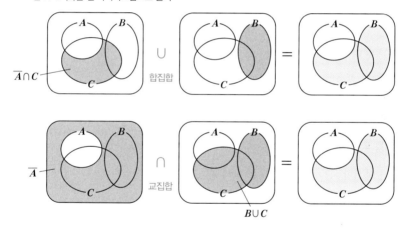

따라서 **(d)는 참**입니다. 이렇게 참·거짓 조합으로 옳은 것은 ⓪입니다.

$\overline{A} \cap C$를 'A가 아니면서 C'로 해석할 수 있다면 그림으로 이해하기 쉬워집니다. 집합이 여러 개일 경우에는 그림을 그려 보면 합집합과 교집합을 더 깊게 이해할 수 있습니다. 읽기만 해서는 그림이 잘 떠오르지 않는다면 꼭 직접 그려 보세요.

문제 A-3

> 정수를 성분으로 하는 두 집합 $A=\{2,\ 6,\ 5a-a^2\}$, $B=\{3,\ 4,\ 3a-1,$ $a+b\}$가 있습니다. 4가 교집합 $A\cap B$에 속할 때 $a=\boxed{\ \ 가\ \ }$ 또는 $\boxed{\ \ 나\ \ }$(단, $\boxed{\ \ 가\ \ }<\boxed{\ \ 나\ \ }$)입니다. 또한, $A\cap B=\{4,\ 6\}$일 때 $b=\boxed{\ \ 다\ \ }$이고 합집합 $A\cup B=\{2,\ 3,\ 4,\ 6,\ \boxed{\ \ 라\ \ }\}$입니다. $\boxed{\ \ 가\ \ }$, $\boxed{\ \ 나\ \ }$, $\boxed{\ \ 다\ \ }$, $\boxed{\ \ 라\ \ }$에 들어갈 알맞은 답을 구하세요.

해설

처음 두 문제는 '4가 교집합 $A\cap B$에 속한다'는 문장에서 A에는 4가 포함되는 것을 알 수 있습니다. 즉, $5a-a^2=4$입니다. 이 a에 관한 2차 방정식을 풀면 a 값을 구할 수 있습니다.

나머지 두 문제는 처음 두 문제에서 구한 a 값을 실제로 대입해 보고 A와 B의 성분을 나열해 보면 $A\cap B=\{4,\ 6\}$이라는 조건에 맞는 a와 b 값을 구할 수 있습니다.

해답

[처음 두 문제]

'4가 교집합 $A\cap B$에 속한다'에서 다음을 구할 수 있습니다.

$5a-a^2=4$

$\Rightarrow\ \ a^2-5a+4=0$

$\Rightarrow\ \ (a-1)(a-4)=0$

$\Rightarrow\ \ a=1$ 또는 4

[나머지 두 문제]

(i) $a=1$일 때

집합 A와 B는 다음과 같이 쓸 수 있습니다.

$$A = \{2, \ 6, \ 5a - a^2\} = \{2, \ 6, \ 4\}$$
$$B = \{3, \ 4, \ 3a - 1, \ a + b\} = \{3, \ 4, \ 2, \ 1 + b\}$$

그러면 b 값에 상관없이 A와 B의 교집합에는 **적어도 2와 4가 포함돼야 합니다.** 이는 $A \cap B = \{4, 6\}$이라는 조건과 모순됩니다. 따라서 부적합합니다.

(ii) $a = 4$일 때

집합 A와 B는 다음과 같이 쓸 수 있습니다.

$$A = \{2, \ 6, \ 5a - a^2\} = \{2, \ 6, \ 4\}$$
$$B = \{3, \ 4, \ 3a - 1, \ a + b\} = \{3, \ 4, \ 11, \ 4 + b\}$$

$A \cap B = \{4, 6\}$이려면

$$6 = 4 + b \quad \Rightarrow \quad \boldsymbol{b = 2}$$

이어야 합니다[7]. 실제로 이때 집합 A와 B는 다음과 같으므로

$$A = \{2, \ 4, \ 6\}$$
$$B = \{3, \ 4, \ 6, \ 11\}$$

A와 B의 교집합과 합집합은 다음과 같이 구할 수 있습니다.

$$A \cap B = \{4, \ 6\}$$
$$A \cup B = \{2, \ 3, \ 4, \ 6, \ 11\}$$

이렇게 $\boxed{\text{가}}$: 1, $\boxed{\text{나}}$: 4, $\boxed{\text{다}}$: 2, $\boxed{\text{라}}$: 11입니다.

퍼즐 같은 문제였습니다. **적어도 ~가 아니면 안 된다**[8]와 '~라면 이상하다(모순된다)'[9] 등의 발상을 사용해서 a와 b의 정체를 밝혀내는 부분이 핵심입니다.

---

7 B의 성분 중 6이 될 가능성이 있는 성분은 $4 + b$밖에 없기 때문입니다.

8 필요조건에 따라 해를 좁혀간다는 의미입니다.

9 귀류법

문제 A-4

집합 S를 m^2+n^2 (m, n은 정수)으로 표현되는 정수의 전체집합, 즉 $S=\{m^2+n^2 \mid m,\ n$은 정수$\}$라 합시다. 예를 들어 $2018=13^2+43^2$이므로 2018은 집합 S에 속합니다.

(1) a를 자연수라고 합시다. a가 S에 속한다면 a를 4로 나눴을 때의 나머지는 0, 1, 2 중 하나임을 보이세요.

(2) a, b를 자연수라고 할 때, a, b가 모두 S에 속한다면 ab도 S에 속함을 보이세요.

(3) 2018보다 크면서 S에 속하는 제일 작은 자연수를 구하세요.

해설

(1) 이 문제와 비슷한 문제로 **'정수를 제곱한 수(제곱수)를 3으로 나눈 나머지는 0, 1 중 하나임을 보여라'**라는 문제를 생각해 봅시다.

무수히 존재하는 정수 전체를 조사한다는 건 도저히 불가능하다고 생각할 수 있지만, 정수 n을 3으로 나눴을 때의 나머지로 분류해서

- $n=3k$일 때 $\Rightarrow n^2=(3k)^2=3\cdot 3k^2$
- $n=3k+1$일 때 $\Rightarrow n^2=(3k+1)^2=9k^2+6k+1=3(3k^2+2k)+1$
- $n=3k+2$일 때 $\Rightarrow n^2=(3k+2)^2=9k^2+12k+4=3(3k^2+4k+1)+1$

이라는 세 경우를 조사하면 모든 정수를 조사한 것과 같습니다. k에 정수를 자유롭게 대입하면 어떤 정수라도 위의 세 경우 중 하나가 되기 때문입니다. 본문은 '4로 나눈 나머지'를 묻고 있으므로 정수 m과 정수 n을 4로 나눈 나머지로 분류하려고 한 사람도 있을 것입니다(그렇게 해도 됩니다). 하지만 사실 **2로 나눈 나머지로 분류하면 충분**합니다(자세한 내용은 해답을 봐주세요).

(2) a와 b는 모두 S에 속하므로 $a = m^2 + n^2$, $b = k^2 + l^2$ 등으로 두고 실제로 ab를 계산한 후 $ab = (\quad)^2 + (\quad)^2$ 형태가 되도록 잘 만들면 됩니다. 단, 이렇게 하려면 약간 억지로 식을 변형해야 합니다.

(3) 큰 문제와 작은 문제로 나뉘어 있을 때 **바로 앞의 문제가 그 다음 문제의 힌트가 되는 경우가 매우 많습니다.** 이 문제도 2019, 2020…으로 순서대로 조사할 때 (1)을 통해 후보가 좁혀지고 (2)를 통해 S에 속하는지 편하게 판단할 수 있는지 살펴봅니다.

해답

(1)

자연수 a는 S에 속하므로

$$a = m^2 + n^2$$

으로 표기할 수 있습니다. 여기서 m, n은 정수입니다.

(i) $m = 2k$일 때 (k는 정수)

$$m^2 = (2k)^2 = 4k^2$$

여기서 k^2은 정수이므로 m^2을 4로 나눈 나머지는 0입니다.

(ii) $m = 2k + 1$일 때 (k는 정수)

$$m^2 = (2k + 1)^2 = 4k^2 + 4k + 1 = 4(k^2 + k) + 1$$

여기서 $k^2 + k$는 정수이므로 m^2을 4로 나눈 나머지는 1입니다.

(i), (ii)에 따라 m이 정수일 때 **m^2을 4로 나눈 나머지는 0 또는 1입니다.** 마찬가지로 n이 정수일 때 **n^2을 4로 나눈 나머지도 0 또는 1입니다.**

따라서 m, n이 정수일 때 $m^2 + n^2$을 4로 나눈 나머지는

$$0 + 0, \quad 1 + 0, \quad 0 + 1, \quad 1 + 1$$

중 하나입니다. 즉, $a = m^2 + n^2$을 4로 나눈 나머지는 0, 1, 2 중 하나임을 알 수 있습니다.

증명 끝

(2)

a와 b는 모두 S에 속하므로 m, n, k, l을 정수라 하면

$$a = m^2 + n^2$$
$$b = k^2 + l^2$$

로 둘 수 있습니다.

$ab = (m^2 + n^2)(k^2 + l^2)$

$\Rightarrow \quad ab = m^2 k^2 + m^2 l^2 + n^2 k^2 + n^2 l^2$

$\Rightarrow \quad ab = m^2 k^2 + n^2 l^2 + m^2 l^2 + n^2 k^2$

$\Rightarrow \quad ab = m^2 k^2 + 2mknl + n^2 l^2 + m^2 l^2 - 2mknl + n^2 k^2$

> 억지로 만들기!

$$x^2 + 2xy + y^2 = (x+y)^2 \qquad x^2 - 2xy + y^2 = (x-y)^2$$

$\Rightarrow \quad ab = (mk + nl)^2 + (ml - nk)^2$

여기서 $mk + nl$과 $ml - nk$는 모두 정수이므로 ab는 S에 속합니다.

증명 끝

(3)

$$2019 \div 4 = 504 \cdots 3$$

에서 2019를 4로 나눈 나머지는 3입니다.

(1)에서 보였듯이 S에 속한 수를 4로 나눈 나머지는 반드시 0, 1, 2 중 하나이므로 2019는 (자세히 조사할 필요도 없이) S에 속하지 않음을 알 수 있습니다.

다음으로 2020은 2020 ÷ 4 = 505로 4로 나누어떨어지므로 2020은 S에 속할 가능성이 있습니다[10]. 조금 더 자세히 살펴봅시다.

하지만 2020이 두 제곱수(정수를 제곱한 수)의 합으로 나타낼 수 있는지를 조사하는 것은 복잡하므로 (2)를 사용합시다.

$$2020 = 4 \times 505$$

이고

$$4 = 0 + 4 = 0^2 + 2^2$$
$$505 = 64 + 441 = 8^2 + 21^2$$

이므로 4와 505 모두 S에 속하는 수입니다.

(2)에서 S에 속하는 두 수의 곱은 S에 속하므로 2020은 S에 속합니다. 이렇게 2018보다 크면서 S에 속하는 제일 작은 자연수는 2020입니다.

---

(3)과 같은 문제를 풀기 위해서라도

$121 \ (=11^2), \ 144 \ (=12^2), \ 169 \ (=13^2), \ 196 \ (=14^2), \ 225 \ (=15^2),$

$256 \ (=16^2), \ 289 \ (=17^2), \ 324 \ (=18^2), \ 361 \ (=19^2), \ 441 \ (=21^2),$

$484 \ (=22^2), \ 529 \ (=23^2), \ 576 \ (=24^2), \ 625 \ (=25^2), \ 676 \ (=26^2),$

$729 \ (=27^2), \ 784 \ (=28^2), \ 841 \ (=29^2), \ 961 \ (=31^2),$

$1024 \ (=32^2) \ \cdots$

등의 제곱수를 외우고 있으면 편리합니다.

---

10 'a가 S에 속한다면 a를 4로 나눈 나머지가 0이나 1이나 2'이므로 어떤 수를 4로 나눈 나머지가 0이나 1이나 2라는 말은 어떤 수가 S에 속하기 위해 (적어도) 필요한 조건(P ⇒ Q가 참일 때 Q는 P이기 위한 필요조건)입니다.

B 집합의 성분 개수

문제 B-1

난이도 ★★★★

> 300명을 대상으로 '두 놀이동산 D와 U에 가본 적이 있는가?'를 조사했더니 D에 가본 적이 있는 사람이 147명, U에 가본 적이 있는 사람이 86명, 둘 다 가본 적이 없는 사람이 131명이었습니다.
>
> (1) 둘 다 가본 적이 있는 사람의 수를 구하세요.
> (2) 어느 쪽이든 한쪽만 가본 적이 있는 사람의 수를 구하세요.

해설

여집합의 성분 개수 공식(37쪽)과 합집합의 성분 개수 공식(34쪽)을 잘 사용한다면 식 변형만으로 풀 수 있습니다.

다른 풀이로 공식은 사용하지 않고 그림을 사용하여 푸는 방법도 살펴봅니다.

해답

(1)

전체집합 T[11], 놀이동산 D에 가본 적이 있는 사람의 집합을 A, 놀이동산 U에 가본 적이 있는 사람의 집합을 B라고 합시다. '둘 다 가본 적이 있는 사람'의 집합은 $A \cap B$이므로 $n(A \cap B)$가 **구해야 하는 값**입니다.

---

11 전체집합(universal set 또는 total set)은 U로 나타내는 경우가 많은데, 이 문제에서는 놀이동산 이름(첫 글자)에 U를 사용했으므로 (D는 디즈니랜드, U는 유니버설 스튜디오겠죠), 혼란을 피하려고 T로 두었습니다.

문제에서

$$n(T) = 300, \quad n(A) = 147, \quad n(B) = 86, \quad n(\overline{A} \cap \overline{B}) = 131 \quad \cdots \; ※$$

임을 알 수 있습니다[12].

여집합의 성분 개수 공식(36쪽)에 따라

$$n(\overline{A \cup B}) = n(T) - n(A \cup B) \quad \cdots \; ①$$

> **여집합의 성분 개수**
> $n(\overline{A}) = n(U) - n(A)$

이고, **합집합의 성분 개수 공식**(34쪽)에 따라

$$n(A \cup B) = n(A) + n(B) - n(A \cap B) \quad \cdots \; ②$$

이므로 식 ②를 식 ①에 대입하면

$$n(\overline{A \cup B}) = n(T) - \{n(A) + n(B) - n(A \cap B)\} \quad \cdots \; ③$$

입니다. 여기서 **드 모르간의 법칙**(26쪽)에 따라

$$n(\overline{A \cup B}) = n(\overline{A} \cap \overline{B}) = 131$$

> **드 모르간의 법칙**
> (1) $\overline{A \cup B} = \overline{A} \cap \overline{B}$
> (2) $\overline{A \cap B} = \overline{A} \cup \overline{B}$

이 되므로 주의합시다. 다른 알고 있는 값(※)도 식 ③에 대입하면 다음과 같습니다.

$$131 = 300 - \{147 + 86 - n(A \cap B)\}$$
$$\Rightarrow \quad 131 = 300 - 233 + n(A \cap B)$$
$$\Rightarrow \quad 131 = 67 + n(A \cap B)$$
$$\Rightarrow \quad n(A \cap B) = 131 - 67 = \mathbf{64}$$

---

12 $n(A)$: 집합 A의 성분 개수. 'number of set A'를 축약한 것입니다.

따라서 **둘 다 가본 적이 있는 사람의 수는** 64명입니다.

(2)

'D에만 가본 적이 있는 사람 수'는 $n(A) - n(A \cap B)$이고

'U에만 가본 적이 있는 사람 수'는 $n(B) - n(A \cap B)$이므로 구하려는 값은 ※와 (1)의 결과에서 다음과 같이 구할 수 있습니다.

$$\{n(A) - n(A \cap B)\} + \{n(B) - n(A \cap B)\}$$
$$= (147 - 64) + (86 - 64) = 83 + 22 = \mathbf{105}$$

따라서 **어느 쪽이든 한쪽만 가본 적이 있는 사람의 수는** 105명입니다.

[다른 풀이 1]

(1)

❤ 그림 B-1 벤 다이어그램을 사용한 풀이

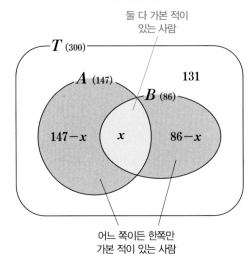

둘 다 가본 적이
있는 사람

T : 전체

A : D에 가본 적이 있는 사람

B : U에 가본 적이 있는 사람

어느 쪽이든 한쪽만
가본 적이 있는 사람

'둘 다 가본 적이 있는 사람의 수'를 x(명)이라고 하면 그림 B-1에서 다음과 같이 구할 수 있습니다.

$$(147 - x) + x + (86 - x) + 131 = 300$$
$$\Rightarrow \quad 147 + 86 + 131 - x = 300$$
$$\Rightarrow \quad 364 - x = 300$$
$$\Rightarrow \quad x = 364 - 300 = \mathbf{64}$$

따라서 **둘 다 가본 적이 있는 사람의 수**는 64명입니다.

(2)

'어느 쪽이든 한쪽만 가본 적이 있는 사람'은 다음과 같이 구할 수 있습니다.

$$(147 - x) + (86 - x) = (147 - 64) + (86 - 64) = 83 + 22 = \mathbf{105}$$

따라서 **어느 쪽이든 한쪽만 가본 적이 있는 사람 수**는 105명입니다.

[다른 풀이 2]

❤ 표 B-1 표로 정리한 사람의 수

	D에 가본 적이		
	있다	없다	합
U에 가본 적이 — 있다	ㅁ	ㄷ	86
없다	ㄹ	131	ㄴ
합	147	ㄱ	300

이렇게 표로 정리해서 ㄱ → ㄴ → ㄷ → ㄹ → ㅁ을 순서대로 계산합니다.

$$\daleth = 300 - 147 = 153$$

$$\lambda = 300 - 86 = 214$$

$$\sqsubset = \daleth - 131 = 153 - 131 = 22$$

$$\rho = \lambda - 131 = 214 - 131 = 83$$

$$\sqcap = 147 - \rho = 147 - 83 = 64$$

이 값을 표 B-1에 집어 넣으면 표 B-2와 같습니다.

▼ 표 B-2 표에 값을 대입

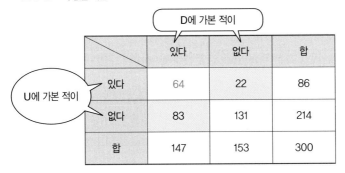

(1)

둘 다 가본 적이 있는 사람의 수는 64명입니다.

(2)

$$83 + 22 = \mathbf{105}$$

에서 **어느 쪽이든 한쪽만 가본 적이 있는 사람의 수는** 105명입니다.

이 문제는 공식을 사용해서 풀거나 그림으로 정리하여 풀거나 표를 사용해서 푸는 등 여러 가지 풀이법이 있지만 어떤 방법을 사용해도 풀 수 있게 공부해 두었으면 좋겠습니다.

문제 B-2

> 집합 X의 성분 개수를 $n(X)$로 나타낸다고 합시다. 전체집합 U의 부분집합 A, B가 있을 때 $n(U)=50$, $n(A)=25$, $n(B)=40$이라면 $n(\overline{A} \cap B)$ 가 될 수 있는 값의 범위는 '[가] $\leq n(\overline{A} \cap B) \leq$ [나]'입니다. [가]와 [나]에 알맞은 답을 구하세요.

해설

▼ 그림 B-2 문제를 벤 다이어그램으로 해석

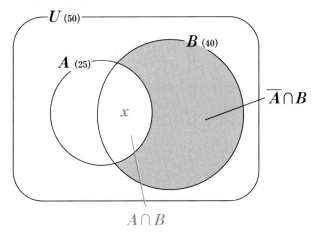

$$n(\overline{A} \cap B) = n(B) - n(A \cap B) = 40 - n(A \cap B)$$

이므로[13], $n(A \cap B)$ 값의 범위를 알면 해결할 수 있습니다.

$n(A \cap B)$ 값이 최소가 되려면 $A \cup B$(A와 B의 합집합)가 전체집합과 일치해야 합니다. 또한, $n(A \cap B)$ 값이 최대가 되려면 A가 B의 부분집합이어야 하며 이때 $A \cup B$는 B와 같아진다는 사실을 사용합시다.

---

13 $\overline{A} \cap B$는 'A가 아니면서 B'와 같이 이해합시다.

$n(A \cap B) = x$라 합시다.

합집합의 성분 개수 공식(33쪽)에 따라 다음과 같이 쓸 수 있습니다.

$$n(A \cup B) = n(A) + n(B) - n(A \cap B)$$
$$= 25 + 40 - x = 65 - x$$

여기서

$$n(B) \le n(A \cup B) \le n(U)$$

이므로[14] 다음과 같이 쓸 수 있습니다.

$$40 \le 65 - x \le 50$$
$$\Rightarrow \quad 40 - 65 \le -x \le 50 - 65$$
$$\Rightarrow \quad -25 \le -x \le -15$$
$$\Rightarrow \quad 15 \le x \le 25$$

$$n(\overline{A} \cap B) = n(B) - n(A \cap B) = 40 - n(A \cap B) = 40 - x$$

여기서 x가 각각 15일 때, 25일 때의 $n(\overline{A} \cap B)$를 구합니다.

$$x = 15일 때, \quad n(\overline{A} \cap B) = 40 - x = 40 - 15 = 25$$
$$x = 25일 때, \quad n(\overline{A} \cap B) = 40 - x = 40 - 25 = 15$$

따라서 다음과 같이 구할 수 있습니다.

$$\mathbf{15 \le n(\overline{A} \cap B) \le 25}$$

이렇게 구하고자 하는 답은 　가　 : 15, 　나　 : 25입니다.

---

14   일반적으로 'A와 B의 합집합'은 '큰 쪽 집합' 이상이면서 '전체집합' 이하입니다.

이 문제는 다음과 같이 선분 그림으로 생각하면 이미지를 떠올리기 쉽습니다.

▼ 그림 B-3 선분을 이용한 풀이

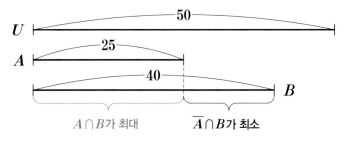

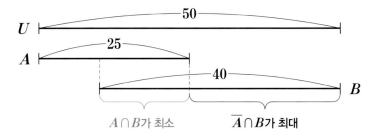

U를 나타내는 길이 50인 선분과 A를 나타내는 길이 25인 선분은 고정하고 B를 나타내는 길이 40인 선분을 좌우로 움직여 보세요. 그러면 $A \cap B$가 최대일 때 $A \cup B$는 B와 일치하고(A는 B의 부분집합이 되고), $A \cap B$가 최소일 때 $A \cup B$는 U와 일치하는 것을 알 수 있습니다.

문제 B-3

> 학생 200명이 시험 A, B, C를 보았습니다. 시험 A 합격자는 105명, B 합격자는 88명이었습니다. 또한, A, B 둘 다 합격한 학생은 55명, 시험 C만 합격한 학생은 34명입니다. 이때 시험 A, B, C 모두 합격하지 못한 학생은 몇 명인지 구하세요.

해설

언뜻 봐서는 정보가 너무 적어 보이지만 그림으로 정리해 보면 의외로 간단한 방정식만 풀면 해결할 수 있습니다.

해답

❤ 그림 B-4 벤 다이어그램으로 나타낸 문제

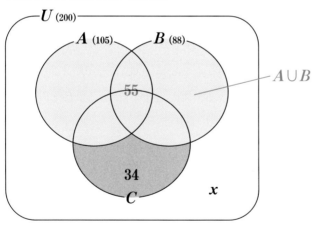

'시험 A, B, C 모두 합격하지 못한 학생' 수를 x(명)이라고 하면, 그림 B-4에 따라 다음과 같습니다.

$$n(A \cup B) + 34 + x = 200 \quad \cdots ①$$

합집합의 성분 개수 공식(33쪽)으로 다음과 같이 구합니다.

$$n(A \cup B) = n(A) + n(B) - n(A \cap B)$$
$$= 105 + 88 - 55 = 138$$

이 값을 식 ①에 대입합니다.

$$138 + 34 + x = 200$$
$$\Rightarrow \quad 172 + x = 200$$
$$\Rightarrow \quad x = 200 - 172 = 28$$

따라서 **시험 A, B, C 모두 합격하지 못한 학생 수는** 28명입니다.

참고로 수식으로만 푼 다른 풀이도 살펴봅시다.

$$n(\overline{A} \cap \overline{B} \cap \overline{C}) = n(\overline{A \cup B \cup C})$$
$$= n(U) - n(A \cup B \cup C)$$
$$= n(U) - \{ n(A \cup B) + n(\overline{A} \cap \overline{B} \cap C) \}$$
$$= n(U) - \{ n(A) + n(B) - n(A \cap B) + n(\overline{A} \cap \overline{B} \cap C) \}$$
$$= 200 - (105 + 88 - 55 + 34)$$
$$= 200 - 172 = 28$$

중간에 드 모르간의 법칙과 여집합의 성분 개수 공식, 합집합의 성분 개수 공식 등을 사용했습니다.

문제 B-4

난이도 ★★★★

> 자연수 N은 30의 배수입니다.
>
> $U=\{x \mid x$는 1 이상 N 이하인 홀수$\}$
>
> $A=\{x \mid x \in U,\ x$는 3의 배수$\}$, $B=\{x \mid x \in U,\ x$는 5의 배수$\}$
>
> 라 하고 집합 U, A, B, $A \cap B$의 성분 개수는 각각 u_N, a_N, b_N, c_N으로 표기합니다.
>
> (1) N을 사용하여 u_N, a_N, b_N, c_N을 나타내세요.
>
> (2) N 이하인 소수의 개수를 P_N이라고 할 때 부등식 $P_N \leq u_N - a_N - b_N + c_N + 2$임을 보이세요.
>
> (3) (2)의 P_N이 $\frac{P_N}{N} \leq \frac{1}{3}$임을 보이세요.

해설

이런 추상도 높은 문제는 몇 개 정도를 구체적으로 나열해 보면 감이 옵니다.

1 이상인 3의 배수를 20개 정도 나열해 봅시다.

(3), 6, (9), 12, (15), 18, (21), 24, (27), 30, (33), 36, (39), 42, (45), 48, (51), 54, (57), 60 …

'홀수, 짝수, 홀수, 짝수 …'로 나열된 것을 알 수 있습니다(◯이 홀수). N은 30의 배수이므로 적어도 N은 3의 배수이면서 2의 배수입니다. 즉, 1 이상 N 이하인 3의 배수를 나열했을 때 끝은 N이고 짝수입니다.

이렇게 생각하면 '1 이상 N 이하인 홀수 중 3의 배수인 수의 집합'인 A의 성분 개수는 **1 이상 N 이하인 3의 배수 개수의 정확히 절반**임을 알 수 있습니다. B의 성분 개수와 $A \cap B$의 성분 개수도 같은 방식으로 생각합니다.

해답

(1)

N은 30의 배수이므로 짝수입니다. 한편, U는 1 이상 N 이하인 홀수의 집합입니다. 따라서 다음과 같이 나타낼 수 있습니다.

$$u_N = \frac{N}{2}$$

N은 30의 배수이므로 3으로 나누어떨어집니다. 즉, 1 이상 N 이하인 3의 배수는 딱 $\frac{N}{3}$개입니다. 또한, N은 짝수이므로 $\frac{N}{3}$개 중에 홀수와 짝수는 같은 수만큼 있습니다. 따라서 1 이상 N 이하인 3의 배수 중 홀수의 개수는 다음과 같습니다.

$$\frac{N}{3} \div 2 = \frac{N}{6} \quad \Rightarrow \quad a_N = \frac{N}{6}$$

마찬가지로 N은 30의 배수이므로 5로 나누어떨어집니다. 즉, 1 이상 N 이하인 5의 배수는 딱 $\frac{N}{5}$개입니다. N은 짝수이므로 1 이상 N 이하인 5의 배수 중 홀수의 개수는 다음과 같습니다.

$$\frac{N}{5} \div 2 = \frac{N}{10} \quad \Rightarrow \quad b_N = \frac{N}{10}$$

그리고 $A \cap B$는 1 이상 N 이하인 15의 배수 중 홀수의 집합입니다. N은 30의 배수이므로 15로도 나누어떨어집니다. 즉, 1 이상 N 이하인 15의 배수는 딱 $\frac{N}{15}$개입니다. N은 짝수이므로 1 이상 N 이하인 15의 배수 중 홀수의 개수는 다음과 같습니다.

$$\frac{N}{15} \div 2 = \frac{N}{30} \quad \Rightarrow \quad c_N = \frac{N}{30}$$

(2)

'소수'는 '약수가 1과 자기 자신밖에 없는 2 이상인 정수'를 말합니다. 따라서 3이 아닌 3의 배수와 5가 아닌 5의 배수는 소수가 아닙니다[15].

❤ 그림 B-5 벤 다이어그램으로 표시

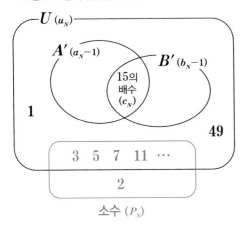

A' : 1 이상 N 이하인 홀수 중 3이 아닌 3의 배수

B' : 1 이상 N 이하인 홀수 중 5가 아닌 5의 배수

새로운 집합 A'와 B'를 다음과 같이 정의하면

$$A' = \{ x \mid x \in U, \ x는 \ 3이 \ 아닌 \ 3의 \ 배수 \}$$
$$B' = \{ x \mid x \in U, \ x는 \ 5가 \ 아닌 \ 5의 \ 배수 \}$$

A'와 B'에 소수는 포함되지 않습니다. 또한,

$$n(A') = a_N - 1$$
$$n(B') = b_N - 1$$
$$n(A' \cap B') = n(A \cap B) = c_N$$

에 따라 다음과 같이 쓸 수 있습니다[16].

---

15 물론 2가 아닌 2의 배수(짝수)와 7이 아닌 7의 배수, 11이 아닌 11의 배수 … 등도 소수가 아닙니다.

16 A'과 B'에는 각각 3과 5가 포함되지 않으므로 A'과 B'의 성분 개수는 A와 B의 성분 개수보다 1만큼 작아집니다. 또한, $A' \cap B'$는 (1 이상 N 이하인 홀수 중) '3이 아닌 3의 배수' 그리고 '5가 아닌 5의 배수'인데, 이는 '3의 배수'이면서 '5의 배수'와 같으므로 성분 개수는 $A' \cap B'$와 $A \cap B$가 같습니다.

$$n(A' \cup B') = n(A') + n(B') - n(A' \cap B')$$
$$= n(A') + n(B') - n(A \cap B)$$
$$= (a_N - 1) + (b_N - 1) - c_N$$
$$= a_N + b_N - c_N - 2 \quad \cdots ①$$

그림 B-5에 나와 있는 대로, 소수에 1은 포함되지 않고 2는 포함되므로 결국 소수의 개수 P_N은 다음 부등식을 만족합니다[17].

$$P_N \leq u_N \underset{\substack{\diagup \\ \text{2 때문}}}{+1} \underset{\substack{\diagdown \\ \text{1 때문}}}{-1} - n(A' \cup B')$$

$\Rightarrow \quad P_N \leq u_N - n(A' \cup B')$

$\Rightarrow \quad P_N \leq u_N - (a_N + b_N - c_N - 2)$ ＞ ①을 대입

$\Rightarrow \quad P_N \leq u_N - a_N + b_N - c_N + 2$

증명 끝

(3)

(2)에서 보인 부등식에 (1)의 결과를 대입합시다.

$$P_N \leq u_N - a_N - b_N + c_N + 2$$
$$\Rightarrow \quad P_N \leq \frac{N}{2} - \frac{N}{6} - \frac{N}{10} + \frac{N}{30} + 2 = \frac{15N - 5N - 3N + N}{30} + 2$$
$$\Rightarrow \quad P_N \leq \frac{8N}{30} + 2$$
$$\Rightarrow \quad P_N \leq \frac{4N}{15} + 2$$

---

17 일반적으로는 홀수에 2를 포함시키고 1과 3이 아닌 3의 배수 그리고 5가 아닌 5의 배수를 제외해도 소수 집합이 되지는 않습니다. 예를 들어(3의 배수도 5의 배수도 아니지만 7×7로 홀수이기는 하다) 그림 B-5의 49처럼 소수가 아닌 수가 포함되기 때문입니다.

양변을 N(N은 자연수)으로 나누면

$$\Rightarrow \quad \frac{P_N}{N} \le \frac{4}{15} + \frac{2}{N} \quad \cdots ②$$

가 됩니다. 여기서[18] ②를 대입하면 다음 식이 됩니다.

$$\frac{1}{3} - \left(\frac{4}{15} + \frac{2}{N} \right) = \frac{1}{3} - \frac{4}{15} - \frac{2}{N} = \frac{5N - 4N - 30}{15N} = \frac{N - 30}{15N}$$

N은 자연수이고 30의 배수이므로 $N \ge 30$입니다.

$$\frac{N - 30}{15N} \ge 0$$

$$\Rightarrow \quad \frac{1}{3} - \left(\frac{4}{15} + \frac{2}{N} \right) = \frac{N - 30}{15N} \ge 0$$

$$\Rightarrow \quad \frac{1}{3} \ge \frac{4}{15} + \frac{2}{N} \quad \cdots ③$$

식 ②와 식 ③에 따라 다음과 같습니다.

$$\frac{P_N}{N} \le \frac{4}{15} + \frac{2}{N} \le \frac{1}{3} \quad \Rightarrow \quad \frac{P_N}{N} \le \frac{1}{3}$$

증명 끝

마지막 결과는 30의 양의 배수 중 소수의 비율은 많아 봐야 $\frac{1}{3}$ 이하라는 사실을 알려줍니다.

---

18 $\frac{P_n}{N} \le \frac{1}{3}$을 보이고 싶으므로 $\left(\frac{4}{15} + \frac{2}{N} \right)$보다 $\frac{1}{3}$이 크다는 걸 보이려고 합니다.

소수는 매우 중요한 수이면서 그 분포의 규칙성이 밝혀지지 않았습니다. 하지만 1부터 N까지 정수 중의 소수 개수를 $\pi(N)$이라 하면 N이 충분히 클 때 다음 근사가 성립함이 알려져 있습니다[19].

$$\frac{\pi(N)}{N} \fallingdotseq \frac{1}{\log_e N}$$

이를 소수 정리(prime number theorem)라 합니다.

예를 들어 $N=1,000$일 때 $\pi(N)=168$이므로[20]

$$\frac{\pi(N)}{N} = \frac{168}{1000} = 0.168 \qquad \frac{1}{\log_e 1000} = 0.14476\cdots$$

이 되어서 오차는 약 14%[21]인데, N이 1,000만을 넘어가면 오차는 10% 미만, N이 1,024를 넘어가면 오차는 2% 미만이 된다고 알려져 있습니다.

---

19 'e'는 '자연로그의 밑' 또는 '네이피어 수'라 불리는 무리수($e=2.7182818\cdots$)입니다.

20 1,000 이하인 소수의 개수는 168개입니다.

21 0.14476…을 0.168로 나누면 0.861…이 됩니다. 이 값을 1에서 빼면 0.139로 약 14%입니다.

C 경우의 수

문제 C-1

난이도 ★ ★ ★ ★

> 84의 양수인 약수는 모두 [가] 개 있고, 그 약수의 합은 [나]입니다.
> 단, 1과 84도 약수입니다. [가]와 [나]에 알맞은 답을 구하세요.

해설

84를 소인수분해[22]하면

$$84 = 2^2 \times 3 \times 7$$

입니다. 소인수분해는 그 수가 어떤 '부품'으로 만들어졌는지를 밝히는 일입니다. 그리고 약수란 그 '부품'(소인수)의 일부 또는 전부를 사용해서 만들 수 있는 수를 말합니다.

해답

$84 = 2^2 \times 3 \times 7$이므로 n이 84의 양의 약수일 때

$$\frac{84}{n} = \frac{2^2 \times 3 \times 7}{n}$$

은 양의 정수가 됩니다. 즉, n은 다음 조건을 만족하는 수로 한정됩니다[23].

$$n = 2^x 3^y 7^z \quad \text{그리고} \quad 0 \le x \le 2, \ 0 \le y \le 1, \ 0 \le z \le 1$$

---

22 양의 정수를 소수만의 곱으로 나타내는 것

23 일반적으로 $a \neq 0$일 때 $a^0 = 1$으로 정합니다. 이렇게 정의된 이유는 m과 n이 0일 때도 $a^m a^n = a^{m+n}$, $(a^m)^n = a^{mn}$, $(ab)^n = a^n b^n$이라는 '지수 법칙'을 성립시키기 위해서입니다.

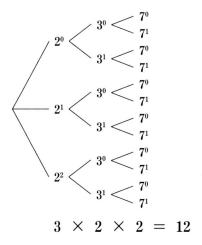

$$3 \times 2 \times 2 = 12$$

따라서 약수의 개수는 위 수형도(50쪽)에서도 알 수 있듯이

$$3 \times 2 \times 2 = \mathbf{12}\text{개}$$

입니다.

또한, 이 양수인 약수를 모두 더한 식

$$2^0 \times 3^0 \times 7^0 + 2^0 \times 3^0 \times 7^1 + 2^0 \times 3^1 \times 7^0 + 2^0 \times 3^1 \times 7^1 + \cdots + 2^2 \times 3^1 \times 7^1$$

과

$$(2^0 + 2^1 + 2^2)(3^0 + 3^1)(7^0 + 7^1)$$

의 전개식은 같으므로 구하려는 양수인 약수의 합은

> $2^0 = 1,\ 3^0 = 1,\ 7^0 = 1$

$$(2^0 + 2^1 + 2^2)(3^0 + 3^1)(7^0 + 7^1) = (1 + 2 + 4)(1 + 3)(1 + 7) = \mathbf{224}$$

임을 알 수 있습니다.

양수인 약수의 개수: 12개, **양수인 약수의 합:** 224

약수의 개수와 약수의 합을 구하는 문제는 $N = a^k \times b^l \times c^m \times \cdots$일 때 $(a, b,$ $c \cdots$는 소수),

[N의 양수인 약수의 개수]

$$(k+1)(l+1)(m+1)\cdots\cdots \text{ (개)}$$

[N의 양수인 약수의 합]

$$(a^0 + a^1 + \cdots\cdots + a^k)(b^0 + b^1 + \cdots\cdots + b^l)(c^0 + c^1 + \cdots\cdots + c^m)\cdots\cdots$$

이라는 공식으로 나타낼 수 있지만, 공식을 그대로 암기하지 말고 공식이 왜 이렇게 나왔는지 이해해 두는 것이 좋습니다.

이 공식이 무슨 의미인지 드디어 알았어요.

문제 C-2

> 10원짜리 동전 6개, 100원짜리 동전 4개, 500원짜리 동전 2개 전부 또는
> 일부를 사용해서 지불할 수 있는 금액은 몇 가지인지, 또 10원짜리 동전
> 4개, 100원짜리 동전 6개, 500원짜리 동전 2개일 때는 몇 가지인지 구하
> 세요.

해설

앞 문제와 뒤 문제는 비슷하지만 다루는 방식이 다릅니다. 뒤 문제는 100원짜
리 동전 5개와 500원짜리 동전 1개로 지불할 수 있는 금액이 같아지기 때문입
니다.

해답

[앞 문제]

  10원짜리 동전을 사용하는 방법은 0~6개로 7가지,
  100원짜리 동전을 사용하는 방법은 0~4개로 5가지,
  500원짜리 동전을 사용하는 방법은 0~2개로 3가지

입니다. 따라서 동전을 사용하는 방법은 곱의 법칙(56쪽)에 따라 다음과 같습
니다.

단, 이 중에는 모두 0개(지불하지 않음)인 경우가 포함돼 있으므로 지불하는 금액은

$$105 - 1 = 104가지$$

입니다.

[뒤 문제]

100원짜리 동전 6개와 500원짜리 동전 2개를 사용해서 만들 수 있는 금액은 0원인 경우를 포함하여

$$0원, \quad 100원, \quad 200원, \quad \cdots\cdots, \quad 1,600원$$

으로 17가지입니다.

각 금액에 대해 10원짜리 동전을 사용하는 방법은 0~4개로 5가지입니다. 따라서 곱의 법칙으로 만들 수 있는 금액은 모두

$$17 \times 5 = 85개$$

입니다. 단, 이 중에는 모두 0개(지불하지 않음)인 경우가 포함돼 있으므로 지불할 수 있는 금액은

$$85 - 1 = 84가지$$

입니다.

극단적이지만 구체적인 수가 주어진 경우의 수 문제는 어떤 문제든지 모두 나열하면 해결할 수 있습니다. 하지만 반대로 말하면 경우의 수를 공부하는 이유는 어떤 시점으로 바라봤을 때 (곱의 법칙 등을 사용해서) 계산으로 풀어낼 수 있는지를 파악하기 위해서입니다.

문제 C-3

n은 양의 정수입니다. 계단을 한 번에 1단, 2단 또는 3단까지 오를 수 있습니다. 이때 n단까지 계단을 오르는 방법의 개수를 a_n이라 합시다. 예를 들어 $a_1 = 1$이고 $a_2 = 2$입니다. 이때 다음을 구하세요.

(1) a_3값은 ⬚ 입니다.

(2) a_4값은 ⬚ 입니다.

(3) a_{10}값은 ⬚ 입니다.

해설

(1)과 (2)는 구체적으로 나열하여 해결할 수 있지만, (3)으로 연결하기 위해 구체적으로 나열하는 과정 속에서 어떻게든 법칙을 찾아야 합니다.

해답

(1)

1과 2와 3의 합을 가지고 3을 만드는 방법은

    ① $1 + 1 + 1 = 3$

    ② $1 + 2 = 3$

    ③ $2 + 1 = 3$

    ④ $3 = 3$

으로 4가지입니다.

(2)

1과 2와 3의 합을 가지고 4를 만드는 방법은

① $1 + 1 + 1 + 1 = 4$

② $1 + 1 + 2 = 4$

③ $1 + 2 + 1 = 4$

④ $1 + 3 = 4$

⑤ $2 + 1 + 1 = 4$

⑥ $2 + 2 = 4$

⑦ $3 + 1 = 4$

으로 7가지입니다.

(3)

(2)에서 a_4를 구하기 위해 나열한 ①~④의 노란색 부분은 (1)에서 a_3을 구하기 위해 나열한 ①~④와 일치합니다. 즉, 4단을 올라갈 때 처음에 1단을 올라간 후 나머지 단을 올라가는 방법과 3단을 올라가는 방법이 같습니다(당연한 이야기입니다).

마찬가지로 4단을 올라갈 때 처음에 2단을 올라간 후 나머지 단을 올라가는 방법과 2단을 올라가는 방법(a_2가지)과 같고, 처음 3단을 올라간 후 나머지 단을 오르는 방법은 1단을 올라가는 방법(a_1가지)과 같습니다.

① $1 + 1 + 1 + 1 = 4$

② $1 + 1 + 2 = 4$ $\qquad a_3$가지 (4가지)

③ $1 + 2 + 1 = 4$

④ $1 + 3 = 4$

⑤ $2 + 1 + 1 = 4$ $\qquad a_2$가지 (2가지)

⑥ $2 + 2 = 4$

⑦ $3 + 1 = 4$ $\qquad \leftarrow a_1$가지 (1가지)

즉, 다음이 성립합니다.

$$a_4 = a_3 + a_2 + a_1 = 4 + 2 + 1 = 7$$

마찬가지로 a_5, 다시 말해 5단을 오르는 방법을 생각해 봅시다.

① $1+1+1+1+1=5$ ⎤
② $1+1+1+2=5$
③ $1+1+2+1=5$
④ $1+1+3=5$ ⎬ a_4가지 (7가지)
⑤ $1+2+1+1=5$
⑥ $1+2+2=5$
⑦ $1+3+1=5$ ⎦

⑧ $2+1+1+1=5$ ⎤
⑨ $2+1+2=5$ ⎬ a_3가지 (4가지)
⑪ $2+2+1=5$
⑩ $2+3=5$ ⎦

⑫ $3+1+1=5$ ⎤
⑬ $3+2=5$ ⎬ a_2가지 (2가지)

입니다. 따라서 다음이 성립합니다.

$$a_5 = a_4 + a_3 + a_2 = 7 + 4 + 2 = 13$$

이 생각에 따르면

$$\boldsymbol{a_n = a_{n-1} + a_{n-2} + a_{n-3}} \qquad (단, \ n \geq 4)$$

이 성립함[24]이 분명합니다.

구하려는 값은 a_{10}이므로 순서대로 구해 봅시다.

지금까지

$$a_1 = 1, \ a_2 = 2, \ a_3 = 4, \ a_4 = 7, \ a_5 = 13$$

---

24 어떤 단 수를 올라가는 방법은 그 단보다 하나 적은 단 수와 둘 적은 단 수와 셋 적은 단 수를 오르는 방법의 합입니다.

이라는 건 알고 있으므로 다음과 같이 구할 수 있습니다.

$$a_6 = a_5 + a_4 + a_3 = 13 + 7 + 4 = \mathbf{24}$$

$$a_7 = \mathbf{a_6} + a_5 + a_4 = 24 + 13 + 7 = \mathbf{44}$$

$$a_8 = \mathbf{a_7} + a_6 + a_5 = 44 + 24 + 13 = \mathbf{81}$$

$$a_9 = \mathbf{a_8} + a_7 + a_6 = 81 + 44 + 24 = \mathbf{149}$$

$$a_{10} = \mathbf{a_9} + a_8 + a_7 = 149 + 81 + 44 = 274$$

(2)까지는 실제로 나열해서 비교적 쉽게 답을 구할 수 있었는데 (3)에서 a_{10}(10단을 오르는 방법의 수)은 바로 전부 나열하기엔 너무 많다는 걸 눈치챘으리라 봅니다.

수학에서는 큰 수를 구할 때, 다음 몇 가지 사고방식을 사용하는 경우가 많습니다.

   (i) 주기성을 찾는다.[25]
   (ii) 차수를 낮춘다.

---

25 (i)와 (ii)에 관해서도 간단히 살펴봅시다.

(i) 주기성을 찾는다.

예를 들어 '7^{100}의 1자리 수'를 구하고 싶은 경우 실제로 7^{100}을 계산하기는 어렵지만(비현실적),

$$7^1 = 7, \quad 7^2 = 49, \quad 7^3 = 343, \quad 7^4 = 2401, \quad 7^5 = 16807 \cdots\cdots$$

처럼 7^n의 1의 자리는 $7 \to 9 \to 3 \to 1$을 반복하는 주기성이 있으므로

$n = 4k + 1$일 때 7^n의 1의 자리: 7, $n = 4k + 2$일 때 7^n의 1의 자리: 9

$n = 4k + 3$일 때 7^n의 1의 자리: 3, $n = 4k$일 때 7^n의 1의 자리: 1

이 되는 것을 알 수 있습니다. 이렇게 해서 7^{100}의 1의 자리는 1입니다.

(ii) 차수를 낮춘다.

예를 들어 $\alpha = \dfrac{1 + \sqrt{13}}{2}$일 때 α^3을 계산하려면 여긴 귀찮은 게 아닙니다. 하지만 이 α는 $x^2 - x - 3 = 0$의 해이므로 $\alpha^2 - \alpha - 3 = 0 \Rightarrow \alpha^2 = \alpha + 3$이 됩니다. 즉, α^2 대신에 $\alpha + 3$을 계산하면 된다는 말입니다. 이 방법이 차수 낮추기입니다. 차수를 낮추면

$$\alpha^3 = \alpha \cdot \alpha^2 = \alpha(\alpha + 3) = \alpha^2 + 3\alpha = \alpha + 3 + 3\alpha = 4\alpha + 3 = 4 \cdot \dfrac{1 + \sqrt{13}}{2} + 3 = 5 + 2\sqrt{13}$$

으로 비교적 간단하게 계산할 수 있습니다.

(iii) 근처와의 관계를 일반화한다.

이 문제는 (iii)을 노리고

$$a_4 = a_3 + a_2 + a_1$$
$$a_5 = a_4 + a_3 + a_2$$

가 성립함을 발견하고 이를 일반화하여

$$a_n = a_{n-1} + a_{n-2} + a_{n-3}$$

이라는 식(점화식[26]이라 부릅니다)을 구했습니다.

지금부터는 여담이지만 이번 문제와 똑같은 문제가 초등학교 문제에 출제된 적이 있습니다. 초등학교에서는 $a_n = a_{n-1} + a_{n-2} + a_{n-3}$과 같은 문자식을 사용하지 않습니다. 하지만 3단과 4단의 경우를 생각하고 옆 항과의 관계를 조사해서 귀납적으로 법칙을 발견한 후, 그 법칙을 10단의 경우에 맞춘다는 연역적 사고는 만인에게, 즉 어른에게도 필요하면서 중요합니다.

---

26 점화식은 52쪽에서도 언급했습니다.

정오각형 ABCDE의 꼭짓점 A와 C, C와 E, E와 B, B와 D, D와 A 를 각각 잇는 5개의 대각선을 그리면 그림 C-1과 같이 각각 5개의 점 P, Q, R, S, T에서 만납니다. 이 5개의 점 P, Q, R, S, T 위에 각각 한 개씩 앞뒤가 정해져 있는 동전이 놓여서 고정돼 있다고 합시다.

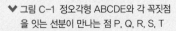

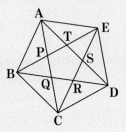

그림 C-1 정오각형 ABCDE와 각 꼭짓점을 잇는 선분이 만나는 점 P, Q, R, S, T

앞뒤가 정해져 있고 서로 구별되지 않는 5개의 동전을 새로 준비해서 5개의 점 A, B, C, D, E 위에 하나씩 놓아 둡니다. 그러면 각 대각선 위에는 4개의 동전이 늘어서게 됩니다.

어느 대각선 위에도 앞 동전이 짝수 개 놓이도록 하는 A, B, C, D, E 위에 동전을 놓는 방식은 몇 가지가 있는지 구하세요.

해설

각 꼭짓점과 교점에 총 10개의 동전을 놓는 방법을 하나씩 생각하는 건 매우 어려워 보일지도 모르지만 그래봤자 수는 짝수나 홀수밖에 없다는 사실을 눈치채면 의외로 결론은 단순합니다. 하지만 이대로는 조금 설명하기 어려운 문제이므로 어떻게든 지혜를 짜낼 필요가 있습니다.

해답

5개의 꼭짓점 A, B, C, D, E와 5개의 교점 P, Q, R, S, T 각각에 대해 a, b, c, d, e, p, q, r, s, t라는 변수를 준비합니다. 이 변수는 대응하는 꼭짓점과 교점에 동전이 앞으로 놓여 있다면 1이, 뒤로 놓여 있다면 0이 된다고 합시다. 즉,

각 변수가 될 수 있는 값은 0과 1입니다.

맨 처음으로 대각선 AC 위에 앞면인 **동전을 짝수 개 놓는 조건**을 생각해 봅시다. 교점에 놓여 있는 동전의 앞뒤는 정해져 있으므로($p + q$가 짝수인지 홀수인지가 정해져 있으므로) **예를 들어 A에 앞면인 동전을 놓으면**($a = 1$이 되면) C에 놓는 동전이 앞인지 뒤인지는 1가지로 정해집니다[27]. 선택의 여지가 없습니다. 대각선 AD도 같은 방법으로 생각하면 D에 놓는 동전이 앞인지 뒤인지도 1가지입니다.

이렇게 A에 동전을 앞으로 놓으면 C에 놓는 동전의 앞뒤가 결정되므로 이번에는 대각선 CE를 생각해 보면 E에 놓는 동전의 앞뒤도 정해집니다. 같은 방법으로 D에 놓는 동전의 앞뒤도 확정됩니다. 계속해서 대각선 BD를 생각해 보면 B에 놓는 동전의 앞뒤도 1가지밖에 없습니다.

이렇게 A에 놓는 동전을 앞으로 하면 남은 B, C, D, E에 놓는 동전의 앞뒤는 모두 1가지로 정해집니다.

하지만 마지막에 확인해야 할 점이 있습니다. 바로 대각선 BE도 동전의 앞이 짝수 개가 되는지($b + p + t + e$가 짝수가 되는지) 그렇지 않은지입니다.

여기까지 각 대각선에 관해

	a	b	c	d	e	p	q	r	s	t		
AC :	a		$+\ c$			$+\ p$	$+\ q$				$= 2k$	$\cdots$①
AD :	a			$+\ d$					$+\ s$	$+\ t$	$= 2l$	$\cdots$②
CE :			c		$+\ e$			$+\ r$	$+\ s$		$= 2m$	$\cdots$③
BD :		b		$+\ d$			$+\ q$	$+\ r$			$= 2n$	$\cdots$④

임을 확인했습니다(등장하는 문자는 모두 정수).

---

[27] AC 위에 앞인 동전이 짝수 개 놓여 있게($a + p + q + c$가 짝수가 되게) 하려면 $a = 1$이면서 $p + q$가 짝수일 때 $c = 1$(C는 앞인 동전)이어야 합니다. 또, $a = 1$이면서 $p + q$가 홀수일 때 $c = 0$(C는 뒤인 동전)이어야 합니다.

이제 ① + ② + ③ + ④를 계산해 보면 다음과 같습니다.

$$2a+b+2c+2d+e+p+2q+2r+2s+t = 2k+2l+2m+2n$$
$$\Rightarrow \ 2(a+c+d+q+r+s)+b+p+t+e = 2(k+l+m+n)$$
$$\Rightarrow \ b+p+t+e = 2(k+l+m+n-a-c-d-q-r-s)$$

따라서 $b+p+t+e$는 짝수입니다.

즉, ①~④가 성립하면 자동으로 $b+p+t+e$는 짝수가 되므로 대각선 BE도 동전의 앞이 짝수 개가 되는 것을 확인할 수 있습니다.

이상으로 A에 동전을 앞으로 놓으면 남은 B, C, D, E에 놓이는 동전의 앞뒤는 모두 1가지로 정해지고 심지어 그때 모든 대각선에 놓이는 동전은 짝수 개가 되는 것을 알았습니다.

물론 A에 동전을 뒤로 놓았을 때도 마찬가지입니다.

결국 문제가 원하는 대로 동전을 놓는 방법은 A에 동전을 놓는 방식만으로 정해집니다. 따라서 구하려는 경우의 수는 2가지입니다.

이 문제는 계산도 거의 없고 결론도 매우 단순하지만 하나하나 생각하기 어려워서 완벽하게 모두 맞추기 어려웠을 것입니다.

또한, 하나의 꼭짓점에 동전을 놓는 방식을 정하면 대각선 5개 중 4개는 '동전의 앞이 짝수 개'라는 필요조건에 따라 각 꼭짓점에 동전을 놓는 방법이 정해지는데, 이때 5번째 대각선의 조건도 자동으로 만족시킨다는 (충분조건이라는) 점을 잊지 말고 확인합시다.

D 순열

문제 D-1
난이도 ★★★★

D, E, N, D, A, I 문자가 하나씩 쓰인 구슬 6개를 원형으로 나열하는
방법은 몇 가지인지 구하세요.

해설

같은 것을 포함한 순열(79쪽)과 원순열(74쪽)이 융합된 문제입니다. 공식을 조합하면 한 줄로 끝나지만, 혹시 모르니 두 D를 D_1과 D_2로 구분해서 서로 다른 문자 6개의 원순열을 구한 다음 D의 첨자를 빼는 (D의 구분을 없애는) '같은 것을 포함한 순열' 공식을 유도했을 때의 사고방식(80쪽)으로 해결해 봅시다.

해답

D_1, E, N, D_2, A, I 문자 6개를 원형으로 나열하는 순열의 개수는

$$(6-1)! = 5! = 120가지$$

서로 다른 n개의 원순열 개수: $\dfrac{n!}{n} = (n-1)!$

단, 실제로는 D_1과 D_2를 구별하지 않으므로 D_1과 D_2를 바꾸는 만큼(2!) 중복이 있습니다. 따라서 구하려는 경우의 수는 다음과 같습니다.

$$\frac{120}{2!} = \frac{120}{2 \times 1} = 60가지$$

기본 문제지만 자신이 알고 있는 공식을 응용하는 데 불안하다면 앞 풀이와 같이 공식을 유도했을 때를 생각하며 다시 검토해 보는 것이 중요합니다.

문제 D-2

> 여자 6명, 남자 3명을 다음과 같이 세우는 방법은 각각 몇 가지일까요?
>
> (1) 남자 3명이 연속하여 서면서 9명이 일렬로 서는 방법
>
> (2) 양끝에 남자가 오도록 9명이 일렬로 서는 방법
>
> (3) 남자가 두 명이 서로 이웃하지 않도록 9명이 원형으로 서는 방법

해설

(1) '~가 연속하여 서면서'

→ '~'를 한 묶음으로 생각합니다.

(2) '양끝이~'

→ '~'를 먼저 세우고 나머지를 다음에 세웁니다.

(3) '~가 서로 이웃하지 않도록'

→ '~'를 제외하고 먼저 세운 후 그 사이에 '~'를 세웁니다.

해답

(1)

남자 3명을 묶어서 X라고 합시다.

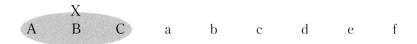

X, a, b, c, d, e, f를 나열하는 방법은

$$_7P_7 = 7! = 7 \times 6 \times 5 \times 4 \times 3 \times 2 \times 1 = 5040 가지$$

입니다. 여기에 X 안의 A, B, C를 나열하는 방법은

$$_3\mathrm{P}_3 = 3! = 3 \times 2 \times 1 = 6가지$$

입니다. 따라서 구하려는 경우의 수는 다음과 같습니다.

$$5040 \times 6 = 30240가지$$

(2)

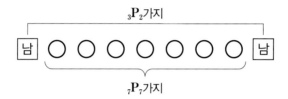

양끝에 남자를 나열하는 방법은 3명 중에서 2명을 뽑아 나열하는 순열이므로

$$_3\mathrm{P}_2 = 3 \times 2 = 6가지$$

입니다. 남은 7명을 나열하는 방법은

$$_7\mathrm{P}_7 = 7! = 7 \times 6 \times 5 \times 4 \times 3 \times 2 \times 1 = 5040가지$$

입니다. 따라서 구하려는 경우의 수는 다음과 같습니다.

$$6 \times 5040 = 30240가지$$

(3)

✔ 그림 D-1 원형으로 세우는 방법

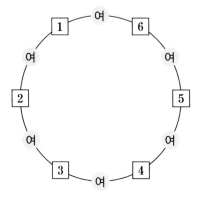

여자 6명을 원형으로 나열하는 방법은 원순열 공식에 따라

$$(6-1)! = 5! = 120가지$$

> 서로 다른 n개의 원순열 개수: $\dfrac{n!}{n} = (n-1)!$

입니다. 여자와 여자 사이는 그림 D-1처럼 ⬜1 ~ ⬜6 까지 자리가 6개 있습니다. 이 중에 자리 3개를 뽑아서 남자를 나열하는 순열의 개수는

$$_6P_3 = 6 \times 5 \times 4 = 120가지$$

입니다. 따라서 구하려는 경우의 수는 다음과 같습니다.

$$120 \times 120 = 14400가지$$

'~가 연속하도록 나열한다', '양끝이~', '~가 이웃하지 않도록', '~가 원형으로 나열한다' 등 모두 순열 문제에 자주 등장하는 조건입니다. 확실히 이해하고 넘어갑시다.

문제 D-3

> R, I, K, O, U 문자 5개를 모두 가로로 나열한다고 할 때 다음을 구하세요.
>
> (1) R이 I보다 왼쪽에 있도록 나열하는 방법의 수를 구하세요.
>
> (2) R이 I보다 왼쪽에 있고 K가 O보다 왼쪽에 있도록 나열하는 방법의 수를 구하세요.
>
> (3) R이 I보다 왼쪽에 있거나 K가 O보다 왼쪽에 있도록 나열하는 방법의 수을 구하세요.

해설

'R이 I보다 왼쪽에 있도록'처럼 일부분 순서가 정해져 있는 순열의 개수를 구할 때는 순서가 정해져 있는 것을 ☆ 등으로 치환합니다. 또한, (3)은 합집합의 성분 개수(34쪽)를 구하는 문제이므로 교집합의 성분 개수를 빼야 하는 걸 잊지 맙시다.

해답

(1)

R과 I를 ☆로 치환해서

☆　☆　K O U

라 합시다. 이 문자를 나열한 후

위와 같이 **☆에 왼쪽부터 순서대로 R과 I를 넣으면** 문제가 원하는 'R이 I보다 왼쪽이 되는 순열'이 1개 완성됩니다.

즉, 구하려는 순열의 개수는 '☆, ☆, K, O, U' 순열의 개수와 같습니다.

따라서 구하려는 경우의 수는 **같은 것을 포함하는 순열 공식**(79쪽)으로 다음과 같이 구할 수 있습니다.

$$\frac{5!}{2!} = \frac{5 \times 4 \times 3 \times 2 \times 1}{2 \times 1} = 60가지$$

> n개 중 p개, q개, r개 …의 서로 같은 종류의 것이 있을 때 이것의 순열의 개수는
>
> $$\frac{n!}{p!q!r!\cdots}$$

(2)

R과 I를 ☆로 치환하고 K와 O는 ★로 치환해서

☆　　☆　　★　　★　　U

라 합시다. 그 문자를 나열한 후

처럼 **☆에는 왼쪽부터 순서대로 R과 I를, ★에는 왼쪽부터 순서대로 K와 O를 넣기로 하면** 'R이 I보다 왼쪽에 있고 K가 O보다 왼쪽에 있는 순열'이 완성됩니다.

즉, 구하려는 순열의 개수는 '☆, ☆, ★, ★, U' 순열의 개수와 같습니다.

따라서 구하려는 경우의 수는 **같은 것을 포함하는 순열의** 공식으로 다음과 같이 구할 수 있습니다.

$$\frac{5!}{2! \times 2!} = \frac{5 \times 4 \times 3 \times 2 \times 1}{2 \times 1 \times 2 \times 1} = 30가지$$

(3)

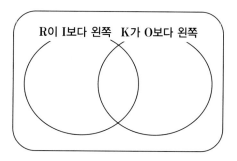

'R, I, K, O, U' 순열이 있을 때

집합 A: R이 I보다 왼쪽에 있는 순열

집합 B: K가 O보다 왼쪽에 있는 순열

이라고 합시다.

(1)에 따라 $n(A)=60$, $n(B)=60$

(2)에 따라 $n(A \cap B)=30$

입니다[28]. 구하려는 값은 $n(A \cup B)$입니다.

합집합의 성분 개수 공식(34쪽)으로 다음과 같이 구할 수 있습니다.

$$n(A \cup B) = n(A) + n(B) - n(A \cap B) = 60 + 60 - 30 = 90$$

따라서 구하려는 경우의 수는 90가지입니다.

---

28 'K가 O보다 왼쪽에 있는 나열 방법'의 개수는 (1)의 'R이 I보다 왼쪽에 있는 나열 방법'과 똑같이 구할 수 있으므로 60가
    지입니다. 따라서 $n(B)=60$입니다.

순서가 일부 정해져 있는 순열을 같은 것을 포함하는 순열로 '일대일 대응'시켜서 같은 것을 포함하는 순열의 개수를 구하는 문제로 바꾸어 푸는 게 편리한데, 처음 이 방법을 알았을 때 감동했던 기억이 납니다.

경우의 수 문제를 풀어낼 때의 묘미는 교묘한 (생각하기 쉬운) '일대일 대응'을 찾아내는 데 있죠.

영화관과 이벤트장 입구에서 티켓을 자르는 이유도 자른 티켓과 입장자를 일대일 대응하면 입장자 수를 세기 쉽기 때문입니다.

문제 D-4

> 1부터 n까지 번호가 하나씩 쓰인 카드가 n장 있습니다. 다음 조건을 만족하도록 왼쪽부터 오른쪽으로 n장을 나열하는 경우의 수를 $C(n)$이라고 합시다.
>
> > 조건: 1부터 n까지 모든 자연수 k에 대해 왼쪽부터 k번째에 번호가 k인 카드가 오지 않습니다.
>
> (1) $C(4)$를 구하세요.
>
> (2) $C(6)$을 구하세요.
>
> (3) $n \geq 3$일 때 $C(n+2)$를 n, $C(n)$, $C(n+1)$로 나타내세요.

해설

51쪽에서 소개했던 **완전순열**(또는 **교란순열**)[29]의 일반적인 법칙을 구하는 문제입니다. 여기서도 구체적인 사고실험을 수행하며 서로 이웃하는 관계에서 일반적으로 성립하는 법칙을 찾아갑니다.

해답

(1)

카드 n장을 나열하는 경우 왼쪽부터 순서대로 1, 2, 3, ……, n처럼 **위치 번호**를 붙였을 때 위치 번호와 카드에 쓰여 있는 번호가 모두 다르게 나열하는 수가 C(n)입니다.

우선 50쪽의 예제 9 와 같은 방법으로 $n = 4$인 경우를 실제로 써서 나열해 봅시다.

---

29 '1, 2, 3, ……, n의 수를 일렬로 나열할 때 모든 수에 대해 $k(1 \leq k \leq n)$번째 수가 k가 아닌 나열 방법'을 이렇게 불렀습니다.

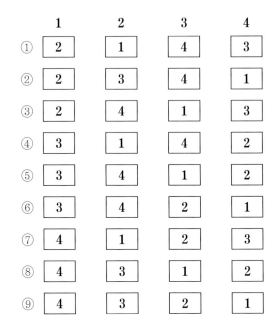

로 9가지임을 알 수 있습니다.

(2)

$C(6)$을 구하기 전에 $C(5)$, 즉 $n=5$인 완전순열의 경우의 수를 구해 봅시다. 단, 문제 (3)으로 연결시키기 위해 **$C(5)$를 $C(4)$와 $C(3)$을 사용해서 나타내는 경우**를 생각합니다.

참고로, 즉 $C(3)$ '$n=3$인 완전순열의 경우의 수'는

	1	2	3
①	2	3	1
②	3	1	2

에 따라

$$C(3) = 2$$

입니다.

이제 예를 들어

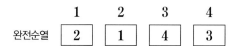

은 $n = 4$인 경우의 완전순열 중 하나인데, 이 끝에 5 를 붙여서 5 를 1 ~ 4 와 각각 바꾸면 다음과 같이 $n = 5$인 완전순열을 만들 수 있습니다. 이를 **조작 1**이라고 부릅시다.

❤ 그림 D-2 조작 1

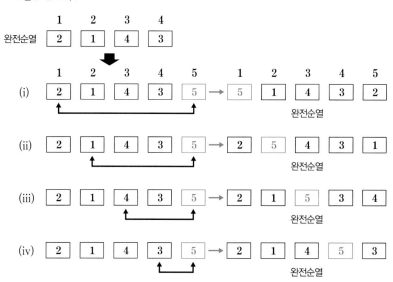

즉, $n = 4$인 경우 중 하나의 완전순열에서 $n = 5$인 경우의 완전순열을 4개 만들 수 있습니다. $n = 4$인 완전순열의 개수는 $C(4)$가지이므로 '조작 1'로 만들어지는 $n = 5$인 경우의 완전순열은 다음과 같습니다.

$$4 \times C(4) \text{가지} \quad \cdots \text{①}$$

그런데 완전순열은 '조작 1' 말고는 만들 수 없는 걸까요? 그렇지 않습니다.

'위치 번호'와 카드에 쓰인 번호가 하나만 일치하고 나머지는 모두 다른 나열 방법을 **준완전순열**이라고 부르기로 합시다. 예를 들어

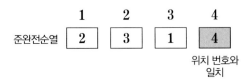

는 $n=4$인 경우의 '준완전순열' 중 하나이고 끝에 5 를 붙여서 5 와 4 를 바꾸면 다음과 같이 $n=5$인 경우의 완전순열을 만들 수 있습니다. 이 과정을 **조작 2**라고 합시다.

▼ 그림 D-3 조작 2

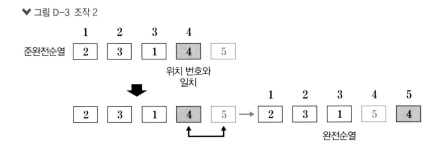

그러면 $n=4$인 경우의 '준완전순열'의 개수는 몇 개일까요?

앞 예처럼 ' 4 만 위치 번호와 일치하는 준완전순열'은 바꿔 말하면 ' 1 , 2 , 3 '에 대해서는 완전순열인 나열 방법'입니다. 따라서 ' 4 만 위치 번호와 일치하는 순열'은 $C(3)$가지($=2$가지)가 있습니다[30]. 다른 것들도 마찬가지이므로 정리하면 다음과 같습니다[31].

30
1	2	3	4		1	2	3	4
2	3	1	**4**		3	1	2	**4**

31 카드 4장에 쓰인 네 숫자 중 하나만 위치 번호와 일치한다는 말은 나머지 세 숫자는 완전순열이라는 말이고 세 숫자에 대한 완전순열 개수는 $C(3)$가지입니다.

$\boxed{1}$ 만 위치 번호와 일치하는 준완전순열 → $C(3)$**가지**

$\boxed{2}$ 만 위치 번호와 일치하는 준완전순열 → $C(3)$**가지**

$\boxed{3}$ 만 위치 번호와 일치하는 준완전순열 → $C(3)$**가지**

$\boxed{4}$ 만 위치 번호와 일치하는 준완전순열 → $C(3)$**가지**

이렇게 $n=4$인 경우의 '준완전순열' 개수는

$$4 \times C(3) \text{가지}$$

임을 알 수 있습니다.

'조작 2'에 따라 $n=4$인 **준완전순열에서 $n=5$인 완전순열이 하나 만들어집니다.** $n=4$인 준완전순열 개수는 $4 \times C(3)$가지이므로 '조작 2'로 만들어지는 $n=5$인 경우의 완전순열도 다음과 같습니다.

$$4 \times C(3) \text{가지} \quad \cdots \text{②}$$

또한, $\boxed{1}$ ~ $\boxed{4}$ 를 나열했을 때 쓰여 있는 번호와 위치 번호가 2장 이상 일치하는 경우, 끝에 $\boxed{5}$ 를 붙여서 이 $\boxed{5}$ 와 다른 카드를 바꿔도 적어도 한 장은 쓰여 있는 번호와 위치 번호가 일치하게 됩니다(완전순열을 만들 수는 없습니다).

조작 1과 조작 2로 만들어지는 완전순열은 중복이 없는게 확실[32]하므로 결국 $C(5)$ 즉, $n=5$인 완전순열의 경우의 수는 **합의 법칙**(52쪽)에 따라 다음과 같습니다.

$$C(5) = \text{①} + \text{②} = 4 \times C(4) + 4 \times C(3)$$
$$= 4 \times \{C(4) + C(3)\} = 4 \times (9 + 2) = 44$$

---

32 카드 4장을 바꾸어 나열할 때 완전순열과 준완전순열에 중복이 없습니다.

$C(6)$, 즉 $n=6$인 완전순열의 경우의 수도 똑같은 방법으로 구할 수 있습니다.

$n=5$인 경우의 완전순열 끝에 $\boxed{6}$을 붙여서 그 6을 $\boxed{1}$~$\boxed{5}$와 각각 교환하는 **조작** 1로 만들어지는 $n=6$인 완전순열은

$$5 \times C(5)\text{가지}$$

입니다. 또한, $n=5$인 경우의 '준완전순열' 끝에 $\boxed{6}$을 붙여서 그 $\boxed{6}$과 위치 번호가 일치하는 카드를 교환하는 **조작** 2로 만들어지는 $n=6$인 완전순열은 다음과 같습니다[33].

$$5 \times C(4)\text{가지}$$

'조작 1'로 만들어지는 완전순열과 '조작 2'로 만들어지는 완전순열에 중복은 없으며 둘 중 하나의 방법이 아니고서는 카드 5장을 나열하는 방법으로 카드 6장의 완전순열을 만들 수는 없습니다.

따라서 구하려는 $C(6)$은 다음과 같습니다.

$$
\begin{aligned}
C(6) &= 5 \times C(5) + 5 \times C(4) \\
&= 5 \times \{C(5) + C(4)\} = 5 \times (44 + 9) = 5 \times 53 = 265
\end{aligned}
$$

(3)

여기까지 왔으면 간단하게 일반화할 수 있습니다.

(2)에서 분명해졌듯이 카드 $(n+1)$장의 완전순열 끝에 $\boxed{n+2}$를 붙여서 이 $\boxed{n+2}$를 $\boxed{1}$~$\boxed{n+1}$와 각각 교환하는 '조작 1'로 만들어지는 카드 $(n+1)$장의 완전순열은

$$(n+1) \times C(n+1)\text{가지}$$

---

33 $n=5$인 준완전순열이 있을 때 어떤 카드가 위치 번호와 일치하는지는 $\boxed{1}$~$\boxed{5}$까지 다섯 경우가 있고 한 가지 경우에 나열하는 방법은 $C(4)$가지이기 때문입니다(나머지 4장은 완전순열이므로).

입니다. 또한 카드 $(n+1)$장의 '준완전순열' 끝에 $\boxed{n+2}$ 를 붙여서 이 $\boxed{n+2}$ 와 '위치 번호와 일치하는 카드'를 교환하는 '조작 2'로 만들어지는 카드 $(n+1)$장의 완전순열은 다음과 같습니다[34].

$$(n+1) \times C(n) \text{가지}$$

'조작 1'과 '조작 2'로 만들어지는 완전순열에 중복은 없으며 두 조작이 아닌 방법으로 카드 $(n+1)$장의 나열에서 카드 $(n+2)$장의 완전순열을 만들 수 없습니다. 따라서 다음과 같이 구할 수 있습니다.

$$C(n+2) = (n+1) \times C(n+1) + (n+1) \times C(n)$$
$$\Rightarrow \quad C(n+2) = (n+1)\{C(n+1) + C(n)\}$$

일반적으로 **완전순열**(또는 **교란순열**)**의 개수**는 발견자의 이름을 따서 몽모르 수 (Montmort number)라고도 부릅니다. 이 문제의 $C(n)$은 1, 2, 3 …… n을 성분으로 하는 완전순열의 개수이므로 몽모르 수 그 자체이며 (3)에서 구한 관계식은 몽모르 수에 관한 점화식[35]입니다.

다음 내용은 수열에 관한 지식이 좀 필요하지만 기왕 여기까지 왔으니 (3)에서 구한 점화식으로 몽모르 수의 일반항[36]을 구해 봅시다.

---

34 카드 $(n+1)$장의 준완전순열이 있을 때 어느 카드가 위치 번호와 일치하는지는 $1 \sim n+1$까지 $(n+1)$가지 경우가 있고, 각 경우에 대해 나열하는 방법은 $C(n)$가지이기 때문입니다(나머지 n장은 완전순열이므로).

35 수열에서 앞항을 가지고 다음 항을 한 가지로 정하는 규칙을 나타내는 등식을 '점화식'이라고 합니다.

36 n항을 n에 대한 식으로 나타낸 것입니다. 일반항을 안다면 n에 구체적인 수를 대입해서 어느 항이든지 (자유롭게 선택할 수 있다) 값을 구할 수 있습니다.

경우의 수와 확률을 공부하는 이 책의 관점에서 말하자면 몽모르 수의 일반항을 구하는 계산은 본래 내용에서 많이 벗어나므로 흥미가 있는 분이 아니면 다음 문제로 넘어가세요.

지금부터는 (보기 쉽도록) $C(n) = a_n$으로 표기하겠습니다. 그러면 문제 (3)의 결과는 다음과 같습니다.

$$a_{n+2} = (n+1)(a_{n+1} + a_n) \quad \cdots ①$$

또한, 이 문제에서는 $n \geq 3$이라는 조건이 있었는데

$$a_2 = C(2) = 1, \quad a_1 = C(1) = 0$$

이고[37] $n = 2$일 때

$$식 ①의 우변 = (2+1)(a_3 + a_2) = 3 \times (2+1) = 9$$

는 $a_4 = C(4)$와 일치하는[38] 점과 $n = 1$일 때

> 262쪽에서 $a_3 = C(3) = 2$

$$식 ①의 우변 = (1+1)(a_2 + a_1) = 2 \times (1+0) = 2$$

는 $a_3 = C(3)$과 일치하는[39] 점에서 **식 ①은 모든 자연수 n에 대해 성립하는 점화식입니다.**

---

37 $n = 2$인 완전순열은 $\boxed{2}$, $\boxed{1}$밖에 없으므로 1가지, $n+1$인 경우는 완전순열을 만들 수 없으므로 0가지입니다.

38 문제 (1)에서 $C(4) = 9$.

39 262쪽에서 $a_3 = C(3) = 2$.

식 ①에서

$$a_{n+2} = (n+1)a_{n+1} + (n+1)a_n$$

의 양변을 $(n+2)!$로 나누면

$$\frac{a_{n+2}}{(n+2)!} = \frac{(n+1)a_{n+1}}{(n+2)!} + \frac{(n+1)a_n}{(n+2)!}$$

$$= \frac{(n+1)a_{n+1}}{(n+2)(n+1)!} + \frac{(n+1)a_n}{(n+2)(n+1)n!}$$

$$= \frac{n+1}{n+2} \cdot \frac{a_{n+1}}{(n+1)!} + \frac{(n+1)}{(n+2)(n+1)} \cdot \frac{a_n}{n!}$$

$$= \frac{n+2-1}{n+2} \cdot \frac{a_{n+1}}{(n+1)!} + \frac{1}{(n+2)} \cdot \frac{a_n}{n!}$$

$$= \left(1 - \frac{1}{n+2}\right) \cdot \frac{a_{n+1}}{(n+1)!} + \frac{1}{n+2} \cdot \frac{a_n}{n!}$$

이 식에서 $\dfrac{a_n}{n!} = b_n$으로 두면[40]

$$b_{n+2} = \left(1 - \frac{1}{n+2}\right)b_{n+1} + \frac{1}{n+2}b_n$$

$$\Rightarrow \quad b_{n+2} - b_{n+1} = -\frac{1}{n+2}(b_{n+1} - b_n)$$

입니다. 더 나아가 이 식에서 $b_{n+1} - b_n = d_n$으로 두면

$$d_{n+1} = -\frac{1}{n+2}d_n \quad \cdots ②$$

입니다. 식 ②에서 $n \rightarrow n-1$로 바꾸면

---

40 여기까지의 변형은 이렇게 치환하기 위해서 했습니다.

$$d_n = -\frac{1}{n+1}d_{n-1} \quad \cdots ③$$

이고 식 ③을 식 ②에 대입하면

$$d_{n+1} = -\frac{1}{n+2}d_n = -\frac{1}{n+2}\cdot\left(-\frac{1}{n+1}d_{n-1}\right)$$

$$\Rightarrow \quad d_{n+1} = (-1)^2\frac{1}{n+2}\cdot\frac{1}{n+1}d_{n-1} \quad \cdots ④$$

이 됩니다. 이렇게 순차적으로 계속 대입하면

$$d_{n+1} = (-1)^n\frac{1}{n+2}\cdots\cdots\frac{1}{4}\cdot\frac{1}{3}d_1 \quad \cdots ⑤$$

이 됩니다. 식 ⑤에서

$$d_1 = b_2 - b_1 = \frac{a_2}{2!} - \frac{a_1}{1!} = \frac{1}{2} - \frac{0}{1} = \frac{1}{2} = \frac{1}{2}\cdot\frac{1}{1}$$

이므로 식 ⑤는

$$d_{n+1} = (-1)^n\frac{1}{n+2}\cdot\frac{1}{n+1}\cdot\frac{1}{n}\cdot\frac{1}{n-1}\cdots\cdots\frac{1}{4}\cdot\frac{1}{3}\cdot\frac{1}{2}\cdot\frac{1}{1}$$

$$= \frac{(-1)^n}{(n+2)!} = \frac{(-1)^n}{(n+2)!}\cdot\frac{(-1)^2}{(-1)^2}$$

$$\Rightarrow \quad d_{n+1} = \frac{(-1)^{n+2}}{(n+2)!} \quad \cdots ⑥$$

식 ⑥에서 $n \rightarrow n-1$로 바꾸면 다음과 같습니다

$$d_n = \frac{(-1)^{n+1}}{(n+1)!}$$

$b_{n+1} - b_n = d_n$이므로 d_n은 $\{b_n\}$의 계차수열입니다. 따라서

$$b_n = b_1 + \sum_{k=1}^{n-1} \frac{(-1)^{k+1}}{(k+1)!}$$

$$= \sum_{k=1}^{n-1} \frac{(-1)^{k+1}}{(k+1)!}$$

$$b_1 = \frac{a!}{1!} = \frac{0}{1} = 0$$

마지막 결과를 더 간단하게 표현하기 위해 쓰는 방법

$$= \frac{(-1)^2}{2!} + \frac{(-1)^3}{3!} + \frac{(-1)^4}{4!} + \cdots\cdots + \frac{(-1)^n}{n!}$$

$$= 1 - 1 + \frac{(-1)^2}{2!} + \frac{(-1)^3}{3!} + \frac{(-1)^4}{4!} + \cdots\cdots + \frac{(-1)^n}{n!}$$

$$= \frac{(-1)^0}{0!} + \frac{(-1)^1}{1!} + \frac{(-1)^2}{2!} + \frac{(-1)^3}{3!} + \frac{(-1)^4}{4!} + \cdots\cdots + \frac{(-1)^n}{n!}$$

$$a^0 = 1 \qquad 0! = 1 \,(68쪽)$$

$$= \sum_{k=0}^{n} \frac{(-1)^k}{k!}$$

이 됩니다. $\dfrac{a_n}{n!} = b_n$이므로

$$\frac{a_n}{n!} = \sum_{k=0}^{n} \frac{(-1)^k}{k!} \quad \Rightarrow \quad a_n = n! \sum_{k=0}^{n} \frac{(-1)^k}{k!}$$

입니다. 이렇게 몽모르 수의 일반항을 (드디어) 구했습니다.

참고로 $\dfrac{a_n}{n!}$은 카드 n장을 아무렇게나 (일렬로) 나열했을 때 그 나열이 **완전순열이 될 확률**을 나타냅니다.

또한, (여담이지만) 이 '완전순열이 될 확률'은 재미있는 성질이 있습니다.

자연로그의 밑을 e라고 할 때 e^x의 매클로린 전개[41]가

$$e^x = 1 + \frac{x}{1!} + \frac{x^2}{2!} + \frac{x^3}{3!} + \cdots = \lim_{n \to \infty} \sum_{k=0}^{n} \frac{x^k}{k!}$$

이므로

$$e^{-1} = \frac{1}{e} = 1 + \frac{-1}{1!} + \frac{(-1)^2}{2!} + \frac{(-1)^3}{3!} + \cdots = \lim_{n \to \infty} \sum_{k=0}^{n} \frac{(-1)^k}{k!} = \lim_{n \to \infty} \frac{a_n}{n!}$$

이 됩니다. 즉, 아무렇게나 나열한 카드가 완전순열이 될 확률은 n이 커지면 $\frac{1}{e}$ 에 가까워진다는 매우 신기한 (그리고 아름다운) 결과가 나옵니다.

매우 복잡한 수식이었죠? 식 하나하나 이해할 필요 없이 이런 개념도 있구나 하고 훑어보는 정도로 넘어가도 좋습니다. 다음은 이 장의 마지막인 조합입니다.

---

41 매클로린은 18세기 스코틀랜드 수학자의 이름입니다.

E 조합

문제 E-1 난이도 ★★★★

> 1부터 13까지의 정수가 하나씩 쓰인 카드 13장 중에서 3장을 뽑을 때 짝수가 쓰인 카드가 2장 이상 포함되도록 뽑는 방법은 [가]가지이고 11 이상인 수가 쓰인 카드가 적어도 1장 포함되도록 뽑는 방법은 [나]가지입니다. [가]와 [나]에 알맞은 답을 구하세요.

해설

앞 문제는 '짝수 카드가 3장'인 경우와 '짝수 카드가 2장이면서 홀수 카드가 1장'인 경우로 나눠서 생각합니다.

뒤 문제는 '적어도~'로 시작하므로 전체 경우에서 역(10 이하인 수가 쓰인 카드가 3장)의 경우를 빼서 풀어 봅시다.

해답

[앞 문제]

(1) **짝수** 카드가 **3장**일 때

1~13까지 쓰인 카드 중에는 짝수 카드가 6장 있으므로 짝수 카드를 3장 뽑는 경우의 수는 다음과 같습니다.

$$_6C_3 = \frac{_6P_3}{3!} = \frac{6 \times 5 \times 4}{3 \times 2 \times 1} = 20 \text{가지}$$

$$_nC_r = \frac{_nP_r}{r!}$$

(2) **짝수 카드가 2장, 홀수 카드가 1장일 때**

1~13까지 쓰인 카드 중에는 짝수 카드가 6장, 홀수 카드가 7장 있으므로 짝수 카드를 2장 그리고 홀수 카드를 1장 뽑는 경우의 수는 **곱의 법칙**(56쪽)에 따라 다음과 같이 구합니다.

$$_6\mathrm{C}_2 \times {}_7\mathrm{C}_1 = \frac{_6\mathrm{P}_2}{2!} \times \frac{_7\mathrm{P}_1}{1!} = \frac{6 \times 5}{2 \times 1} \times \frac{7}{1} = 105 \text{가지}$$

따라서 구하려는 경우의 수는 **합의 법칙**(52쪽)에 따라 다음과 같습니다.

$$20 + 105 = 125 \text{가지}$$

[뒤 문제]

'11 이상인 수가 쓰인 카드가 적어도 1장'의 역은 '10 이하인 수가 쓰인 카드가 3장'입니다.

10 이하인 카드는 10장 있으므로 10 이하인 카드를 3장 뽑는 경우의 수는

$$_{10}\mathrm{C}_3 = \frac{_{10}\mathrm{P}_3}{3!} = \frac{10 \times 9 \times 8}{3 \times 2 \times 1} = 120 \text{가지}$$

입니다. 전체 경우의 수(카드 13장에서 3장을 뽑는 경우의 수)는

$$_{13}\mathrm{C}_3 = \frac{_{13}\mathrm{P}_3}{3!} = \frac{13 \times 12 \times 11}{3 \times 2 \times 1} = 286 \text{가지}$$

이므로 구하려는 경우의 수는 다음과 같습니다.

$$286 - 120 = 166 \text{가지}$$

'뽑을' 뿐이라면 순서는 생각하지 않으므로 조합으로 생각합니다.

또한, 동시에 뽑는(일어나는) 경우는 **곱의 법칙**, 동시에는 일어나지 않는 경우는 **합의 법칙**을 사용한다는 기본적인 내용도 확인해 둡시다.

문제 E-2

토너먼트 조합에 관한 다음 물음에 답하세요.

(1) 다음과 같이 네 팀으로 토너먼트전을 할 때 조합은 몇 가지인지 구하세요.

우승

(2) 다음과 같이 8팀으로 토너먼트전을 할 때 조합은 몇 가지인지 구하세요.

우승

(3) (2)의 그림에서 8팀 중 미리 시드 팀 네 팀을 정해놨을 때 조합은 몇 가지인지 구하세요. 시드 팀이란 1회전에서는 시드 팀끼리 서로 대전하지 않는 팀을 이야기합니다.

해설

생각하기 쉽도록 우선 각 블록에 이름을 붙여서 구별합시다. 그 다음에 구별을 없애고 중복된 만큼을 조정합니다.

(1)

▼ 그림 E-1 이름을 붙인 대전표

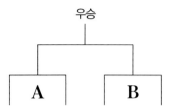

그림 E-1과 같이 각 블록에 이름을 붙입니다.

네 팀 중에서 A 블록에서 대전하는 팀을 뽑는 경우의 수는 $_4\mathrm{C}_2$ **가지**, 나머지 두 팀에서 B 블록에서 대전할 팀을 뽑는 경우의 수(라고 해도 1가지입니다)는 $_2\mathrm{C}_2$ **가지**입니다.

하지만 실제로는 A 블록과 B 블록은 구분할 수 없으므로 다음과 같습니다.

$$A와\ B를\ 바꿔도\ 같은\ 조합 \rightarrow \div2가\ 필요$$

$$(_4\mathrm{C}_2 \times {}_2\mathrm{C}_2) \div 2 = {}_4\mathrm{C}_2 \times {}_2\mathrm{C}_2 \times \frac{1}{2}$$

$$= \frac{4 \times 3}{2 \times 1} \times \frac{2 \times 1}{2 \times 1} \times \frac{1}{2} = 3가지$$

(2)

▼ 그림 E-2 이름을 붙인 대전표

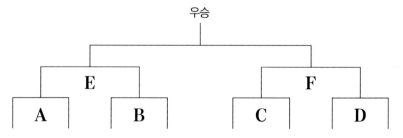

그림 E-2처럼 1회전의 각 블록에 A, B, C, D, 2회전의 각 블록에는 E, F로 이름을 붙입니다.

8팀 중에서 A 블록에서 대전하는 팀을 뽑는 경우의 수는 $_8C_2$가지, 나머지 6팀 중에서 B 블록에서 대전할 팀을 뽑는 경우의 수는 $_6C_2$가지입니다. 나머지 4팀 중에서 C 블록에서 대전할 팀을 뽑는 경우의 수는 $_4C_2$가지, 나머지 2팀 중에서 D 블록에서 대전할 팀을 뽑는 경우의 수는 $_2C_2$가지입니다.

따라서 각 블록에 구분이 있는 경우의 조합 수는 다음과 같습니다.

$$_8C_2 \times _6C_2 \times _4C_2 \times _2C_2 가지$$

하지만 실제로는 각 블록에 구분이 없습니다.

A와 B를 바꿔도 같은 조합 → ÷2가 필요
C와 D를 바꿔도 같은 조합 → ÷2가 필요
E와 F를 바꿔도 같은 조합 → ÷2가 필요

따라서 구하려는 조합의 수는 다음과 같습니다.

$$(_8C_2 \times _6C_2 \times _4C_2 \times _2C_2) \div 2 \div 2 \div 2$$

$$= _8C_2 \times _6C_2 \times _4C_2 \times _2C_2 \times \frac{1}{2} \times \frac{1}{2} \times \frac{1}{2}$$

$$= \frac{8 \times 7}{2 \times 1} \times \frac{6 \times 5}{2 \times 1} \times \frac{4 \times 3}{2 \times 1} \times \frac{2 \times 1}{2 \times 1} \times \frac{1}{2} \times \frac{1}{2} \times \frac{1}{2} = 315가지$$

(3)

처음에는 (2)와 마찬가지로 각 블록에 이름을 붙여서 생각합니다.

4시드 팀을 x, y, z, w라고 합시다.

x, y, z, w를 A, B, C, D 네 블록에 배정하는 경우의 수는 $_4P_4$가지입니다.

다음으로 나머지 4팀 중에서 x와 대전하는 팀을 뽑는 경우의 수는

$_4\mathrm{C}_1$**가지**, 나머지 3팀 중에서 x와 대전하는 팀을 뽑는 경우의 수는
$_3\mathrm{C}_1$**가지**, 나머지 2팀 중에서 x와 대전하는 팀을 뽑는 경우의 수는
$_2\mathrm{C}_1$**가지**, 나머지 1팀 중에서 x와 대전하는 팀을 뽑는 경우의 수는
$_1\mathrm{C}_1$**가지**입니다. 이렇게 각 블록에 구별이 있는 경우의 조합 수는

$$_4\mathrm{P}_4 \times {}_4\mathrm{C}_1 \times {}_3\mathrm{C}_1 \times {}_2\mathrm{C}_1 \times {}_1\mathrm{C}_1 가지$$

하지만 실제로는 각 블록에 구별이 없으므로 (2)와 마찬가지로 생각합시다. 결국 구하려는 조합의 수는 다음과 같습니다.

$$({}_4\mathrm{P}_4 \times {}_4\mathrm{C}_1 \times {}_3\mathrm{C}_1 \times {}_2\mathrm{C}_1 \times {}_1\mathrm{C}_1) \div 2 \div 2 \div 2$$

$$= {}_4\mathrm{P}_4 \times {}_4\mathrm{C}_1 \times {}_3\mathrm{C}_1 \times {}_2\mathrm{C}_1 \times {}_1\mathrm{C}_1 \times \frac{1}{2} \times \frac{1}{2} \times \frac{1}{2}$$

$$= 4! \times \frac{4}{1} \times \frac{3}{1} \times \frac{2}{1} \times \frac{1}{1} \times \frac{1}{2} \times \frac{1}{2} \times \frac{1}{2}$$

$$= 4! \times 3 = 4 \times 3 \times 2 \times 1 \times 3 = 72가지$$

처음에는 블록에 이름을 붙여서 생각한 후에 구별을 없애는 방법은 '같은 것을 포함한 순열'의 사고방식(79쪽)과 같습니다.

> 정수 1부터 19까지의 집합을 S라 합시다. S의 부분집합 A가 다음 두 조건을 만족합니다.
>
> (a) A는 성분이 5개입니다.
>
> (b) A의 어느 두 성분의 차도 1보다 큽니다.
>
> 이런 A가 모두 [＿＿＿]개 있다고 할 때, [＿＿＿]에 들어갈 알맞은 답을 구하세요.

해설

딱 봐서는 뜬구름 잡는 이야기 같습니다. 역시 여기서는 **집합 A와 일대일 대응하는 세기 쉬운 다른 무언가**를 찾으면 좋겠습니다. 중요한 점은 '어느 두 성분의 차도 1보다 크다'는 조건을 '어떤 수도 서로 이웃하지 않는다'라는 조건으로 바꿔 읽을 수 있는지입니다.

해답

예를 들어

$$\{5,\ 8,\ 12,\ 17,\ 19\}$$

는 집합 A의 두 조건을 만족합니다.

1	2	3	4	5	6	7	8	9	10	11	12	13	14	15	16	17	18	19

1~19까지의 정수를 이렇게 나열하고 {5, 8, 12, 17, 19}에 각각 ◯를 쳐보면

1	2	3	4	⑤	6	7	⑧	9	10	11	⑫	13	14	15	16	⑰	18	⑲

가 됩니다.

다른 예로 {7, 8, 12, 17, 19}는 집합 A의 조건 (b)를 만족시키지 않습니다. 시험 삼아 이 집합의 성분도 각각 ◯를 쳐 보면

| 1 | 2 | 3 | 4 | 5 | 6 | ⑦ | ⑧ | 9 | 10 | 11 | ⑫ | 13 | 14 | 15 | 16 | ⑰ | 18 | ⑲ |

◯가 서로 이웃하면 안 된다.

가 됩니다. 앞과 무엇이 다를까요? 그렇습니다. 앞에서는 어떤 ◯도 서로 이웃하지 않았지만 이번에는 7과 8의 ◯가 서로 이웃합니다. 이러면 조건 (b)를 위반합니다.

이렇게 해 보니 1~19까지의 정수를 열에 대응시키고 어떤 ◯도 서로 이웃하지 않게 조심하면서 ◯를 5개 놓으면 이렇게 만든 열 하나하나가 **집합 A와 일대일 대응**하는 것을 알 수 있습니다.

이제 보기 쉽도록 ◯가 아닌 숫자에는 ✖를 쳐봅시다.

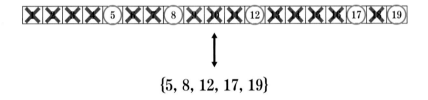

$$\{5, 8, 12, 17, 19\}$$

✖ 14개와 ◯ 5개가 만드는 순열 중 ◯가 서로 이웃하지 않는 순열의 개수를 구하면 됩니다.

✖ 14개를 먼저 나열하고 (나열하는 방법은 1가지) 그 사이 빈칸 13자리와 양끝 2자리를 합친 15개 자리에서 5개를 뽑아서 ◯를 넣으면 어느 ◯도 서로 이웃하지 않습니다[42].

---

42 '~가 서로 이웃하지 않는' 순열의 개수를 구하려면 '~'가 아닌 것을 먼저 나열하고 그 사이(와 양끝)에 '~'를 나열하는 게 정석입니다(135쪽).

14개

사이 13자리 + 양끝 2자리

그럼 순열의 개수는

$$1 \times {}_{15}\mathrm{C}_5 = 1 \times \frac{15 \times 14 \times 13 \times 12 \times 11}{5 \times 4 \times 3 \times 2 \times 1} = 3003$$

으로 계산할 수 있으므로 구하려는 경우의 수는 3003가지입니다.

이 문제는 다르게 풀 수도 있습니다(이 풀이는 조금 더 직접적으로 구합니다).

[다른 풀이]

조건을 만족하는 집합 A의 성분을 작은 순으로 a, b, c, d, e라 하면

$$1 \le a < \boldsymbol{a+1} < b < \boldsymbol{b+1} < c < \boldsymbol{c+1} < d < \boldsymbol{d+1} < e \le 19$$

> $a+1$, $b+1$, $c+1$, $d+1$이 들어가서
> a, b, c, d, e가 서로 이웃하지 않게 됩니다.

에서

$$a + 1 < b \;\Rightarrow\; a < b - 1$$
$$b + 1 < c \;\Rightarrow\; b < c - 1 \;\Rightarrow\; b - 1 < c - 2$$
$$c + 1 < d \;\Rightarrow\; c < d - 1 \;\Rightarrow\; c - 2 < d - 3$$
$$d + 1 < e \;\Rightarrow\; d < e - 1 \;\Rightarrow\; d - 3 < e - 4$$
$$e \le 19 \qquad \Rightarrow\; e - 4 \le 15$$

를 얻을 수 있으므로

$$1 \le a < b-1 < c-2 < d-3 < e-4 \le 15 \quad \cdots ①$$

입니다. 1~15 중에서 5개를 뽑아서 작은 수부터 순서대로

$$a, \quad b-1, \quad c-2, \quad d-3, \quad e-4$$

를 대응시키면 식 ①의 부등식을 만족하는 a, b, c, d, e가 1가지로 정해집니다. 따라서 구하려는 경우의 수는 다음과 같습니다.

$$_{15}C_5 = \frac{15 \times 14 \times 13 \times 12 \times 11}{5 \times 4 \times 3 \times 2 \times 1} = 3003가지$$

문제 E-4

n을 양의 정수라 할 때 공 n개를 세 상자에 나누어 담는 문제를 생각해 봅시다. 이때 공이 1개도 들어가지 않은 상자가 있어도 됩니다. 다음 네 경우에 대해 서로 다른 공 넣는 방법의 개수를 구하세요.

(1) 1부터 n까지 서로 다른 번호가 붙은 공 n개를 A, B, C로 구별되는 상자 3개에 넣을 경우 넣는 방법은 전부 몇 가지인지 구하세요.

(2) 서로 구별할 수 없는 공 n개를 A, B, C로 구별된 상자 3개에 넣는 경우 넣는 방법은 몇 가지인가요?

(3) 1부터 n까지 서로 다른 번호가 붙은 공 n개를 구별할 수 없는 상자 3개에 넣는 경우 넣는 방법은 몇 가지인지 구하세요.

(4) n이 6의 배수 $6m$일 때 서로 구별할 수 없는 공 n개를 구별할 수 없는 상자 3개에 넣는 경우 넣는 방법은 몇 가지인지 구하세요.

해설

(1) 전형적인 중복순열(69쪽)입니다.

(2) 전형적인 중복조합(109쪽)입니다.

(3) (1)과의 차이는 상자 3개를 구별할 수 없다는 점입니다. 따라서 (1)과 마찬가지로 생각하면 A, B, C를 나열하는 방법만큼 중복되므로 주의해야 합니다. 단, 상자 2개로 나뉘었을 경우(상자 한 개가 비었을 경우)나 한 상자에 집중할 경우(상자 두 개가 비었을 경우)는 또 다른 경우이므로 각각을 생각해야 합니다.

(4) (2)와의 차이는 상자를 구별할 수 없다는 점입니다. 따라서 (2)와 같은 방법으로 생각하면 A, B, C를 나열하는 수만큼 중복됩니다. 또한, 각 상자에 들어가는 공의 수에 따라 경우를 나누어야 합니다.

해답

(1)

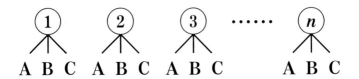

A, B, C 3개에서 중복을 허용하여 n개를 뽑아 나열하는 순열의 개수(69쪽)와 같으므로 구하려는 경우의 수는 다음과 같습니다.

$$_3\Pi_n = 3^n 가지$$

(2)

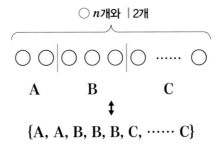

A, B, C 3개에서 중복을 허용하여 n개를 뽑는 조합의 개수(109쪽)와 같으므로[43]

$$_3H_n = _{3+n-1}C_n = _{n+2}C_n = _{n+2}C_2$$
$$= \frac{_{n+2}P_2}{2!} = \frac{(n+2)(n+1)}{2} 가지$$

$$_nH_r = _{n+r-1}C_r$$
$$_nC_r = _nC_{n-r}$$

43　◯ n개와(A, B, C를 구별한다) | 2개를 나열(같은 것을 포함한 순열)한 것과 같다고 생각해도 됩니다(110쪽).

(3)

(1)과 다른 점은 상사를 구별할 수 없다는 점입니다. 그래서 (1)에서는 중복되지 않았던 것이 여기서는 중복됩니다. 어떻게 되는지를 상자 수별로 경우를 나누어 조사해 봅시다.

(가) 상자 3개에 나누어 담는 경우 (빈 상자가 없음)

(1)처럼 상자를 구별할 수 있는 경우, 예를 들어 그림 E-1처럼 **6가지(3!가지)**는 모두 서로 다른 경우로 셉니다.

▼ 그림 E-3 상자를 구별하는 경우

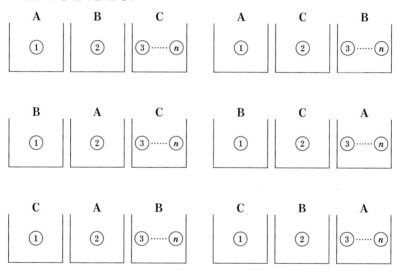

하지만 상자를 구별할 수 없으면 그림 E-3의 경우는 **1가지**가 됩니다.

▼ 그림 E-4 상자를 구별할 수 없는 경우

(나) 상자 2개에 나누어 담는 경우 (빈 상자가 1개)

이 경우도 (가)와 마찬가지로 상자를 구별할 수 있다면 그림 E-5처럼 **6가지(3! 가지)는** 모두 서로 다른 경우가 됩니다.

❤ 그림 E-5 상자를 구별할 수 있는 경우

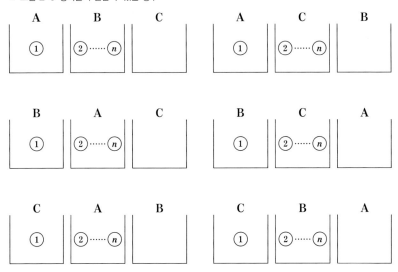

하지만 상자를 구별할 수 없으면 그림 E-5의 경우는 그림 E-6처럼 **1가지가** 됩니다.

❤ 그림 E-6 상자를 구별할 수 없는 경우

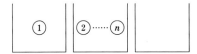

(다) 상자 1개에 전부 담을 경우 (빈 상자가 2개)

상자를 구별한다면 그림 E-7처럼 모두 다른 경우가 됩니다.

▼ 그림 E-7 상자를 구별할 수 있는 경우

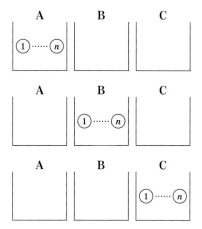

하지만 상자를 구별할 수 없다면 그림 E-8처럼 **1가지**가 됩니다.

▼ 그림 E-8 상자를 구별할 수 없을 경우

이렇게 (1)에서 구한 경우의 수 중 (가)와 (나)의 경우는 모두 '÷6'을 해 주고 (다)는 '÷3'을 해 주면 된다는 것을 알았습니다.

(1)의 (다)(상자 1개에 전부 담을 경우)는 상자가 A, B, C로 3가지이므로 구하려는 경우의 수는 다음과 같습니다.

상자 1개에 전부 담을 경우의 수

$$(3^n - 3) \div 6 + 3 \div 3 = \frac{3^n - 3}{6} + 1 = \frac{3^n - 3 + 6}{6}$$

$$= \frac{3^n + 3}{6} = \frac{3^{n-1} + 1}{2} \text{가지}$$

(4)

(3)과 달리 공을 구별할 수 없으므로 이번에는 (2)를 시작점으로 문제를 풀어갑니다. 역시 상자를 구별할 수 있을 때는 중복되지 않았던 것이 상자를 구별할 수 없을 때는 어떻게 중복되는지 잘 살펴봐야 합니다.

이번에는 상자 3개에 나뉜 공의 수가 모두 다른 경우, 2개만 같은 경우, 모두 같은 경우로 나누어 조사합니다.

(가) 공의 개수가 모두 다른 경우

상자를 구별할 수 있을 때, 예를 들어 그림 E-9의 **6가지(3!가지)**는 모두 서로 다른 경우로 셉니다.

❤ 그림 E-9 상자를 구별할 수 있는 경우

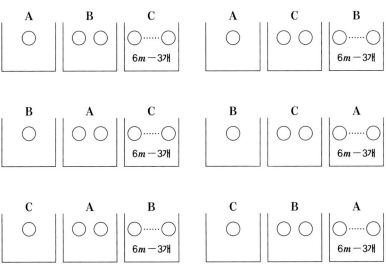

하지만 상자를 구별할 수 없다면 그림 E-10의 경우에서 **1가지**가 됩니다.

(나) 상자 2개만 공의 개수가 같은 경우 (상자 1개는 다르다)

상자를 구별할 수 있는 경우, 예를 들어 그림 E-11의 **3가지**는 모두 다른 경우로 셉니다.

▼ 그림 E-11 상자를 구별할 수 있는 경우

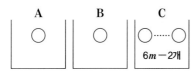

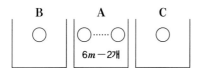

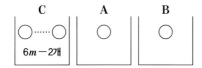

하지만 상자를 구별할 수 없다면 그림 E-11의 경우는 그림 E-12의 **1가지**가 됩니다.

▼ 그림 E-12 상자를 구별할 수 없을 경우

(다) 공의 개수가 모두 같은 경우

상자 3개로 나뉜 공의 개수가 모두 같은 경우는 상자를 구별할 수 있어도 그림 E–13처럼 **1가지**입니다.

❤ 그림 E–13 상자를 구별할 수 있는 경우

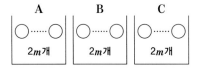

상자를 구별할 수 없는 경우에도 그림 E–14처럼 **1가지**입니다.

❤ 그림 E–14 상자를 구별할 수 없는 경우

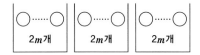

이렇게 (2)에서 구한 경우의 수를 각각 다음과 같이 환산하면 된다는 것을 알 수 있습니다.

(가) → ÷6

(나) → ÷3

(다) → 그대로

로 처리하면 됩니다.

상자를 구별할 수 있을 경우 (나)(상자 2개만 공의 개수가 같은 경우)는 몇 가지 있는지 생각해 봅니다[44].

---

44 (가)는 너무 수가 많을 것 같으므로 먼저 (나)와 (다)를 구하고 (2)의 결과에서 (나)와 (다)의 경우의 수를 빼서 (가)를 구합니다.

예를 들어 A와 B 상자에 같은 개수의 공이 들어갈 경우, A, B, C에 들어가는 공의 개수는

$$(A, B, C) = (0, 0, 6m), (1, 1, 6m - 2), (2, 2, 6m - 4), \cdots, (3m, 3m, 0)$$

으로 **$3m + 1$가지**를 생각할 수 있는데[45], 이 중에는 A, B, C 모두 공의 수가 같은

$$(A, B, C) = (2m, 2m, 2m)$$

인 경우도 포함되므로 **공 수가 A, B 두 상자만 같은 경우는 $3m$가지**입니다. **B, C 두 상자만 같아지는 경우**도 **C, A 두 상자만 같아지는 경우**도 마찬가지이므로 결국 (나)(상자 2개만 공의 개수가 같은 경우)는 모두 다음과 같습니다.

$$3m \times 3 = 9m 가지$$

(다)(모든 상자의 공 수가 같은 경우)는 앞에서도 이야기했듯이 $(A, B, C) = (2m, 2m, 2m)$밖에 없으므로 **1가지**입니다.

(가)는 (2)의 결과에서 (나)와 (다)를 뺀 값이므로

$$\frac{(n+2)(n+1)}{2} - 9m - 1 가지$$

입니다.

따라서 구하려는 경우의 수는 다음과 같습니다.

---

45 A와 B의 공 수가 0, 1, 2, $\cdots$, $3m$이므로 $3m + 1$가지입니다.

$$\left\{ \frac{(n+2)(n+1)}{2} - 9m - 1 \right\} \div 6 + 9m \div 3 + 1$$

$$n = 6m$$

$$= \left\{ \frac{(6m+2)(6m+1)}{2} - 9m - 1 \right\} \times \frac{1}{6} + 3m + 1$$

$$= \left(\frac{36m^2 + 18m + 2 - 18m - 2}{2} \right) \times \frac{1}{6} + 3m + 1$$

$$= 18m^2 \times \frac{1}{6} + 3m + 1 = 3m^2 + 3m + 1 \text{가지}$$

(1)과 (2)는 기본 문제이지만 (3), (4)부터 중복 처리가 어려워집니다.

앞에서도 이야기했지만 경우의 수를 구하는 기본 방법은 '순서를 생각하는지 아닌지'와 '중복이 허용되는지 아닌지'인데, 이 문제는 둘 다 환기시키는 좋은 문제입니다.

'좋은 약은 입에 쓰다'가 아니라 '좋은 문제는 머리가 아프다'인 것 같아요.

4^장

연습 문제: 확률

★★★★··· 교과서 기본

★★★★··· 교과서 응용

★★★★··· 수능 기본

★★★★··· 수능 실전

사건과 확률

문제 F-1   난이도 ★★★★

> 주사위를 3번 던질 때, 처음 나온 눈을 a_1, 다음에 나온 눈을 a_2, 세 번째
> 나온 눈을 a_3이라 합시다. $a_1 + a_2 = 2a_3$일 확률을 구하세요.

해설

$a_1 + a_2 = 2a_3$이라는 조건이 있으므로 a_3이 1~6 중 하나가 될 때 $a_1 + a_2$는
2~12 중 짝수가 됩니다. 나오는 눈 a_1과 a_2에 대해 $a_1 + a_2$가 짝수가 되는 경우
를 표로 만들어 전부 세는 게 지름길입니다[1].

해답

$a_1 + a_2 = 2a_3$이라는 조건을 만족하는 표 F-1의 경우만 전부 세면 되는 것을
알 수 있습니다.

---

1 잠시 뒤에 다른 풀이도 보겠습니다.

▼ 표 F-1 $a_1 + a_2 = 2a_3$의 경우

$a_1 + a_2$	a_3
2	1
4	2
6	3
8	4
10	5
12	6

표 F-2는 a_1과 a_2가 될 수 있는 각 눈에 대해 $a_1 + a_2$ 값을 정리한 표입니다.
2~12 사이의 짝수가 되는 값을 회색으로 칠했습니다.

▼ 표 F-2 $a_1 + a_2$ 값

a_1 \ a_2	1	2	3	4	5	6
1	2	3	4	5	6	7
2	3	4	5	6	7	8
3	4	5	6	7	8	9
4	5	6	7	8	9	10
5	6	7	8	9	10	11
6	7	8	9	10	11	12

회색이 되는 ($a_1 + a_2$ 값이 짝수가 되는) 칸은 전부 **18가지**입니다.

$a_1 + a_2$ 각 값에 대해 a_3 값은 한 가지로 정해집니다[2]. 또한, 주사위를 3번 던졌을 때 나올 수 있는 경우의 수는

$$6^3 = \mathbf{216}가지$$

이고, 각 경우는 일어날 가능성이 모두 동등하므로 구하려는 확률은 다음과 같습니다.

$$\frac{18}{216} = \frac{1}{12}$$

이 문제는 다음과 같이 생각하면 표를 사용하여 세지 않아도 풀 수 있습니다.

[다른 풀이]

$a_1 + a_2 = 2a_3$이라는 조건식에 따라 $a_1 + a_2$는 짝수, a_1은 1~6으로 6가지 값이 될 수 있고, 각 경우에서 $a_1 + a_2$가 짝수가 되는 a_2는 3가지가 있습니다. a_1과 a_2를 정하면 조건식을 만족하는 a_3는 한 가지로 정해지므로 구하려는 확률은 다음과 같습니다.

$$\frac{6 \times 3 \times 1}{6^3} = \frac{1}{12}$$

---

2 예를 들어 $a_1 + a_2 = 4$일 때 $a_3 = 2$입니다.

문제 F-2

> 주사위 1개를 연속해서 3번 던질 때 나오는 눈의 값을 순서대로 X, Y, Z
> 라 합시다. 이때 $X < Y < Z$일 확률을 구하세요.

해설

$X < Y < Z$를 만족하는 경우의 수를 'X=1일 때, $(Y, Z) = (2,3)$, $(2,4)$, ...'처
럼 생각하면 매우 복잡해집니다. 역시 쉽게 세려면 **일대일 대응**이 좋겠지요.

해답

1~6 중에서 서로 다른 세 수를 고르고 작은 순서대로 X, Y, Z라 이름을 붙이
면 $X < Y < Z$를 만족합니다. **1~6에서 서로 다른 세 수를 뽑으면 조합 하나를
가지고 $X < Y < Z$를 만족하는 (X, Y, Z)를 하나 만들 수 있다**는 말입니다.

따라서 $X < Y < Z$를 만족하는 (X, Y, Z)의 경우의 수는

$$_6\mathrm{C}_3 = \frac{_6\mathrm{P}_3}{3!} = \frac{6 \times 5 \times 4}{3 \times 2 \times 1} = \mathbf{20}\text{가지}$$

입니다. 또한, 주사위를 3번 던졌을 때 나올 수 있는 눈의 조합 개수는 전부

$$6^3 = \mathbf{216}\text{가지}$$

이고, 각각은 일어날 가능성이 모두 동등하므로 구하려는 확률은 다음과 같습
니다.

$$\frac{20}{216} = \frac{5}{54}$$

$X < Y < Z$를 만족하는 (X, Y, Z)가 $_6C_3$가지인 이유를 조금 보충 설명합니다.

주사위 1개를 3번 던질 때 나오는 눈을 순서대로 X, Y, Z라 하면 (X, Y, Z)는 $(1, 1, 1)$부터 $(6, 6, 6)$까지 총 216가지입니다.

예를 들어 1, 5, 6을 사용해서 만들어지는 (X, Y, Z)는

$$(X, Y, Z) = (1, 5, 6)(1, 6, 5)(5, 1, 6)(5, 6, 1)(6, 1, 5)(6, 5, 1)$$

로 6가지가 있는데, 이 중 $X < Y < Z$를 만족하는 것은

$$(X, Y, Z) = (1, 5, 6)$$

밖에 없습니다.

즉, 1~6 중에서 서로 다른 수를 3개 뽑으면, 이 세 수를 사용해서 만들 수 있는 $X < Y < Z$를 만족하는 (X, Y, Z)는 1가지로 정해진다는 말입니다. 따라서 **1~6 중에서 서로 다른 수를 3개 뽑는 사건과 $X < Y < Z$를 만족하는 (X, Y, Z)를 만드는 사건은** 일대일 대응이며 그 경우의 수는 $_6C_3$가지입니다.

문제 F-3

C 대학교 체육관에서는 이용할 때 한 사람에게 하나씩 락커가 대여됩니다. 학생 A와 B는 2일 동안 함께 체육관을 이용합니다. 2일 모두 X, Y, Z 세 락커를 이용할 수 있고 A와 B는 2일 모두 락커를 무작위로 대여받습니다.

(1) A와 B 모두 2일 동안 같은 락커를 대여받을 확률을 구하세요.

(2) A와 B 모두 1일째와 2일째에 서로 다른 락커를 대여받을 확률을 구하세요.

해설

A와 B가 락커를 빌리는 방법은 6가지(해답 참조)이므로 2일동안 $6 \times 6 = 36$가지밖에 없습니다. 표로 만들어 세어도 아주 어렵지 않아 보입니다(계산으로 구하는 방법도 해답이 끝난 후 다룹니다).

해답

A가 X 락커를 빌리고 B가 Y 락커를 빌리는 사건을

$$(A, \ B) = (X, \ Y)$$

로 나타내면, A와 B가 락커를 빌리는 방법은

$$(A, \ B) = (X, \ Y), \ (X, \ Z), \ (Y, \ X), \ (Y, \ Z), \ (Z, \ X), \ (Z, \ Y)$$

로 6가지입니다[3]. 1일째와 2일째도 모두 생각해 보면 가능한 패턴은 $6 \times 6 = 36$ **가지**이고 각 경우는 **일어날 가능성이 모두 동등**합니다.

---

[3] A와 B가 (같은 날에) 같은 락커를 빌릴 수는 없으므로 (X, X), (Y, Y), (Z, Z)는 없습니다.

1일째

(A,B) \ (A,B)	(X,Y)	(X,Z)	(Y,X)	(Y,Z)	(Z,X)	(Z,Y)
(X,Y)	○	△	×	×	×	△
(X,Z)	△	○	×	△	×	×
(Y,X)	×	×	○	△	△	×
(Y,Z)	×	△	△	○	×	×
(Z,X)	×	×	△	×	○	△
(Z,Y)	△	×	×	×	△	○

2일째

| ○ 둘 다 같다 | △ 한쪽만 다르다 | × 둘 다 다르다 |

또한, 표 F–3에 ○, △, ×는 A와 B가 2일동안 락커를 빌린 방법이

○ : 둘 다 같다

△ : 한쪽만 같다

× : 둘 다 다르다

를 나타냅니다.

(1)

표 F–3 안의 ○ 수를 세면 6가지, 따라서 구하려는 확률은 다음과 같습니다.

$$\frac{6}{36} = \frac{1}{6}$$

(2)

표 F–3 안의 × 수를 세면 18가지, 따라서 구하려는 확률은 다음과 같습니다.

$$\frac{18}{36} = \frac{1}{2}$$

계산해서 구하는 다른 풀이도 소개합니다.

A가 락커를 빌리는 방법은 X, Y, Z 중 하나이므로 3가지입니다, B가 락커를 빌리는 방법은 A가 빌린 락커가 아닌 두 락커 중 하나이므로 2가지입니다. 따라서 1일째에 A와 B가 락커를 빌리는 방법의 개수는 $3 \times 2 = 6$가지입니다. 2일 동안에는

$$6 \times 6 = 36 \text{가지}$$

이고 각 방법은 일어날 가능성이 모두 동등합니다.

(1)

1일째에 A와 B가 락커를 빌리는 방법은 앞에서 이야기한 대로 6가지입니다. 2일째는 A와 B가 1일째와 같은 락커를 빌리므로 1일째에 락커를 빌리는 6가지 경우에 대해 각각 1가지로 정해집니다. 따라서 구하려는 확률은 다음과 같습니다.

$$\frac{6 \times 1}{36} = \frac{1}{6}$$

(2)

A, B 모두 1일째와 2일째 빌리는 락커가 다를 때, 1일째가

$$(A, B) = (X, Y)$$

라면 2일째는

$$(A, B) = (Y, X), (Y, Z), (Z, X)$$

중 하나이므로 3가지입니다. 1일째에 락커를 빌리는 방법은 6가지이므로 A, B 모두 1일째와 2일째에 빌리는 락커가 다른 경우는 모두 $6 \times 3 = 18$가지입니다.

따라서 구하려는 확률은 다음과 같습니다.

$$\frac{18}{36} = \frac{1}{2}$$

문제 F-4

난이도 ★★★★

> 흰색과 빨간색 구슬을 합쳐서 22개가 들어 있는 주머니에서 구슬 3개를 뽑습니다. 뽑은 구슬이 '흰 구슬 2개, 빨간 구슬 1개일 확률'을 주머니 안에 들어 있는 흰 구슬과 빨간 구슬 개수의 비율을 변화시키며 살펴봅니다. 이 확률이 최대가 되는 경우는 주머니 안의 흰 구슬이 ┌─ 가 ─┐개일 때이고 그때의 확률은 $\dfrac{\text{나}}{\text{다}}$ 입니다. 이때 ┌─ 가 ─┐, ┌─ 나 ─┐, ┌─ 다 ─┐ 에 들어갈 알맞은 답을 구하세요.

해설

주머니 안의 흰 구슬 개수를 x라 하면 빨간 구슬 개수는 $(22-x)$개가 되므로 '흰 구슬 2개, 빨간 구슬 1개일 확률'을 x로 나타낼 수는 있습니다. 다음은 그 확률이 최대가 될 조건을 어떻게 나타낼지를 생각해야 합니다.

해답

주머니 안의 **흰 구슬 개수를 x개**라고 하면 **빨간 구슬의 개수는 $(22-x)$개**입니다. 하지만 문제에 '흰색과 빨간색 구슬을 합쳐서 22개 들어 있다'고 쓰여 있으므로 흰 구슬은 적어도 1개, 빨간 구슬도 적어도 1개는 들어 있다고 생각하면 $1 \le x \le 21$입니다.

주머니 안에서 3개를 꺼낼 때 '흰 구슬 2개, 빨간 구슬 1개일 확률'을 P_x로 나타내기로 합시다.

구슬 22개에서 3개를 꺼내는 조합의 개수는 $_{22}\mathrm{C}_3$**가지**입니다.

흰 구슬 x개에서 흰 구슬 2개를 꺼내고 빨간 구슬 $(22-x)$개에서 빨간 구슬 1개를 꺼내는 조합 개수는 $_x\mathrm{C}_2 \times {}_{22-x}\mathrm{C}_1$**가지**[4]입니다. 따라서 P_x는 다음과 같습니다.

---

4   흰 구슬 x개에서 흰 구슬 2개를 꺼내는 사건과 빨간 구슬 $(22-x)$개에서 빨간 구슬 1개를 꺼내는 사건은 동시에 일어나므로 곱의 법칙(55쪽)을 따릅니다.

$$P_x = \frac{{}_xC_2 \times {}_{22-x}C_1}{{}_{22}C_3} = \frac{\dfrac{{}_xP_2}{2!} \times \dfrac{{}_{22-x}P_1}{1!}}{\dfrac{{}_{22}P_3}{3!}} = \frac{\dfrac{x(x-1)}{2 \times 1} \times \dfrac{22-x}{1}}{\dfrac{22 \times 21 \times 20}{3 \times 2 \times 1}}$$

$$= \frac{x(x-1)(22-x)}{2 \times 1540}$$

$$\Rightarrow \quad P_x = \frac{x(x-1)(22-x)}{3080} \quad \cdots ①$$

❤ 그림 F-1 k값 변화에 따른 값의 변화

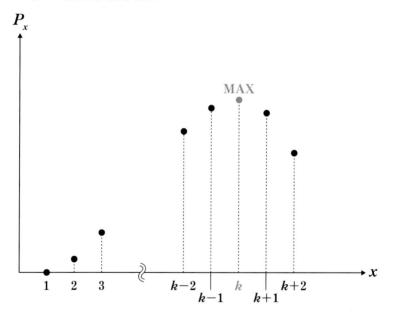

이제

$$P_1 < P_2 < \cdots\cdots < P_{k-2} < P_{k-1} < P_k > P_{k+1} > P_{k+2} > \cdots\cdots$$

라고 하면 $x = k$일 때 P_x는 최대가 됩니다.

$P_{k-1} < P_k$일 때, 식 ①에서

$$P_{k-1} < P_k \Rightarrow \frac{(k-1)\{(k-1)-1\}\{22-(k-1)\}}{3080} < \frac{k(k-1)(22-k)}{3080}$$

$$\Rightarrow \frac{(k-1)(k-2)(23-k)}{3080} < \frac{k(k-1)(22-k)}{3080}$$

$$\Rightarrow (k-2)(23-k) < k(22-k)$$

$$\Rightarrow -k^2 + 25k - 46 < -k^2 + 22k$$

$$\Rightarrow 25k - 46 < 22k$$

$$\Rightarrow 3k < 46$$

$$\Rightarrow k < \frac{46}{3} = 15.33\cdots$$

> $\frac{(k-1)}{3080} > 0$이므로 양변을 이 값으로 나눠도 부등호 방향이 바뀌지 않는다

입니다. 여기서 k는 정수이므로 $\boldsymbol{k \leq 15}$일 때, $\boldsymbol{P_{k-1} < P_k}$가 **성립**함을 알 수 있습니다[5]. 즉,

$$P_1 < P_2 < \cdots\cdots < P_{13} < P_{14} < P_{15} > P_{16} > P_{17} > \cdots\cdots$$

이라는 말입니다.

따라서 $x = 15$일 때, 즉 주머니 안의 흰 구슬 개수가 **15개**일 때 확률은 최대가 되고 그때의 확률은 다음과 같습니다.

$$P_{15} = \frac{15 \cdot (15-1) \cdot (22-15)}{3080} = \frac{15 \cdot 14 \cdot 7}{3080} = \frac{21}{44}$$

(가): 15, (나): 21, (다): 44

5　$P_1 < P_2, \cdots\cdots P_{13} < P_{14} < P_{15}$는 성립하지만 $k \geq 16$일 때 $P_{k-1} < P_k$는 성립하지 않습니다. 또한, $k \neq \frac{46}{3}$일 때 $P_{k-1} = P_k$도 성립하지 않으므로 $k \geq 16$일 때는 $P_{k-1} > P_k$가 됩니다. 이는 $P_{15} < P_{16} < P_{17} \cdots\cdots$ 이 성립함을 의미합니다.

식 ①

$$P_x = \frac{x(x-1)(22-x)}{3080}$$

는 x의 3차함수이므로 고등학교 때 배웠던 미분으로 증감표를 만들어 그래프의 개형을 그릴 수 있습니다. 실제로 $1 \leq x \leq 21$ 범위에서의 P_x 그래프는 그림 F-2와 같습니다.

❤ 그림 F-2 P_x 그래프

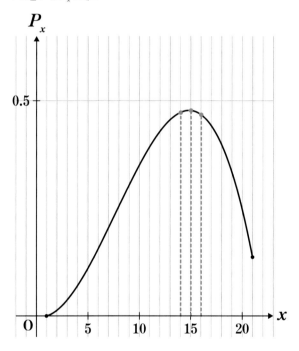

하지만 역시 이 문제는 '해답'처럼 $P_{k-1} < P_k$가 성립하는 조건을 고려해 **간단한 일차부등식을 푸는 문제로 생각**했으면 합니다.

G 확률의 기본 성질

문제 G-1   난이도 ★★★★

사각형 테이블에 남녀 각각 2명(총 4명)이 마주보도록 각 변에 한 명씩 무작위로 앉을 때 남녀 모두 마주보는 쪽에 동성이 앉을 확률은 [가] 이고 남녀 모두 좌우 중 한쪽에 동성이 앉을 확률은 [나]입니다. [가], [나]에 들어갈 알맞은 답을 구하세요.

해설

문제는 '사각형 테이블에~'라고 되어 있지만, 이 문제는 **원순열**(74쪽)로 생각해도 됩니다.

❤ 그림 G-1 원순열로 생각하기

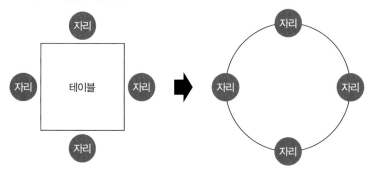

(나)는 여사건(150쪽), 즉 '좌우 모두 이성이 앉는' 경우를 생각하는 편이 더 쉽습니다.

'사각형 테이블에 남녀 각각 2명(총 4명)이 마주보도록 각 변에 한 명씩 무작위로 앉는' 경우의 수는 '남녀 각각 2명(총 4명)을 무작위로 원형으로 나열하는' 경우의 수와 같습니다.

따라서 4명이 앉는 경우의 수는 모두

$$(4-1)! = 3! = 3 \times 2 \times 1 = 6가지$$

입니다.

(가)

▼ 그림 G-2 여자를 먼저 나열

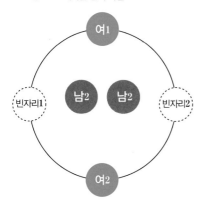

먼저 여자를 원형으로 나열하고 다음으로 여자 사이에 남자를 나열하는 방법을 생각해 봅시다.

여자 2명을 나열하는 방법은 서로 다른 두 개의 원순열이므로 $(2-1)!$가지입니다.

그다음 여자 사이에 남자가 들어가는 방법은 2개 자리에 2명을 나열하는 순열과 같으므로 $_2P_2$**가지**[6]입니다.

따라서 남녀 모두 맞은 편에 동성이 앉는 경우의 수는

$$(2-1)! \times {_2}P_2 = 1 \times 2 \times 1 = 2\text{가지}$$

입니다. 따라서 구하려는 확률은 다음과 같습니다.

$$\frac{2}{6} = \frac{1}{3}$$

(나)

'좌우 중 한쪽에 동성이 앉는다'의 **여사건**은 '좌우 모두 이성이 앉는' 경우인데, 이 경우는 (가)의 경우입니다. 따라서 여사건의 확률 공식(151쪽)으로 확률을 구하면 다음과 같습니다.

$$1 - \frac{1}{3} = \frac{2}{3}$$

$$P(\overline{A}) = 1 - P(A)$$
$$\Rightarrow \ P(A) = 1 - P(\overline{A})$$

이 문제는 우선 원순열 문제라는 걸 파악해야 합니다. 그 다음 자리가 원형으로 나열돼 있다고 해도 각 자리의 의미가 다를 때는 원순열이 되지 않는다는(각주 X 참조) 점을 주의하세요.

그리고 (나) 문제의 '좌우 한쪽에~'라는 조건은 '좌우의 적어도 한쪽은~'과 같은 의미입니다. 일반적으로 '적어도~'라는 조건은 여사건을 생각하는 게 편할 때가 많습니다.

---

6   나중에 들어오는 남자 2명도 원순열이라고 생각할 수도 있지만, 여자 2명이 나열한 후 그림 G-2의 '빈자리$_1$'은 여$_1$의 오른쪽이면서 여$_2$의 왼쪽이고 '빈자리$_2$'는 여$_1$의 왼쪽이면서 여$_2$의 오른쪽이므로 다른 자리가 됩니다. 따라서 두 자리에 남자를 나열하는 순열은 원순열이 아닙니다(151쪽 예제 15 참조).

문제 G-2

난이도 ★★★★

> n을 자연수라 합시다. 주사위 한 개를 n번 던질 때 나온 눈을 모두 곱한 값이 6의 배수가 될 확률은 [   ]라고 할 때 알맞은 답을 구하세요.

해설

나온 눈의 곱이 6의 배수가 되려면

(가) 6이 한 번 이상 나오는 경우

(나) 2의 배수와 3의 배수가 적어도 한 번 이상 나오는 경우

를 생각할 수 있고, (가)와 (나)에는 중복도 있으므로 계산하기 번거로울 수 있습니다. 이때 이 문제도 **여사건**을 생각해 봅시다.

해답

1번째	2번째	3번째	‥‥‥	n번째
$1\sim6$	$1\sim6$	$1\sim6$	‥‥‥	$1\sim6$

$${}_6\Pi_n = 6 \times 6 \times 6 \times \cdots\cdots \times 6 = 6^n$$

주사위를 n번 던질 때 나올 수 있는 눈의 개수는 $1\sim6$ 중에서 중복을 허용하여 n번 뽑아 나열하는 중복순열의 개수(71쪽)와 같으므로

$${}_6\Pi_n = 6^n \text{가지}$$

입니다. 이제부터는 나온 눈의 곱이 6의 배수가 되지 않는 경우(여사건)를 살펴봅시다.

(i) n번 모두 1, 2, 4, 5 중 하나가 나온다(3의 배수가 나오지 않는다)

1, 2, 4, 5 중에서 중복을 허용하여 n번 뽑아 나열하는 중복순열 개수와 같으므로

$$_4\Pi_n = 4^n 가지$$

가 됩니다.

(ii) n번 모두 1, 3, 5 중 하나가 나온다(2의 배수가 나오지 않는다)

1, 3, 5 중에서 중복을 허용하여 n번 뽑아 나열하는 중복순열 개수와 같으므로

$$_3\Pi_n = 3^n 가지$$

가 됩니다. 이때 (i)과 (ii)에는 다음 (iii)의 경우가 중복됩니다.

❤ 그림 G-3 벤 다이어그램으로 나타낸 각 경우

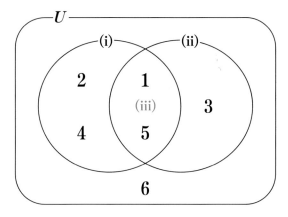

(iii) n번 모두 1, 5 중 하나가 나온다

1, 5 중에서 중복을 허용하여 n번 뽑아 나열하는 중복순열의 개수와 같으므로

$$_2\Pi_n = 2^n 가지$$

가 됩니다. 따라서 주사위를 n번 던져서 나오는 눈의 곱이 6의 배수가 되지 않

는 경우의 수는

$$4^n + 3^n - 2^n \, 가지$$

입니다. 이렇게 여사건의 확률은

$$\frac{4^n + 3^n - 2^n}{6^n}$$

이 됩니다. 따라서 구하려는 확률은 다음과 같습니다.

$$1 - \frac{4^n + 3^n - 2^n}{6^n}$$

이 식을 변형하여 $1 - \left(\dfrac{2}{3}\right)^n - \left(\dfrac{1}{2}\right)^n + \left(\dfrac{1}{3}\right)^n$ 을 답으로 해도 상관없습니다.

주사위를 n번 던질 때 나오는 눈 각각은 **독립시행**(158쪽)이므로

(i) n번 모두 '1, 2, 4, 5' 중 하나가 나올 확률: $\left(\dfrac{4}{6}\right)^n = \left(\dfrac{2}{3}\right)^n$

(ii) n번 모두 '1, 3, 5' 중 하나가 나올 확률: $\left(\dfrac{3}{6}\right)^n = \left(\dfrac{1}{2}\right)^n$

(iii) n번 모두 '1, 5' 중 하나가 나올 확률: $\left(\dfrac{2}{6}\right)^n = \left(\dfrac{1}{3}\right)^n$

이 되어 구하려는 확률을

$$1 - \left\{\left(\frac{2}{3}\right)^n + \left(\frac{1}{2}\right)^n - \left(\frac{1}{3}\right)^n\right\} = 1 - \left(\frac{2}{3}\right)^n - \left(\frac{1}{2}\right)^n + \left(\frac{1}{3}\right)^n$$

으로 계산할 수도 있습니다(앞에서 이야기한 변형식과 같습니다).

문제 G-3

> 4명이 모두 함께 가위바위보를 한 번 해서 딱 한 명이 이기면 게임을 끝내고 그렇지 않았을 때는 진 사람을 제외하고 다시 한 번 가위바위보를 합니다. 이때 다음 경우의 확률을 구하세요.
>
> (1) 게임이 한 번에 끝날 경우
>
> (2) 두 번째 게임에 4명 모두가 참가할 경우
>
> (3) 게임이 한 번에 끝나지 않고 두 번째 게임에서 한 명만 이길 경우

해설

(1) 첫 번째 게임에서 '4명 → 1명'이 되는 경우입니다. '누가', '어떤 수'로 이기는지를 생각하면 비교적 간단하게 해결됩니다.

(2) 첫 번째 게임이 무승부가 되는 경우입니다. 무승부인 경우는 승부가 나는 경우의 여집합으로 생각하면 쉽습니다.

(3) 두 번째 게임에서 한 명이 이기는 경우는

   (i) 4명 → 4명 → 1명

   (ii) 4명 → 3명 → 1명

   (iii) 4명 → 2명 → 1명

으로 세 경우를 생각할 수 있으므로 각각 나눠서 생각합니다.

해답

4명을 A, B, C, D라 합시다.

4명이 가위바위보를 할 때, 낼 수 있는 수는 {가위, 바위, 보}에서 중복을 허용하여 4개를 뽑아 나열하는 중복순열의 개수와 같으므로

$$_3\Pi_4 = 3^4 가지$$

입니다.

(1)

예를 들어 A만 이겼을 때 4명이 낸 수는

$$A,\ B,\ C,\ D\ =\ \begin{cases} (바위,\ 가위,\ 가위,\ 가위) \\ (가위,\ 보,\ 보,\ 보) \\ (보,\ 바위,\ 바위,\ 바위) \end{cases}$$

로 3가지입니다. B만 이겼을 때, C만 이겼을 때, D만 이겼을 때도 모두 같으므로 한 번의 승부로 한 명만 이기는 경우의 수는

$$3 \times 4 = 12 가지$$

가 됩니다. 따라서 구하려는 확률은 다음과 같습니다.

$$\frac{12}{3^4} = \frac{4}{27}$$

(2)

4명이 가위바위보를 해서 무승부가 되는 경우는 그 여사건인 '승부가 나는 경우'를 구하는 게 편합니다. 이때 '승부가 난다'는 말은 **모두가 두 종류의 수 중 하나를 낼(한 종류로 몰리는 경우는 제외한)** 때입니다.

　　가위, 바위, 보 중에서 두 종류의 수를 뽑는 경우의 수: $_3C_2$**가지**

　　4명이 뽑은 두 종류의 수 중 하나를 낼 경우의 수[7]: **2^4가지**

　　4명의 수가 두 종류 중 한 종류로 몰리는 경우의 수: **2가지**

7　뽑은 두 종류의 수(예를 들어 {가위, 바위})에서 중복을 허용하여 네 개 뽑아 나열하는 중복순열의 개수와 같으므로 $_2\Pi_4 = 2^4$가지입니다.

이므로 모두가 두 종류의 수 중 하나를 내는(한 종류로 몰리는 경우는 제외한) 경우의 수는

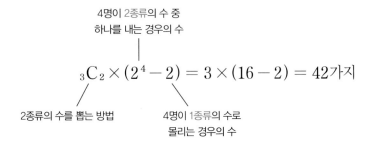

가 됩니다[8]. 이렇게 여사건의 확률은

$$\frac{42}{3^4} = \frac{14}{27}$$

가 됩니다. 따라서 구하려는 확률은 다음과 같습니다.

$$1 - \frac{14}{27} = \frac{13}{27}$$

(3)

두 번째 게임에서 딱 한 명이 이기는 경우는

(i) 첫 번째: 4명 → 4명, 두 번째: 4명 → 1명

(ii) 첫 번째: 4명 → 3명, 두 번째: 3명 → 1명

(iii) 첫 번째: 4명 → 2명, 두 번째: 2명 → 1명

으로 세 경우를 생각할 수 있습니다.

먼저 첫 번째 게임에서 생각할 수 있는 여러 가지 패턴의 확률을 구해 봅시다.

---

8 $_3C_2 = {}_3C_1 = 3$

(가) 4명 → 4명이 될 확률: (2)에서 $\dfrac{13}{27}$

(나) 4명 → 1명이 될 확률: (1)에서 $\dfrac{4}{27}$

(다) 4명 → 3명이 될 확률

4명 중 한 명만 질 확률이므로 (1)과 같은 방식으로 생각하면 다음과 같습니다.

$$\frac{4}{27}$$

(라) 4명 → 2명이 될 확률

{(가) 또는 (나) 또는 (다)}의 여사건이므로 다음과 같습니다.

$$1 - \left(\frac{13}{27} + \frac{4}{27} + \frac{4}{27} \right) = 1 - \frac{21}{27} = \frac{6}{27} = \frac{2}{9}$$

(마) 3명 → 1명이 될 확률

3명이 수를 내는 방법의 수: 3^3가지

예를 들어 A, B, C 3명 중 A만 이기는 수를 내는 방법은

$$(A,\ B,\ C) = \begin{cases} \text{(바위, 가위, 가위)} \\ \text{(가위, 보, 보)} \\ \text{(보, 바위, 바위)} \end{cases}$$

로 3가지입니다. B만 이길 때, C만 이길 때 모두 같으므로 게임을 한 번 해서 3명 → 1명이 되는 경우의 수는

$$3 \times 3 = 9\text{가지}$$

입니다. 따라서 3명 → 1명이 될 확률은 다음과 같습니다.

$$\frac{9}{3^3} = \frac{1}{3}$$

(바) 2명 → 1명이 될 확률

2명이 수를 내는 방법의 수: 3^2가지

예를 들어 A, B 2명 중 A만 이기는 수를 내는 방법은

$$(A, \ B) = \begin{cases} (바위, \ 가위) \\ (가위, \ 보) \\ (보, \ 바위) \end{cases}$$

로 3가지입니다. B만 이길 때도 마찬가지이므로 게임 한 번으로 2명 → 1명이
되는 경우의 수는

$$3 \times 2 = 6가지$$

입니다. 따라서 2명 → 1명이 될 확률은 다음과 같습니다.

$$\frac{6}{3^2} = \frac{2}{3}$$

(i) 첫 번째: 4명 → 4명, 두 번째: 4명 → 1명

　(가) → (나)이므로

$$\frac{13}{27} \times \frac{4}{27} = \frac{52}{729}$$

(ii) 첫 번째: 4명 → 3명, 두 번째: 3명 → 1명

　(다) → (마)이므로

$$\frac{4}{27} \times \frac{1}{3} = \frac{4}{81}$$

(iii) 첫 번째: 4명 → 2명, 두 번째: 2명 → 1명

(라) → (바)이므로

$$\frac{2}{9} \times \frac{2}{3} = \frac{4}{27}$$

입니다. (i), (ii), (iii)의 사건은 각각 서로 **배반**[9]이므로 확률의 덧셈정리(145쪽)로 확률을 구하면 다음과 같습니다.

$$\frac{52}{729} + \frac{4}{81} + \frac{4}{27} = \frac{52 + 36 + 108}{729} = \frac{196}{729}$$

가위바위보 문제는 자주 출제되는 문제인데, 이 문제를 풀 수 있으면 가위바위보 확률 계산은 문제없이 풀 수 있습니다!

---

9 동시에 일어나지 않음

문제 G-4

> N을 자연수라고 합시다. 상자가 $N+1$개 있고 1부터 $N+1$까지 번호가
> 붙어 있습니다. 모든 상자에 구슬이 1개씩 들어 있습니다. 1번부터 N번
> 까지의 상자에 들어 있는 구슬은 흰색이고 $N+1$번 상자에 들어 있는 구
> 슬은 노란색입니다. 다음 조작 (A)를 각각 $k=1, 2, \cdots\cdots, N+1$에 대해
> k가 작은 순으로 1회씩 수행합니다.
>
> (A) k번이 아닌 상자 N개 중 상자 1개를 뽑아서 그 상자의 내용물을 k번
> 상자와 교환한다. 단, N개의 상자 중 한 상자를 뽑는 사건은 가능성이 모
> 두 동등합니다.
>
> 조작이 모두 끝난 후 노란 구슬이 $N+1$번 상자에 들어 있을 확률을 구하
> 세요.

해설

임의의 수로 상상하기 어려운 경우에는 $N=2$ 등의 구체적인 숫자를 넣어서 생
각해 보면 좋습니다. 결과는 의외로 단순합니다.

해답

$N=2$로 하고 '실험'해 봅시다.

그림 G-4는 $N=2$일 때의 모든 경우를 나열하진 않았지만 이 정도를 실제로
해 보면 어떨 때 성공(조작이 모두 끝난 후 노란 구슬이 $N+1$번 상자에 들어
있을)지를 알 수 있을 것입니다.

우선 (가)와 (나)처럼 2번째(N번째) 조작 종료 후에 노란 구슬이 3번($N+1$번)
상자에 들어 있으면 3번째 조작을 할 때 반드시 노란 구슬은 3번($N+1$번)이 아
닌 상자에 들어가므로 실패입니다.

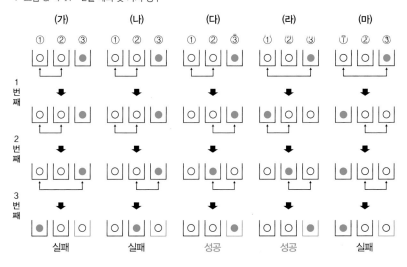

반대로 (다)와 (라)처럼 2번째 조작 중에 노란 구슬이 이동하면 그 노란 구슬은 3번째($N+1$번째) 조작 전에는 반드시 1~2번(1~N번) 상자 중 하나에 들어갑니다. 이 상태를 만들었다면 3번째($N+1$번째)에 그 노란 구슬이 들어 있는 상자와 3번째 상자의 구슬을 교환하면 성공입니다[10].

이렇게 일반적으로 $(N+1)$회 조작이 모두 끝난 후 노란 구슬이 $(N+1)$번 상자에 들어 있으려면 다음 두 조건을 동시에 만족해야 합니다.

(i) N번째까지 적어도 1번은 $(N+1)$번 상자가 뽑힌다.

(ii) $(N+1)$번째 조작으로 노란 구슬이 들어 있는 상자[11]를 뽑는다.

---

10 (마)는 실패인데, 만약 3번째 조작으로 노란 구슬이 들어 있는 ①번 상자를 뽑을 수 있으면 성공이 됩니다.

11 (i)에 의해 노란 구슬은 1~N번 중 하나로 이동했습니다. 그리고 N번째까지 한 번이라도 $N+1$번 상자가 뽑히면 그 후 $(N+1)$번째 조작 전에 노란 구슬이 $(N+1)$번 상자에 돌아갈 일은 없습니다.

(i)에 관해

(i)의 여사건[12]은 'N번째까지 모두 (N+1)번 상자가 뽑히지 않는다'입니다. 1회 조작으로 (N+1)번 상자를 뽑지 않을 확률은 $\frac{N-1}{N}$이므로 여사건의 확률은 $\left(\frac{N-1}{N}\right)^N$입니다. 따라서 (i)가 일어날 확률은 다음과 같습니다.

$$1-\left(\frac{N-1}{N}\right)^N$$

(ii)에 관해

(N+1)번째 조작으로 노란 구슬이 들어 있는 상자(1~N번 중 한 상자)를 뽑을 확률은 단순히 $\frac{1}{N}$이므로 (i)와 (ii)에 따라 구하려는 확률은 다음과 같습니다.

$$\left\{1-\left(\frac{N-1}{N}\right)^N\right\}\frac{1}{N}$$

처음에 시작하기가 어려운 문제라도 구체적인 숫자를 넣어 '사고실험'을 거듭하면 해결할 수 있는 경우가 적지 않습니다.

말은 그렇게 해도 어려워요.

---

12 '적어도~'이므로 여사건을 생각합니다.

H 독립시행의 확률

문제 H-1

난이도 ★★★★

> 11층짜리 빌딩 6층에 A가 있습니다. A는 주사위 한 개를 던져서 짝수 눈이 나오면 한 층 위로, 홀수 눈이 나오면 한 층 아래로 이동합니다. 주사위를 5번 던졌을 때 A가 5층에 있을 확률은 $\dfrac{\text{가}}{\text{나}}$입니다. 가 , 나 에 들어갈 알맞은 답을 구하세요.

해설

주사위를 5번 던지는 동안 짝수 눈이 몇 번 나와야 마지막에 A가 5층에 있을 수 있을까요? 그것만 알 수 있다면 그다음은 반복시행의 확률(172쪽)로 해결됩니다.

해답

5번 중에서 **짝수 눈이 n번 나왔다고 하면**, 홀수 눈은 $5-n$번 나온 게 됩니다. 처음에 6층에 있던 A가 짝수 눈이 나왔을 때는 $(+1)$층, 홀수 눈이 나왔을 때는 (-1)층을 이동하여 마지막에 5층에 있다는 말은 n이 다음 방정식의 해[13]라는 말입니다.

$$6+(+1)\times n+(-1)\times(5-n)=5$$
$$\Rightarrow\ 6+n-5+n=5$$
$$\Rightarrow\ 2n=4\ \Rightarrow\ n=2$$

---

13 '방정식의 해이다'라는 말은 '방정식에 대입했을 때 =(등식)이 성립한다'는 말입니다.

이렇게 주사위를 5번 던져서 짝수 눈이 2번 나올 (홀수 눈은 3번 나올) 확률을 구하면 되는 것을 알았습니다.

주사위를 던졌을 때 짝수 눈이 나올 확률은 $\frac{1}{2}$, 홀수 눈이 나올 확률도 $\frac{1}{2}$이므로 **반복시행의 확률**(172쪽)로 구하려는 확률은 다음과 같습니다.

$$_5\mathrm{C}_2\left(\frac{1}{2}\right)^2\left(\frac{1}{2}\right)^3 = \frac{5\times4}{2\times1}\times\frac{1}{4}\times\frac{1}{8}=\frac{5}{16}$$

> 반복시행의 확률
> $_n\mathrm{C}_k\, p^k(1-p)^{n-k}$

(가): 5, (나): 16

예를 들어 같은 규칙으로 주사위를 5번 던졌을 때 처음에 6층에 있던 A가 마지막에 4층에 있을 확률을 구해 봅시다.

역시 5번 중에서 **짝수가 눈이 n번 나왔다** 하고 A는 처음에 6층에 있었으므로 마지막에 4층에 있으려면 n은 다음 방정식의 해가 됩니다.

하지만

$$6+(+1)\times n+(-1)\times(5-n)=4$$
$$\Rightarrow\ 6+n-5+n=4$$
$$\Rightarrow\ 2n=3\ \Rightarrow\ n=\frac{3}{2}$$

가 되는데 n은 정수여야 하므로 이 값은 답이 될 수 없습니다. 즉, 반복시행의 확률을 계산할 필요도 없이 이 규칙으로는 처음에 6층에 있던 A가 마지막에 4층에 있을 **확률은 0**임을 알 수 있습니다.

문제 H-2

> 스트라이크와 볼을 $\frac{1}{2}$ 확률로 던지는 투수가 있습니다. 타자는 배트를 휘두르지 않고 포볼을 노린다고 합시다. 단, 투수의 투구는 스트라이크 또는 볼입니다. 타자는 배트를 휘두르지 않으면 삼진 또는 포볼이 됩니다. 타자가 삼진일 확률은 [가]이고 포볼일 확률은 [나]입니다. [가], [나]에 알맞은 답을 구하세요.

해설

(가)에서 배트를 휘두르지 않는 타자가 삼진이 되는 경우는

  (i) 3구에서 삼진

  (ii) 4구에서 삼진

  (iii) 5구에서 삼진

  (iv) 6구에서 삼진

중 하나입니다[14].

(나)는 (가)의 여사건의 확률입니다.

해답

(가)

배트를 휘두르지 않는 타자가 삼진이 되는 경우는 '해설'의 (i)~(iv) 중 하나입니다. 하지만 결국에는 삼진이 되므로 마지막 공은 언제나 스트라이크인 것에 주의합시다. 이제부터 스트라이크는 ◯, 볼은 ✕로 나타냅니다.

---

14 타자가 배트를 휘두른다면 파울로 몇 구든 버틸 수 있지만 배트를 휘두르지 않는다면 투수가 타자에게 던지는 공 수가 가장 많아지는 경우는 풀카운트(2스트라이크 3볼)에서 공 하나를 더 던질 때입니다. 즉, 한 명의 타자에게 가장 많은 공 수는 6구입니다. 스트라이크가 3구가 되기 전에 볼이 4구가 되면 포볼이 된다는 야구 규칙을 모르는 사람에게는 이해하기 어려운 설정일 수도 있습니다.

문제를 살펴보면 공마다

$$\begin{cases} \text{투구가 } \bigcirc \text{(스트라이크)일 확률: } \dfrac{1}{2} \\[3mm] \text{투구가 } \times \text{(볼)일 확률: } \dfrac{1}{2} \end{cases}$$

이므로 매 투구는 독립시행(158쪽)으로 생각할 수 있습니다[15].

(i) 3구에서 삼진

3구 연속으로 ◯이므로 확률은 다음과 같습니다.

$$\left(\frac{1}{2}\right)^3 = \frac{1}{8}$$

(ii) 4구에서 삼진

반복시행 결과가 ◯ 2개와 × 1개

3회 반복시행 중 ◯가 2회, ×가 1회, 마지막은 ◯이므로 확률은 다음과 같습니다.

$${}_3C_2 \left(\frac{1}{2}\right)^2 \left(\frac{1}{2}\right)^1 \times \frac{1}{2} = 3 \times \left(\frac{1}{2}\right)^4 = \frac{3}{16}$$

$${}_3C_2 = {}_3C_1 = \frac{3}{1} = 3$$

(iii) 5구에서 삼진

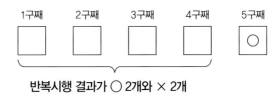

4회 반복시행 중 ○가 2회, ×가 2회, 마지막은 ○이므로 확률은 다음과 같습니다.

$$_4\mathrm{C}_2\left(\frac{1}{2}\right)^2\left(\frac{1}{2}\right)^2\times\frac{1}{2}=\frac{4\times3}{2\times1}\times\left(\frac{1}{2}\right)^5=\frac{6}{32}=\frac{3}{16}$$

(iv) 6구에서 삼진

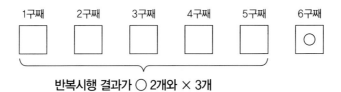

5회 반복시행 중 ○가 2회, ×가 3회, 마지막은 ○이므로 확률은

$$_5\mathrm{C}_2\left(\frac{1}{2}\right)^2\left(\frac{1}{2}\right)^3\times\frac{1}{2}=\frac{5\times4}{2\times1}\times\left(\frac{1}{2}\right)^6=\frac{10}{64}=\frac{5}{32}$$

입니다. (i)~(iv)는 각각 서로 배반이므로 **확률의 덧셈정리**(145쪽)로 구하려는 확률은 다음과 같습니다.

$$\frac{1}{8}+\frac{3}{16}+\frac{3}{16}+\frac{5}{32}=\frac{4+6+6+5}{32}=\frac{21}{32}$$

(나)

타자가 배트를 휘두르지 않는 경우, 있을 수 있는 경우는 (일부러) 삼진이거나 포볼뿐이므로 포볼은 삼진의 **여사건**입니다. 따라서 (가)를 이용해 확률을 구하면 다음과 같습니다.

$$1 - \frac{21}{32} = \frac{11}{32}$$

(가)의 삼진 확률을 구할 때 마지막에는 반드시 ○(스트라이크)인 점에 주의합시다.

예를 들어 '4구에서 삼진'일 확률을 구할 때 '4회 반복시행 중 ○가 3회, ×가 1회'로 하면 그중에는 '○○○×'가 포함되어 '3구에서 삼진'인 경우와 중복됩니다.

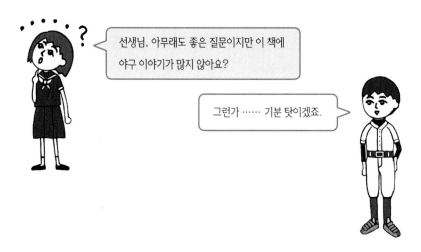

선생님, 아무래도 좋은 질문이지만 이 책에 야구 이야기가 많지 않아요?

그런가 …… 기분 탓이겠죠.

문제 H-3

정사면체 ABCD의 변 위를 움직이는 개미는 한 꼭짓점을 방문한 1초 후에 다른 꼭짓점 중 하나를 각각 $\frac{1}{3}$의 확률로 방문합니다. 맨 처음에 꼭짓점 A에 있는 개미를 n초 후까지 관찰합니다.

(1) 꼭짓점 A, B는 방문하지만, 꼭짓점 C, D는 방문하지 않을 확률 p_n을 구하세요.

(2) 꼭짓점 A, B, C는 방문하지만, 꼭짓점 D는 방문하지 않을 확률 q_n을 구하세요.

(3) 모든 꼭짓점을 방문할 확률 r_n을 구하세요.

단, (1), (2), (3) 모두 맨 처음에 있는 꼭짓점 A는 방문한 꼭짓점이라 생각하세요.

해설

(1) p_n은 A → B, B → A를 반복할 확률입니다.

(2) q_n은 A → (B 또는 C), B → (A 또는 C), C → (A 또는 B) 중 하나를 반복하는 사건을 기본으로 생각할 수 있는데, 이는 AB 사이만 왕복하는 경우와 AC 사이만 왕복하는 경우도 포함되므로 주의해야 합니다.

(3) r_n은 (1)과 (2)를 힌트로 해서 여사건을 생각합시다.

❤ 그림 H-1 문제의 상황

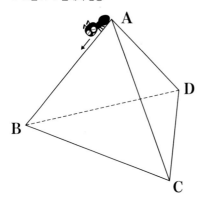

(1)

$$\begin{cases} \text{A에 있는 개미가 B로 이동할 확률: } \dfrac{1}{3} \\\\ \text{B에 있는 개미가 A로 이동할 확률: } \dfrac{1}{3} \end{cases}$$

p_n은 n초 후까지 A → B 이동, B → A 이동을 반복할 확률이므로 다음과 같습니다.

$$p_n = \left(\frac{1}{3} \right)^n$$

(2)

$$\begin{cases} \text{A에 있는 개미가 ‘B 또는 C’로 이동할 확률: } \dfrac{2}{3} \\\\ \text{B에 있는 개미가 ‘A 또는 C’로 이동할 확률: } \dfrac{2}{3} \\\\ \text{C에 있는 개미가 ‘A 또는 B’로 이동할 확률: } \dfrac{2}{3} \end{cases}$$

n초 후까지 이 이동을 반복하면 개미가 D에 갈 일은 없습니다. 하지만 이 중에는 AB 사이만을 이동하는 경우[16]와 AC 사이만을 이동하는 경우[17]가 포함돼 있으므로 구하려는 확률은 다음과 같습니다[18].

$$q_n = \left(\frac{2}{3}\right)^n - \left\{\left(\frac{1}{3}\right)^n + \left(\frac{1}{3}\right)^n\right\} = \left(\frac{2}{3}\right)^n - 2\left(\frac{1}{3}\right)^n$$

(3)

맨 처음에 꼭짓점 A에 있는 개미가 '모든 꼭짓점을 방문했다'의 여사건은 다음 중 하나입니다.

    (i) 꼭짓점 A, B는 방문하지만, 꼭짓점 C, D는 방문하지 않는다.

    (ii) 꼭짓점 A, C는 방문하지만, 꼭짓점 B, D는 방문하지 않는다.

    (iii) 꼭짓점 A, D는 방문하지만, 꼭짓점 B, C는 방문하지 않는다.

    (iv) 꼭짓점 A, B, C는 방문하지만, 꼭짓점 D는 방문하지 않는다.

    (v) 꼭짓점 A, B, D는 방문하지만, 꼭짓점 C는 방문하지 않는다.

    (vi) 꼭짓점 A, C, D는 방문하지만, 꼭짓점 B는 방문하지 않는다.

정사면체의 대칭성 때문에 (i)~(iii) 확률은 모두 p_n이고 마찬가지로 (iv)~(vi) 확률은 모두 q_n입니다. 따라서 구하려는 확률은 다음과 같습니다.

---

16 확률은 $\left(\frac{1}{3}\right)^n$

17 확률은 $\left(\frac{1}{3}\right)^n$

18 330쪽에서 보충 설명합니다.

$$r_n = 1 - 3p_n - 3q_n = 1 - 3\left(\frac{1}{3}\right)^n - 3\left\{\left(\frac{2}{3}\right)^n - 2\left(\frac{1}{3}\right)^n\right\}$$

$$= 1 - 3\left(\frac{1}{3}\right)^n - 3\left(\frac{2}{3}\right)^n + 6\left(\frac{1}{3}\right)^n$$

$$= 1 + 3\left(\frac{1}{3}\right)^n - 3\left(\frac{2}{3}\right)^n$$

---

(2)에 관해 보충 설명하겠습니다.

그림 H-2는 3초 후까지 이동했을 때 D를 방문하지 않는 경우를 나열한 것입니다.

❤ 그림 H-2 3초 후까지 이동했을 때 D를 방문하지 않는 경우

$$A \to B \to A \to B \text{로 이동할 확률: } \left(\frac{1}{3}\right)^3$$

$$A \to C \to A \to C \text{로 이동할 확률: } \left(\frac{1}{3}\right)^3$$

이 중 하나로 이동할 확률은 $\left(\frac{2}{3}\right)^3$입니다. 단, 이 확률에는

$$A \to B \to A \to B$$

라는 이동(C와 D를 방문하지 않는 이동)과

$$\Lambda \rightarrow C \rightarrow \Lambda \rightarrow C$$

라는 이동(B와 D를 방문하지 않는 이동)이 포함되어 있고 이 두 경우의 확률은 각각 $\left(\dfrac{1}{3}\right)^3$ 입니다.

따라서 3초 후까지 '꼭짓점 A, B, C는 방문하지만, 꼭짓점 D는 방문하지 않을' 확률은

$$\left(\frac{2}{3}\right)^3 - 2\left(\frac{1}{3}\right)^3$$

이 됩니다.

문제 H-4

5명에게 '당신의 나이는 20대입니까?'라는 질문을 합니다. 단, 각 응답자는 '예'나 '아니요'로 답하기 전에 주사위를 던져서 1 또는 2가 나왔을 때는 정직하게 답하고 3 이상이 나왔을 때는 거짓으로 답하기로 합니다.

(1) 5명 중 20대가 1명도 없을 때, '예'라고 답한 사람 수가 3명일 확률을 구하세요.

(2) 5명 중 20대가 1명일 때, '예'라고 답한 사람 수가 3명일 확률을 구하세요.

(3) 응답자 5명은 길거리 조사에서 만난 사람이라고 합시다. 단, 같은 사람과 반복해서 만날 수도 있습니다. 길거리 조사에서 만나는 사람이 20대일 확률이 p일 때, '예'라고 답한 사람 수가 3명일 확률을 구하세요.

해설

(1) 5회 반복시행(질문) 결과 3명이 거짓으로 답할 확률입니다.

(2) 다음 두 경우가 있습니다.

  (i) 20대 1명이 정직하게 답하고 나머지 4명 중 2명이 거짓으로 답한다.

  (ii) 20대 1명이 거짓으로 답하고 나머지 4명 중 3명이 거짓으로 답한다. 20대가 아닌 4명은 반복시행으로 생각한다.

(3) 응답자 5명이 '예'라고 답할 확률을 p를 사용해서 나타냅시다. 그 다음은 (2)와 마찬가지로 반복시행으로 생각합니다.

$$\begin{cases} \text{응답자 1명이 정직하게 답할 확률: } \dfrac{2}{6} = \dfrac{1}{3} \\[2mm] \text{응답자 1명이 거짓으로 답할 확률: } \dfrac{4}{6} = \dfrac{2}{3} \end{cases}$$

입니다.

(1)

20대인 사람은 한 명도 없으므로 5회 반복시행(질문) 결과 3명이 거짓으로 답하고 나머지 2명이 정직하게 답할 확률을 구합니다.

$$_5\mathrm{C}_3 \left(\frac{2}{3}\right)^3 \left(\frac{1}{3}\right)^2 = {_5\mathrm{C}_2} \times \frac{2^3}{3^5} = \frac{5 \times 4}{2 \times 1} \times \frac{8}{243} = \frac{80}{243}$$

(2)

5명 중에서 20대인 사람이 1명이므로 '예'라고 답한 사람이 3명인 경우는 다음 두 경우가 있습니다.

(i) 20대 1명이 정직하게 답하고 나머지 4명 중 2명이 거짓으로 답한다.

(ii) 20대 1명이 거짓으로 답하고 나머지 4명 중 3명이 거짓으로 답한다.

또한, 5명에게 질문을 할 때 20대인 1명이 몇 번째인지는 다음 5가지 패턴이 있습니다[19].

---

19 이 문제에서는 누가 20대인지 사전에 알고 있는지를 판단할 수 없습니다. 여기서 나눈 패턴은 어떤 사람이 20대인지 '사전에 알지 못하는' 경우로 생각했습니다. '사전에 알고 있다'고 생각하면 패턴을 나눌 필요가 없지만 어떤 방식으로 생각하든 확률은 같습니다. 실제로 '사전에 알지 못하는' 경우에도 20대인 사람이 어떻게 답하는지와 20대가 아닌 사람이 어떻게 답할지를 별개로 생각하면 패턴을 나눌 필요가 없습니다.

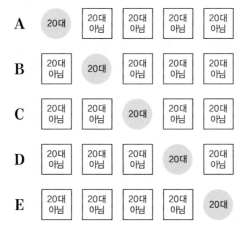

A	20대	20대 아님	20대 아님	20대 아님	20대 아님
B	20대 아님	20대	20대 아님	20대 아님	20대 아님
C	20대 아님	20대 아님	20대	20대 아님	20대 아님
D	20대 아님	20대 아님	20대 아님	20대	20대 아님
E	20대 아님	20대 아님	20대 아님	20대 아님	20대

A 패턴일 때 '예'라고 답한 사람이 3명일 확률은

A 패턴일 확률

$$\frac{1}{5} \times \left\{ \frac{1}{3} \times {}_4C_2 \left(\frac{2}{3}\right)^2 \left(\frac{1}{3}\right)^2 + \frac{2}{3} \times {}_4C_3 \left(\frac{2}{3}\right)^3 \left(\frac{1}{3}\right)^1 \right\}$$

20대인 사람이
정직하게 답한다

20대인 사람이
거짓으로 답한다

나머지 4명 중 2명이
거짓으로 답할 확률
(반복시행 확률)

나머지 4명 중 3명이
거짓으로 답할 확률
(반복시행 확률)

로 구할 수 있습니다.

B~E 패턴일 때도 마찬가지이므로 결국 구하려는 확률은 다음과 같습니다.

$$5 \times \frac{1}{5} \times \left\{ \frac{1}{3} \times {}_4C_2 \left(\frac{2}{3}\right)^2 \left(\frac{1}{3}\right)^2 + \frac{2}{3} \times {}_4C_3 \left(\frac{2}{3}\right)^3 \left(\frac{1}{3}\right)^1 \right\}$$

$$= \frac{1}{3} \times {}_4C_2 \left(\frac{2}{3}\right)^2 \left(\frac{1}{3}\right)^2 + \frac{2}{3} \times {}_4C_1 \left(\frac{2}{3}\right)^3 \left(\frac{1}{3}\right)^1$$

$$= \frac{1}{3} \times \frac{4 \times 3}{2 \times 1} \times \frac{2^2}{3^4} + \frac{2}{3} \times \frac{4}{1} \times \frac{2^3}{3^4} = \frac{24 + 64}{3^5} = \frac{88}{243}$$

(3)

응답자 1명이 '예'라고 답하는 경우는

    (가) 20대면서(확률: p) 정직하게 답할(확률: $\dfrac{1}{3}$) 경우

    (나) 20대가 아니면서(확률: $1-p$) 거짓으로 답할(확률: $\dfrac{2}{3}$) 경우

가 있습니다. 따라서 각 경우의 확률은 다음과 같습니다.

    (가)의 확률: $p \times \dfrac{1}{3} = \dfrac{p}{3}$

    (나)의 확률: $(1-p) \times \dfrac{2}{3} = \dfrac{2}{3} - \dfrac{2p}{3}$

(가)와 (나)는 서로 **배반**이므로 **확률의 덧셈정리**(145쪽)을 이용해 계산하면 **응답자 1명이 '예'라고 답할 확률**은

$$\dfrac{p}{3} + \dfrac{2}{3} - \dfrac{2p}{3} = \dfrac{2-p}{3}$$

입니다. 이 결과에 따라 **응답자 1명이 '아니요'라고 답할 확률**[20]은 다음과 같습니다.

$$1 - \dfrac{2-p}{3} = \dfrac{3-2+p}{3} = \dfrac{1+p}{3}$$

이렇게 5명 중 3명이 '예'라고 답할 확률은 **반복시행 확률**을 이용하여 다음과 같이 구할 수 있습니다.

$$
\begin{aligned}
{}_5\mathrm{C}_3 \left(\dfrac{2-p}{3} \right)^3 \left(\dfrac{1+p}{3} \right)^2 &= {}_5\mathrm{C}_3 \times \dfrac{(2-p)^3(1+p)^2}{3^5} \\
&= \dfrac{5 \times 4}{2 \times 1} \times \dfrac{(2-p)^3(1+p)^2}{3^5} \\
&= \dfrac{10(2-p)^3(1+p)^2}{243}
\end{aligned}
$$

---

20 응답자 1명이 '아니요'라고 답하는 사건은 응답자 1명이 '예'라고 답하는 사건의 여사건입니다.

사실 이 문제에는 또 다른 질문이 하나 있습니다. 바로

(4) (3)의 확률이 최대가 되는 p를 구하세요.

입니다.

(3)의 답은 p의 함수이므로 305쪽 문제와 마찬가지로 고등학교 때 배웠던 미분으로 증감표를 만들어 그래프의 개형을 그릴 수 있습니다.

참고로 $0 \leq p \leq 1$에 대해

$$y = \frac{10(2-p)^3(1+p)^2}{243}$$

의 그래프는 그림 H-3과 같습니다(계산 과정은 생략합니다).

▼ 그림 H-3 $y = \frac{10(2-p)^3(1+p)^2}{243}$ 의 그래프

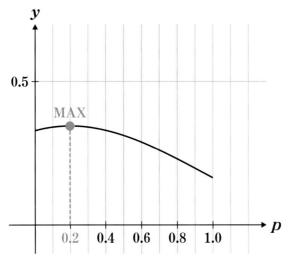

이렇게 $p = 0.2$일 때 즉, 5명 중 1명이 20대일 때, '예'라고 답하는 사람이 3명일 확률이 가장 크다는 것을 알 수 있습니다.

조건부 확률

문제 I-1

난이도 ★★★★

> 주사위 3개를 동시에 던질 때 모두 서로 다른 눈이 나오는 사건을 A, 주사위 3개 중에서 적어도 1개는 1이 나오는 사건을 B라고 합니다.
>
> (1) 사건 A가 일어날 확률을 구하세요.
>
> (2) 사건 B의 여사건이 일어날 확률을 구하세요.
>
> (3) 사건 B가 일어날 확률을 구하세요.
>
> (4) 사건 A와 사건 B가 동시에 일어날 확률을 구하세요.
>
> (5) 사건 B가 일어났을 때 사건 A가 일어날 조건부 확률을 구하세요.

해설

모두 기본적인 문제지만 특히 (4)와 (5)는 혼동하지 않도록 주의하세요. (5)는 앞의 결과를 이용해서 확률의 곱셈정리(184쪽)를 사용합니다.

해답

주사위 3개를 던질 때 나올 수 있는 눈의 개수는 다음과 같습니다.

$$6^3 = 216가지$$

(1)

주사위 3개의 눈이 모두 서로 다른 경우의 수는 1~6에서 서로 다른 수를 3개 뽑아서 나열하는 순열의 개수와 같으므로

$$_6\mathrm{P}_3 = 6 \times 5 \times 4 = 120가지$$

입니다. 따라서 구하려는 확률은 다음과 같습니다.

$$P(A) = \frac{120}{216} = \frac{5}{9}$$

(2)

사건 B '적어도 1개는 1이 나온다'의 여사건은 '모두 2~6이 나온다'입니다. 주사위 3개의 눈이 모두 2~6이 나오는 경우의 수는 2~6, 즉 5개의 수에서 중복을 허용하여 3개를 뽑아 나열하는 **중복순열의 개수**와 같으므로

$$_5\Pi_3 = 5^3 = \mathbf{125}가지$$

입니다. 따라서 구하려는 확률은 다음과 같습니다.

$$P(\overline{B}) = \frac{125}{216}$$

(3)

여사건의 확률 공식(151쪽)을 이용해 계산하면 다음과 같습니다.

$$P(B) = 1 - P(\overline{B}) = 1 - \frac{125}{216} = \frac{216 - 125}{216} = \frac{91}{216}$$

(4)

사건 A: 모두 서로 다른 눈이 나온다

사건 B: 적어도 1개는 1이 나온다

이므로

사건 $A \cap B$: 모두 서로 다른 눈이 나오고 그중 1개는 1이 나온다

가 됩니다.

$A \cap B$의 눈이 나오는 경우는 2~6 5개의 수에서 뽑은 서로 다른 두 수와 1을 나열하는 순열의 개수와 같습니다.

(i) 2~6 5개의 수에서 서로 다른 두 수를 뽑는 방법: $_5\text{C}_2$**가지**,

(ii) (i)에서 뽑은 두 수와 1을 나열하는 순열의 개수: $_3\text{P}_3 = \mathbf{3!}$**가지**,

이므로 구하려는 확률은 다음가 같습니다.

$$P(A \cap B) = \frac{{}_5C_2 \times 3!}{216} = \frac{\dfrac{5 \times 4}{2 \times 1} \times 3 \times 2 \times 1}{216} = \frac{60}{216} = \frac{5}{18}$$

(5)

확률의 곱셈정리(183쪽)에 따라 다음과 같이 나타낼 수 있습니다.

$$P(A \cap B) = P(A) \times P_A(B) \quad \Rightarrow \quad P_A(B) = \frac{P(A \cap B)}{P(A)}$$

단, 지금 구하려는 확률은 $P_B(A)$이므로 위 공식의 A와 B를 교환하고 (1)과 (4)에 따르면 다음과 같이 구할 수 있습니다.

$$P_B(A) = \frac{P(B \cap A)}{P(B)} = \frac{P(A \cap B)}{P(B)}$$

$$\boxed{\begin{array}{c} B \cap A \Leftrightarrow A \cap B\text{에서} \\ P(B \cap A) = P(A \cap B) \end{array}}$$

$$= \frac{\left(\dfrac{5}{18}\right)}{\left(\dfrac{91}{216}\right)} = \frac{5}{18} \div \frac{91}{216} = \frac{5}{18} \times \frac{216}{91} = \frac{60}{90}$$

지금까지 배운 내용을 복습하기 좋은 문제입니다.

확실히 '적어도 하나'나 '여사건', '동시에 일어나는' 등을 잘 복습한 것 같아요.

일반적으로 사건 A의 확률을 $P(A)$로 나타냅니다. 또한, 사건 A의 여사건을 $\overline{A}$로 나타내고 사건 A, B의 곱사건을 $A \cap B$로 나타냅니다.

크고 작은 주사위 2개를 동시에 던지는 시행에서

A를 '큰 주사위가 4'인 사건

B를 '주사위 2개에서 나온 눈의 합이 7'인 사건

C를 '주사위 2개에서 나온 눈의 합이 9'인 사건

이라고 합시다.

(1) 사건 A, B, C의 확률은 각각 $P(A) = \dfrac{\boxed{가}}{\boxed{나}}$, $P(B) = \dfrac{\boxed{다}}{\boxed{라}}$, $P(C) = \dfrac{\boxed{마}}{\boxed{바}}$입니다.

(2) 사건 C가 일어났을 때 사건 A가 일어날 조건부 확률은 $\dfrac{\boxed{사}}{\boxed{아}}$이고, 사건 A가 일어났을 때 사건 C가 일어날 조건부 확률은 $\dfrac{\boxed{자}}{\boxed{차}}$입니다.

(3) 다음 $\boxed{카}$, $\boxed{타}$에 들어갈 부호를 다음 ⓪~② 중에서 각각 하나씩 고르세요. 단, 같은 부호를 반복해도 됩니다.

$$P(A \cap B) \boxed{(카)} P(A)P(B)$$

$$P(A \cap C) \boxed{(타)} P(A)P(C)$$

- ⓪ <
- ① =
- ② >

(4) 크고 작은 주사위 2개를 동시에 던지는 시행을 두 번 반복합니다. 첫 번째에 사건 $A \cap B$가 일어나고 두 번째에 사건 $\overline{A} \cap C$가 일어날 확률은 $\dfrac{\boxed{파}}{\boxed{하}}$입니다.

세 사건 A, B, C가 모두 딱 한 번씩 일어날 확률은 $\dfrac{\boxed{ㄱ}}{\boxed{ㄴ}}$입니다.

크고 작은 주시위 2개에서 나오는 눈을 표로 성리하고 전부 세는 게 가장 빠른 방법입니다.

해답

크고 작은 주사위 2개를 동시에 던졌을 때 나오는 눈을 표로 정리합니다. 표 안의 A, B, C는 각각 사건 A, 사건 B, 사건 C가 일어났음을 나타냅니다. 또한, 알파벳 2개가 쓰여 있는 칸은 해당하는 두 사건이 동시에 일어났음을 나타냅니다.

▼ 표 I-1 모든 경우를 표로 정리

소 ＼ 대	1	2	3	4	5	6
1				A		B
2				A	B	
3				A, B		C
4			B	A	C	
5		B		A, C		
6	B		C	A		

(1)

크고 작은 주사위 2개를 동시에 던질 때 눈이 나오는 방법은 $6 \times 6 = 36$가지이고 각각은 일어날 가능성이 모두 동등합니다.

사건 A는 6칸, 사건 B도 6칸, 사건 C는 4칸이므로 다음과 같습니다.

$$P(A) = \frac{6}{36} = \frac{1}{6} \left(\frac{\boxed{가}}{\boxed{나}} \right)$$

$$P(B) = \frac{6}{36} = \frac{1}{6} \left(\frac{\boxed{다}}{\boxed{라}} \right)$$

$$P(C) = \frac{4}{36} = \frac{1}{9} \left(\frac{\boxed{마}}{\boxed{바}} \right)$$

(2)

사건 C가 일어났을 때 사건 A가 일어날 조건부 확률은

A, C			
C	A, C	C	C

이므로

$$P_C(A) = \frac{1}{4} \left(\frac{\boxed{사}}{\boxed{아}} \right)$$

이 됩니다. 마찬가지로 사건 A가 일어났을 때 사건 C가 일어날 조건부 확률은

A, C					
A	A	A, B	A	A, C	A

이므로 다음과 같습니다.

$$P_A(C) = \frac{1}{6} \left(\frac{\boxed{자}}{\boxed{차}} \right)$$

(3)

$$P(A \cap B) = \frac{1}{36}, \quad P(A) = \frac{1}{6}, \quad P(B) = \frac{1}{6} \quad \Rightarrow \quad P(A \cap B) = P(A)P(B)$$

$$P(A \cap C) = \frac{1}{36}, \quad P(A) = \frac{1}{6}, \quad P(C) = \frac{1}{9} \quad \Rightarrow \quad P(A \cap C) > P(A)P(B)$$

따라서 다음과 같습니다.

$$\boxed{\text{카}} : \text{①}, \quad \boxed{\text{타}} : \text{②}$$

(4)

[앞 문제]

표 I–1 안에 $\boxed{C}$ 인 칸(C만 있는 칸)은 3개 있으므로

$$P(\overline{A} \cap C) = \frac{3}{36} = \frac{1}{12}$$

입니다. 첫 번째 시행과 두 번째 시행은 **서로 독립**(164쪽)[21]이므로 구하고자 하는 답은 다음과 같습니다.

$$P(A \cap B)P(\overline{A} \cap C) = \frac{1}{36} \times \frac{1}{12} = \frac{1}{432} \left(\frac{\boxed{\text{파}}}{\boxed{\text{하}}} \right)$$

[뒤 문제]

사건 B와 사건 C가 동시에 일어나지는 않으므로[22] 시행을 2회 반복할 때 세 사건 A, B, C가 모두 딱 한 번씩 일어나는 경우는

  (i)   첫 번째에서 **사건 $A \cap B$**가 일어나고 두 번째에서 **사건 $\overline{A} \cap C$**가 일어날 때
  (ii) 첫 번째에서 **사건 $\overline{A} \cap C$**가 일어나고 두 번째에서 **사건 $A \cap B$**가 일어날 때

---

21 각각의 시행 결과가 서로 영향을 미치지 않습니다.

22 표 I–1 안에 $\boxed{B, C}$ 라는 칸은 없습니다.

(iii) 첫 번째에서 **사건 $A \cap C$**가 일어나고 두 번째에서 **사건 $\overline{A} \cap B$**가 일어날 때

(iv) 첫 번째에서 **사건 $\overline{A} \cap B$**가 일어나고 두 번째에서 **사건 $A \cap C$**가 일어날 때

중 하나입니다.

우선 (i)와 (ii)의 확률은 같고 [앞 문제]의 답에서

$$P(A \cap B)P(\overline{A} \cap C) = P(\overline{A} \cap C)P(A \cap B) = \frac{1}{432}$$

이었으므로 다음 (iii)과 (iv)의 확률을 구해 봅시다.

표 I–1 안에 B인 칸(B만 있는 칸)은 5개 있으므로

$$P(\overline{A} \cap B) = \frac{5}{36}$$
$$\Rightarrow \quad P(A \cap C)P(\overline{A} \cap B) = \frac{1}{36} \times \frac{5}{36} = \frac{5}{1296}$$

입니다. (iii)과 (iv)의 확률은 같으므로 다음과 같습니다.

$$P(A \cap C)P(\overline{A} \cap B) = P(\overline{A} \cap B)P(A \cap C) = \frac{5}{1296}$$

따라서 구하려는 확률은 다음과 같습니다.

$$P(A \cap B)P(\overline{A} \cap C) + P(\overline{A} \cap C)P(A \cap B)$$
$$+ P(A \cap C)P(\overline{A} \cap B) + P(\overline{A} \cap B)P(A \cap C)$$
$$= \frac{1}{432} + \frac{1}{432} + \frac{5}{1296} + \frac{5}{1296} = \frac{3+3+5+5}{1296} = \frac{16}{1296}$$
$$= \frac{1}{81} \left(\frac{\boxed{\ \ \ㄱ\ \ \ }}{\boxed{\ \ \ㄴ\ \ \ }} \right)$$

조건부 확률은 지난 문제(337쪽)처럼 확률의 곱셈정리를 사용하여 구하는 게 중요한데 224쪽에서 확인했던 것처럼 그림이나 표를 사용해서도 구할 수 있게 연습합시다.

❤ 그림 I−1 벤 다이어그램으로 조건부 확률 생각하기

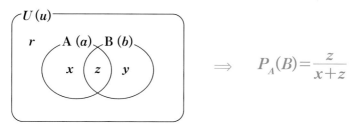

문제 I-3

카드 27장이 있습니다. 빨간색, 노란색, 녹색 카드가 9장씩 있고 각각 1부터 9까지 숫자가 중복되지 않고 적혀 있습니다. 자신과 상대편 2명에게 3장씩 카드를 나눠줍니다.

    (A) 카드 3장이 같은 색이면서 적힌 숫자가 연속하는 정수인 경우 '순 스트레이트'라 부릅니다.

    (B) 카드가 3장 같은 숫자일 경우 '쓰리카드'라 부릅니다.

(1) 자신이 쓰리카드가 될 확률을 구하세요.

(2) 자신이 순 스트레이트가 될 확률을 구하세요.

(3) 자신의 카드가 순 스트레이트일 때 상대편 카드가 순 스트레이트일 확률을 구하세요.

해설

(1)(2) 룰을 이해하고 전부 셉니다.

(3) '자신의 카드가 빨간색 123인 경우' …… 등으로 경우를 나누며 셉니다. 약간 귀찮지만 다른 방법이 없습니다.

해답

카드를 나눠주는 방법은 서로 다른 카드 27장에서 3장을 뽑는 경우의 수이므로 $_{27}C_3$**가지**입니다.

(1)

쓰리카드는 '111', '222', '333', ‥‥‥, '999'까지 9가지입니다.

따라서 구하려는 확률은 다음과 같습니다.

$$\frac{9}{_{27}C_3} = \frac{9}{\left(\dfrac{27 \times 26 \times 25}{3 \times 2 \times 1}\right)} = 9 \div \frac{27 \times 26 \times 25}{3 \times 2 \times 1}$$

$$= 9 \times \frac{3 \times 2 \times 1}{27 \times 26 \times 25} = \frac{1}{325}$$

(2)

빨간색 순 스트레이트는 '123', '234', '345', ……, '789'로 **7가지**입니다.

노란색과 녹색도 마찬가지이므로 순 스트레이트는 모두 **21가지**입니다.

따라서 구하려는 확률은 다음과 같습니다.

$$\frac{21}{_{27}C_3} = \frac{21}{\left(\dfrac{27 \times 26 \times 25}{3 \times 2 \times 1}\right)} = 21 \div \frac{27 \times 26 \times 25}{3 \times 2 \times 1}$$

$$= 21 \times \frac{3 \times 2 \times 1}{27 \times 26 \times 25} = \frac{7}{975}$$

(3)

(i) 자신이 빨간색 '123'일 때

상대편이 빨간색 순 스트레이트인 경우는 '456', '567', '678', '789'로 4가지,

상대편이 노란색 순 스트레이트인 경우는 '123'~'789'로 7가지,

상대편이 녹색 순 스트레이트인 경우도 마찬가지로 7가지입니다.

따라서 $4+7+7=$ **18가지**입니다.

(ii) 자신이 빨간색 '234'일 때

상대편이 빨간색 순 스트레이트인 경우는 '567', '678', '789'로 3가지,

상대편이 노란색 순 스트레이트인 경우는 7가지,

상대편이 녹색 순 스트레이트인 경우는 7가지입니다.

따라서 $3+7+7=$ **17가지**입니다.

(iii) 자신이 빨간색 '345'일 때

상대편이 빨간색 순 스트레이트인 경우는 '678', '789'로 2가지,

상대편이 노란색 순 스트레이트인 경우는 7가지,

상대편이 녹색 순 스트레이트인 경우는 7가지입니다.

따라서 $2+7+7=$ **16가지**입니다.

(iv) 자신이 빨간색 '456'일 때

상대편이 빨간색 순 스트레이트인 경우는 '123', '789'로 2가지,

상대편이 노란색 순 스트레이트인 경우는 7가지,

상대편이 녹색 순 스트레이트인 경우는 7가지입니다.

따라서 $2+7+7=$ **16가지**입니다.

(v) 자신이 빨간색 '567'일 때

상대편이 빨간색 순 스트레이트인 경우는 '123', '234'로 2가지,

상대편이 노란색 순 스트레이트인 경우는 7가지,

상대편이 녹색 순 스트레이트인 경우는 7가지입니다.

따라서 $2+7+7=$ **16가지**입니다.

(vi) 자신이 빨간색 '678'일 때

상대편이 빨간색 순 스트레이트인 경우는 '123', '234', '345'로 3가지,

상대편이 노란색 순 스트레이트인 경우는 7가지,

상대편이 녹색 순 스트레이트인 경우는 7가지입니다.

따라서 $3+7+7=$ **17가지**입니다.

(vii) 자신이 빨간색 '789'일 때

상대편이 빨간색 순 스트레이트인 경우는 '123', '234', '345', '456'으로 4가지,

상대편이 노란색 순 스트레이트인 경우는 7가지,

상대편이 녹색 순 스트레이트인 경우는 7가지입니다.

따라서 $4 + 7 + 7 = $ **18가지**입니다.

즉, (i) ~ (vii)에서 자신이 빨간색 순 스트레이트일 때 상대편이 순 스트레이트일 경우의 수는

$$18 + 17 + 16 + 16 + 16 + 17 + 18 = \textbf{118}가지$$

입니다. 자신이 노란색 순 스트레이트이거나 녹색 순 스트레이트인 경우도 마찬가지이므로 자신이 순 스트레이트일 때 상대도 순 스트레이트일 경우의 수는

$$118 \times 3 = \textbf{354}가지 \quad \cdots ①$$

가 됩니다. **자신이 순 스트레이트**일 때 자신과 상대편에게 나눠주는 방법의 개수[23]는

$$21 \times {}_{24}\mathrm{C}_3 = 21 \times \frac{24 \times 23 \times 22}{3 \times 2 \times 1} = \textbf{21} \times \textbf{4} \times \textbf{23} \times \textbf{22}가지$$

입니다. 이 값과 식 ①에서 구하려는 확률은 다음과 같습니다.

$$\frac{354}{21 \times 4 \times 23 \times 22} = \frac{59}{7084}$$

확률의 곱셈정리(184쪽)를 사용한 풀이도 소개합니다.

사건 S : 자신의 카드가 순 스트레이트

사건 T : 상대편의 카드가 순 스트레이트

---

[23] 자신이 녹색 순 스트레이트가 되는 경우의 수는 (2)에 따라 21가지입니다.. 그 각 경우에 대해 상대편은 나머지 24장에서 3장을 받으므로 자신이 순 스트레이트인 경우에 카드가 분배되는 방법의 개수는 $21 \times {}_{24}\mathrm{C}_3$가지입니다.

라고 합시다. 카드는 27장 중에서 3장씩 나눠 가지므로 자신과 상대편에게 카드를 나눠주는 방법의 개수는 $_{27}\mathrm{C}_3 \times _{24}\mathrm{C}_3$**가지**입니다. 식 ①에서

$$P(S \cap T) = \frac{354}{_{27}\mathrm{C}_3 \times _{24}\mathrm{C}_3}$$

또는 (2)에서

$$P(S) = \frac{21}{_{27}\mathrm{C}_3}$$

이므로 구하려는 확률은 $P_S(T)$이므로 확률의 곱셈정리에 따라 다음과 같습니다.

$$
\begin{aligned}
P_s(T) &= \frac{P(S \cap T)}{P(S)} \\[2mm]
&= \frac{\left(\dfrac{354}{_{27}\mathrm{C}_3 \times _{24}\mathrm{C}_3} \right)}{\left(\dfrac{21}{_{27}\mathrm{C}_3} \right)} \\[2mm]
&= \frac{354}{_{27}\mathrm{C}_3 \times _{24}\mathrm{C}_3} \div \frac{21}{_{27}\mathrm{C}_3} \\[2mm]
&= \frac{354}{_{27}\mathrm{C}_3 \times _{24}\mathrm{C}_3} \times \frac{_{27}\mathrm{C}_3}{21} \\[2mm]
&= \frac{118}{_{24}\mathrm{C}_3 \times 7} = \frac{118}{\dfrac{24 \times 23 \times 22}{3 \times 2 \times 1} \times 7} \\[2mm]
&= \frac{118}{4 \times 23 \times 22 \times 7} = \frac{59}{7084}
\end{aligned}
$$

$$
\begin{aligned}
& P(S \cap T) = P(S) \times P_s(T) \\
& \Rightarrow \quad P_s(T) = \frac{P(S \cap T)}{P(S)}
\end{aligned}
$$

문제 I-4

> 주머니 안에 양면 모두 빨간색인 카드가 2장, 양면 모두 파란색, 양면 모두 노란색, 한쪽 면이 빨간색이고 다른 면은 파란색, 한쪽 면이 파란색이고 다른 면은 노란색인 카드가 각각 1장씩 총 6장의 카드가 들어 있습니다. 그중 1장을 선택하여 무작위로 뽑아 책상 위에 두고 카드를 다시 주머니에 되돌려 놓지 않고 다시 한 장의 카드를 무작위로 뽑아 책상 위에 놓습니다.
>
> (1) 첫 카드의 앞면이 빨간색일 때, 그 카드의 뒷면도 빨간색일 확률을 구하세요.
>
> (2) 첫 카드의 앞면이 빨간색이고 두 번째 카드의 앞면이 파란색일 때, 첫 카드의 뒷면이 빨간색일 확률을 구하세요.

해설

(1)은 조건부 확률을 배운 사람에게는 기본적인 문제이지만 (2)는 조건부 확률 조건이 곱사건(139쪽)으로 되어 있는 부분이 조금 까다롭습니다. 하지만 이런 문제일수록 '기호의 힘'을 이용해서 풀어 봅시다.

해답

주머니 안의 카드는

로 6장입니다.

(1)

> 사건 A: 첫 카드의 앞이 빨간색
>
> 사건 B: 첫 카드의 뒤가 빨간색

이라고 합시다. 구하려는 확률은 $P_A(B)$입니다.

카드를 뽑았을 때, 앞뒤가 나오는 방법은 모두 **12가지**, 그중 앞면이 빨간색이 되는 경우는 **5가지**입니다. 따라서

$$P(A) = \frac{5}{12}$$

가 됩니다. 또한, 첫 카드의 앞면과 뒷면 모두 빨간색이 되려면 ①~⑥ 카드 중에서 ①이나 ② 카드를 뽑아야 하므로

$$P(A \cap B) = \frac{2}{6} = \frac{1}{3}$$

> $P(A \cap B) = P(A) \times P_A(B)$
>
> $\Rightarrow \quad P_A(B) = \dfrac{P(A \cap B)}{P(A)}$

입니다. 따라서 구하려는 확률은 다음과 같습니다.

$$P_A(B) = \frac{P(A \cap B)}{P(A)} = \frac{\left(\dfrac{1}{3}\right)}{\left(\dfrac{5}{12}\right)} = \frac{1}{3} \times \frac{12}{5} = \frac{4}{5}$$

(2)

> 사건 C: 두 번째 카드의 뒷면이 파란색

이라고 하면 구하려는 확률은 $P_{A \cap C}(B)$입니다.

$$(A \cap C) \cap B \Leftrightarrow A \cap C \cap B \Leftrightarrow A \cap B \cap C \text{에 따라}$$
$$P\{(A \cap C) \cap B\} = P(A \cap B \cap C)$$

$$P_{A \cap C}(B) = \frac{P\{(A \cap C) \cap B\}}{P(A \cap C)} = \frac{P(A \cap B \cap C)}{P(A \cap C)} \quad \cdots \text{(가)}$$

$$P(A \cap B \cap C) = P\{(A \cap B) \cap C\} = P(A \cap B)P_{A \cap B}(C) \quad \cdots \text{(나)}$$

(1)에서

$$P(A \cap B) = \frac{1}{3}$$

입니다. 식 (나)를 계산하기 위해 첫 번째 카드의 앞뒤가 빨간색이라는 조건에서 두 번째 카드의 앞면이 파란색이 될 확률 $P_{A \cap B}(C)$를 구합시다. 첫 번째 카드의 앞뒤가 빨간색이라는 말은 첫 번째는 ①이나 ② 카드를 뽑았다는 말입니다. 이때 두 번째 카드의 앞뒤가 나오는 방법은 **10가지**이고 그중 뒷면이 파란색인 경우는 **4가지**입니다. 따라서

$$P_{A \cap B}(C) = \frac{4}{10} = \frac{2}{5}$$

가 됩니다. 식 (나)에 대입해서

$$P(A \cap B \cap C) = P(A \cap B)P_{A \cap B}(C) = \frac{1}{3} \times \frac{2}{5} = \frac{2}{15} \quad \cdots \text{(다)}$$

가 됩니다. 식 (가)를 구하기 위해서는 $P(A \cap C)$도 필요합니다.

$P(A \cap C)$는 첫 번째 카드의 앞면이 빨간색이면서 두 번째 카드의 앞면이 파란색이 될 확률인데, 이는 다음과 같이 경우를 나눠서 생각합니다.

(i) 첫 번째 카드가 ① 또는 ②일 때

첫 번째 카드가 ① 또는 ②일 때, 두 번째 카드의 앞뒤가 나오는 방법은 10가지이고 그중 앞면이 파란색이 되는 경우는 4가지이므로 다음과 같습니다.

첫 번째 카드가 ① 또는 ②일 확률: $\dfrac{2}{6} = \dfrac{1}{3}$

첫 번째 카드의 앞면이 빨간색일 확률: 1

두 번째 카드의 앞면이 파란색일 확률: $\dfrac{4}{10} = \dfrac{2}{5}$

(ii) 첫 번째 카드가 ⑤일 때

첫 번째 카드가 ⑤일 때, 두 번째 카드의 앞뒤가 나오는 방법은 10가지이고 그 중 앞면이 파란색이 되는 경우는 3가지이므로

첫 번째 카드가 ⑤일 확률: $\dfrac{1}{6}$

첫 번째 카드의 앞면이 빨간색일 확률: $\dfrac{1}{2}$

두 번째 카드의 앞면이 파란색일 확률: $\dfrac{3}{10}$

이 됩니다. (i), (ii)에서[24]

$$P(A \cap C) = \left(\frac{1}{3} \times 1 \times \frac{2}{5} \right) + \left(\frac{1}{6} \times \frac{1}{2} \times \frac{3}{10} \right) = \frac{2}{15} + \frac{1}{40} = \frac{16+3}{120}$$

$$= \frac{19}{120} \quad \cdots (라)$$

이고, 식 (다), (라)를 식 (가)에 대입하면 구하고자 하는 확률은 다음과 같습니다.

$$P_{A \cap C}(B) = \frac{P(A \cap B \cap C)}{P(A \cap C)} = \frac{\left(\dfrac{2}{15} \right)}{\left(\dfrac{19}{120} \right)}$$

$$= \frac{2}{15} \div \frac{19}{120} = \frac{2}{15} \times \frac{120}{19} = \frac{16}{19}$$

---

24 이 계산의 의미는 기호로 쓰면 $P(A \cap C) = P(A \cap B \cap C) + P(A \cap \overline{B} \cap C)$가 됩니다.

이 문제는 216쪽에서 소개한 '직관과 다른 확률 ③'을 응용한 문제입니다.

특히 (2)는 조건부 확률의 조건이 곱사건으로 되어 있어서 주저했을지도 모르지만 확률의 곱셈정리 공식

$$P(A \cap B) = P(A) \times P_A(B)$$

에서 $A \to A \cap B$, $B \to C$로 치환하거나

$$P\{(A \cap C) \cap B\} = P(A \cap B \cap C)$$

로 치환할 수 있으면 지금까지와 마찬가지로 풀 수 있습니다. 이렇게 응용해서 문제를 해결하는 것이 수학에서 공식을 사용하는, 조금 어렵게 말하자면, 연역적 사고의 묘미라고 생각합니다.

참 길었어요!!

참 잘했어요!

〈다시 확률 통계(확률편)〉을 마지막까지 읽어주셔서 정말 감사합니다. 1장 '경우의 수', 2장 '확률' 그리고 연습 문제까지 전부 학습한 지금, 경우의 수와 확률에 관해 '오랫동안 근질근질했던 게 풀렸어!'라는 생각이 드나요?

물론 그렇게 만드는 게 이 책의 목적은 아니지만 속내를 이야기하자면 **아직 여기서 끝내지 않았으면 합니다.**

이미 알고 있듯이 이 책의 제목은 '다시 확률 통계'이고 이제 앞쪽 절반이 끝난 것에 지나지 않습니다. 메인 요리는 나중을 위해 남겨 둡시다.

다음 편인 〈다시 확률 통계(통계편)〉에서는 '기술 통계'와 '추측 통계'를 다룹니다. 특히 몇 개의 표본을 조사하여 모집단을 추정하는 추측 통계를 배우려면 **확률을 꼭 이해해야 합니다.** 그리고 숫자를 판단과 예측의 근거로 사용하는 현대를 살아가는 우리에게 기술통계는 물론 **추측통계도 배워야 할 기초적인 내용**입니다.

원고를 집필할 때 좋은 예가 뉴스로 들려왔습니다. 미국 미시간주 시골에서 편의점을 경영하고 있던 노부부가 공영 복권이 롤다운(1등 당첨자가 나오지 않았을 경우 상금이 다음 등급 당첨자에게 나눠지는 일)이 일어나면 기댓값(추측통계의 기본이 되는 통계량입니다. 〈다시 확률 통계(통계편)〉 4장에서 배웁니다)이 구입 금액을 넘어간다는 것을 발견하고 9년간 약 280억 원의 상금을 거머쥐었다고 합니다. 이 이야기는 영화화 될 조짐도 있다고 합니다.

흔히 들을 수 있는 예는 아니지만 숫자를 판단과 예측의 근거로 사용할 수 있다는 말은 바로 이런 의미입니다.

꼭 이 책에서 배운 경우의 수와 확률을 바탕으로 통계 세계에 입문하길 바랍니다. 속편은 통계가 '다시인' 독자뿐만 아니라 '처음인' 독자도 고려하여 집필했습니다.

다시 만날 수 있으면 좋겠습니다.

나가노 히로유키

ㄱ

가산 집합 46
가부번 집합 46
갈릴레오 갈릴레이 45
경우의 수 49
경험적 확률 126
곱사건 139
곱의 법칙 55
공사건 123
공집합 20
교란순열 51
교집합 21
교집합이 없는 경우 34
그래프의 개형 305
그리고 27
근원사건 124
근처와의 관계 249

ㄴ

네이피어 수 239

ㄷ

독립시행 158, 311, 324
독립시행의 확률 164
독립중복시행 168
동시에 일어나지 않을 때 53
동시에 일어날 때 55, 339
동차곱 111
드 모르간의 법칙 25

또는 27

ㅁ

모두 28
몬티 홀 문제 194
몽모르 수 267
무리수 18
무한 원숭이 정리 176
무한 집합 32

ㅂ

반복시행 168
반복시행의 확률 172, 321
배반 145, 317
배반 사건 145
베이즈 정리 189
벤 다이어그램 33
벤포드의 법칙 155
복원추출 159
부분집합 19
비복원추출 159
비서 문제 205

ㅅ

사건 123
서로 이웃하지 않음 254
성분 14
성분 나열 212
성분 만족 조건 212

세 집합의 합집합 42
소수 정리 239
수학적 확률 126
수형도 50
순열 62, 79
순열의 개수 64
시행 123
실수 18

ㅇ

약수의 개수 242
약수의 합 242
양끝 254
여사건 150, 308, 309
여사건의 확률 151
여사건의 확률 공식 308
여집합 23
여집합의 성분 개수 37
오일러 다이어그램 33
완전순열 51
원순열 77, 306
원인의 확률 189
원형 나열 256
유리수 18
유한 집합 32
일대일 대응 47, 110, 298
일반항 106
일반화 249
일어날 가능성이 동등 127
일차부등식 305

ㅈ

자기 회피 보행 118
자연로그의 밑 239
자연수 18
적어도 28
적어도 하나 339
전사건 123
전체집합 23
점화식 267
정수 18
제곱수 223
조건부 확률 179
조합 87
조합 폭발 117
종속시행 159
주기성 248
중괄호 88
중복순열 70
중복순열의 개수 309, 338
중복조합 111
중복조합의 개수 114
증감표 305
지수 법칙 240
직관과 다른 확률 194
집합 14
집합론 31

ㅊ

차수 248
충분조건 252

ㅌ

통계적 확률 126

ㅍ

파스칼의 삼각형 101
파이 70
포함 19
표로 그려서 풀기 41
표본 공간 123
필요조건 252

ㅎ

합사건 139
합사건의 확률 142
합의 법칙 53

합집합 21
합집합의 성분 개수 34
확률 126
확률의 곱셈정리 184, 337, 339
확률의 덧셈정리 145, 317, 325
확률의 옳음 137
회전시키면 일치하는 나열 75
희귀병 검사 결과 문제 199

기타

2항계수 106
2항정리 101, 104
n개에서 r개를 뽑는 순열 62
n개에서 r개를 뽑는 조합 88
n의 계승 65
n 팩토리얼 65